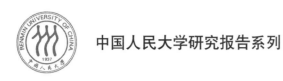

中国人民大学研究报告系列

中国省市文化产业发展指数报告

2020

REPORT ON DEVELOPMENT INDEX OF
CULTURAL INDUSTRIES IN CHINESE PROVINCES,
AUTONOMOUS REGIONS AND MUNICIPALITIES

主 编 曾繁文

中国人民大学出版社
· 北京 ·

总 序

陈雨露

当前中国的各类研究报告层出不穷，种类繁多，写法各异，成百舸争流、各领风骚之势。中国人民大学经过精心组织、整合设计，隆重推出由人大学者协同编撰的"研究报告系列"。这一系列主要是应用对策型研究报告，集中推出的本意在于，直面重大社会现实问题，开展动态分析和评估预测，建言献策于咨政与学术。

"学术领先、内容原创、关注时事、咨政助企"是中国人民大学"研究报告系列"的基本定位与功能。研究报告是一种科研成果载体，它承载了人大学者立足创新，致力于建设学术高地和咨询智库的学术责任和社会关怀；研究报告是一种研究模式，它以相关领域指标和统计数据为基础，评估现状，预测未来，推动人文社会科学研究成果的转化应用；研究报告还是一种学术品牌，它持续聚焦经济社会发展中的热点、焦点和重大战略问题，以扎实有力的研究成果服务于党和政府以及企业的计划、决策，服务于专门领域的研究，并以其专题性、周期性和翔实性赢得读者的识别与关注。

中国人民大学推出"研究报告系列"，有自己的学术积淀和学术思考。我校素以人文社会科学见长，注重学术研究资政育人、服务社会的作用，曾陆续推出若干有影响力的研究报告。譬如自 2002 年始，我们组织跨学科课题组研究编写的《中国经济发展研究报告》《中国社会发展研究报告》《中国人文社会科学发展研究报告》，紧密联系和真实反映我国经济、社会和人文社会科学发展领域的重大现实问题，十年不辍，近年又推出《中国法律发展报告》等，与前三种合称为"四大报告"。此外还有一些散在的不同学科的专题研究报告也连续多年，在学界和社会上形成了一定的影响。这些研究报告都是观察分析、评估预测政治经济、社会文化等领域重大问题的专题研究，其中既有客观数据和事例，又有深度分析和战略预测，兼具实证性、前瞻性和学术性。我们把这些研究报告整合起来，与人民大学出版资源相结合，再做新的策划、征集、遴选，形成了这个"研究报告系列"，以期放大规模效应，扩展社会服务功能。这个系列是开放的，未来会依情势有所增减，使其动态成长。

中国人民大学推出"研究报告系列"，还具有关注学科建设、强化育人功能、推进协同创新等多重意义。作为连续性出版物，研究报告可以成为本学科学者展示、交流学术成果的平台。编写一部好的研究报告，通常需要集结力量，精诚携手，合作者随报告之连续而成为稳定团队，亦可增益学科实力。研究报告立足于丰厚素材，常常动员学生参与，可使他们在系统研究中得到学术训练，增长才干。此外，面向社会实践的研究报告必然要与政府、企业保持密切联系，关注社会的状况与需要，从而带动高校与行业企业、政府、学界以及国外科研机构之间的深度合作，收"协同创新"之效。

为适应信息化、数字化、网络化的发展趋势，中国人民大学的"研究报告系列"在出版纸质版本的同时将开发相应的文献数据库，形成丰富的数字资源，借助知识管理工具实现信息关联和知识挖掘，方便网络查询和跨专题检索，为广大读者提供方便适用的增值服务。

中国人民大学的"研究报告系列"是我们在整合科研力量，促进成果转化方面的新探索，我们将紧扣时代脉搏，敏锐捕捉经济社会发展的重点、热点、焦点问题，力争使每一种研究报告和整个系列都成为精品，都适应读者需要，从而铸造高质量的学术品牌、形成核心学术价值，更好地担当学术服务社会的职责。

前　言

文化产业作为文化、科技和经济深度融合的产物，凭借其独特的产业价值取向、广泛的覆盖领域和快速的更新迭代在全球蓬勃发展。文化创意经济渐成浪潮，并伴随着经济全球化席卷世界。我国文化产业自20世纪80年代中期以来蓬勃兴起，已经经历了30多年的发展历程。总体来看，我国文化产业增长势头强劲，对国民经济的贡献率不断提升，促进作用日益凸显。文化产业发展水平已经成为衡量国家竞争力的重要依据。

党的十九大报告提出，要坚定文化自信，推动社会主义文化事业和文化产业发展，激发全民族文化创新创造活力，提高国家文化软实力，建设社会主义文化强国。可见，党和国家对文化产业的发展愈加重视。因此，以指数化形式对我国各省份文化产业发展情况进行直观的分析和评价，厘清各地区文化产业发展的优势和短板，进而为文化产业规划编制和政策制定提供决策参考，是非常有益而且必要的。本书即是顺应这样的现实而诞生的。

在此，需要特别说明的是，本书书名及正文中的"省市"是指除台湾地区、香港特别行政区、澳门特别行政区之外的22个省、5个自治区和4个直辖市。

本书是集体智慧的结晶。编委会成员如下：

主任委员：

牛维麟　中国人民大学文化产业研究院院长

副主任委员：

曾繁文　中国人民大学文化产业研究院执行院长

编委：

郭林文　中国人民大学文化产业研究院副院长

张晓楠　中国人民大学文化产业研究院学术一部主任

刘欣竺　中国人民大学文化产业研究院学术二部主任

王艳芳　中国人民大学文化产业研究院咨询师

盛　夏　中国人民大学文化产业研究院咨询师

全书由曾繁文负责审定。

最后，希望本书能够使读者开卷有益，为政府相关部门提供决策参考依据，为产业研究人员提供一份基础资料，同时也恳请各界人士批评指正！

本书编委会

2020 年 9 月

目　录

第一章　2019年中国文化产业发展概况

2019年是新中国成立70周年。这一年，我国文化事业繁荣兴盛，文化产业快速发展，亮点突出。文化产业作为国家重点推动发展的战略性支柱产业，已全面融入国家经济发展战略方针，成为各省市推动经济和社会发展的重点领域。在文旅融合的时代背景下，文化和旅游融合发展经过又一年的探索和实践，逐步涌现的新思路和新方式已经在各省市散播开花，文化自信深入人心，文化产业发展突破自身行业界限的趋势锐不可当，"泛文化""大文化"概念逐渐成为经济发展和社会进步进程中不可缺少的考量因素，文化产业发展日益成为整个经济社会发展的引领者，在为经济高质量发展持续注入活力的过程中，其本身也在向经济高质量发展的标杆性指标转变。回望2019年，文化产业领域有很多现象级事件，文化产业整体实力更强，发展质量更优，结构趋于优化，对国家经济转型升级、品质跃升做出了较大贡献。

一、现代文化产业体系日益健全

目前我国经济处于转变发展方式、实现高质量发展的关键时期。2019年，我国文化产业体系持续优化，不断完善，文化产业体系的复杂性不断增强，产业发展的整体水平持续提高，创新活力日益显现，文化产业朝着高质量发展的目标稳步迈进。2019年10月，在北京召开的党的十九届四中全会上，党中央明确指出要健全现代文化产业体系。这一指导性意见的提出，既表明当前国民经济发展中健全文化体系的突出地位，也从侧面反映出文化体系建设有待健全，是当前我国文化产业发展中的短板和不足。首先，文化产业地区发展不平衡，中部地区、西部地区与东部地区①在产业规模和发展水平上均存在较大差距；其次，文化产业创新活力还需进一步提升，产业发展还需优化升级，文化领域供给侧结构性改革还需持续优化。综合来看，2019 年我国文化产业体系建设取得了丰硕的阶段性成果，文化产业规模保持了 8% 左右的增速；文化产业结构继续优化，文化服务业的占比继续提高，文化核心领域的占比继续提高，中西部地区文化产业规模增长加快；文化新业态发展势头强劲，拓展和创新了文化发展领域。但从长远来看，完善文化产业体系，推动文化产业从粗放式发展模式向高质量、高层次、精细化发展模式转换，路阻且长，需各方共同发力。

（一）文化产业发展规模持续提升

2019 年，我国文化产业行业整体实力更强，文化产业从数量规模到质量结构都有提升，对国家经济转型升级、品质跃升贡献突出。与往年相比，该年度我国文化产业仍然保持强劲的发展势头，具体表现在市场主体数量增加、资产规模和产出规模扩大、经济效益提升、就业总量增加等方面。与此同时，政府对文化产业的重视程度也保持着持续提升的态势，文化产业政策红利持续释放，吸引了各类资源要素不断向文化产业聚集，文化市场主体数量呈现"井喷式"增长，产业发展向好。

从国家统计局 2019 年全年统计数据来看，规模以上文化及相关产业企业共 5.8 万家，实现营业收入 86 624 亿元，比上年增长 7.0%，保持平稳快速增长。分行业类别看，文化及相关产业 9 个行业的营业收入均实现增长。其中，增速超过 10% 的行业有 3 个，分别是：新闻信息服务实现营业收入 6 800 亿元，比上年增长 23.0%；文化投资运营 221 亿元，增长 13.8%；创意设计服务 12 276 亿元，增长 11.3%。分产业类型看，文化制造业实现营业收入 36 739 亿元，比上年增长 3.2%；文化批发和零售业 14 726 亿元，增长 4.4%；文化服务业 35 159 亿元，增长 12.4%。分领域看，文化核心领域实现营业收入 50 471 亿元，比上年增长 9.8%；文化相关领域实现营业收入 36 153 亿元，增长 3.2%。从以上统计数据可以看出，文化服务业产业规模扩大比较明显，与文化制造业的差距逐渐缩小，已成为文化产业就业的主渠道。同时，文化核心产业中的新闻信息服务、文化投资运营两个行业年度增长率都在 12% 以上，集中体现了互联网科技因素催生的各种文化新业态强劲发展，科技赋

---

① 本书中，东部地区包括北京、天津、河北、辽宁、上海、江苏、浙江、福建、广东、山东、海南，中部地区包括山西、吉林、黑龙江、安徽、江西、湖北、湖南、河南，西部地区包括内蒙古、四川、重庆、云南、贵州、西藏、甘肃、青海、宁夏、新疆、陕西、广西。

能传统产业升级、文化创意设计等生产性服务业带动传统产业升级贡献越来越大，以文化产业结构优化带动整体经济品质提升①。

（二）文化产业集群发展稳步前行

集群发展是产业发展到一定程度以后的必然趋势，反过来集群发展的规模和水平也体现出一个产业的活力和发展深度。文化产业园区是文化产业集聚化和规模化的发展形式，是各地发展文化产业的重要抓手，是推进文化创新、文化产业与相关产业融合发展的空间载体。文化产业集群发展的思路早在十多年前就被纳入国家发展战略体系。2006 年，国务院发布的《国务院关于印发 2006 年工作要点的通知》提出要加快发展文化事业和文化产业，文化部印发的《文化建设"十一五"规划》更是明确提出要建设一批文化产业强省、强市和区域性特色文化产业集群，形成文化产业协调发展的格局。

经过十几年的发展，目前我国文化产业发展已经初步形成以首都文化创意产业集群、长三角文化创意产业集群、珠三角文化创意产业集群等为首的六大文化创意产业聚集区，并逐步朝着"高、精、尖"产业转型升级。在促进文化产业集群发展方面，2019 年，文化和旅游部实施了国家级文化产业园区服务能力提升计划，支持了 8 个园区的服务能力提升重点项目，惠及 4.5 万家企业；建立并上线运行了国家级文化产业园区电子档案管理系统。2019 年前三季度各园区实现营业收入3 373.6 亿元，发挥了很好的示范带动作用。

2019 年，国家级文化产业园区已形成遍布各省市的分布格局，并保持着稳步协调发展的总体趋势。全国共计有 27 家国家级文化产业园区，分布在东、中、西部不同省市。东部地区是国家级文化产业园区集中分布地带，共有 13 家国家级文化产业园区。中部地区共有 6 家国家级文化产业园区。西部地区共有 8 家国家级文化产业园区。上述园区内文化企业从业人数总计约 63.24 万人，约占所有园区从业人员总数的 46％。从业人数最多的是上海张江文化产业园区和长沙天心文化产业园区，分别达到了 14 万人和 8 万人。从园区发展规模和盈利情况来看，2019 年第三季度规模以上文化企业数量比第二季度增加了 45 家，增幅约为1.9％；2019 年第三季度所有文化企业收入总额约为 1 245.29 亿元，较第二季度增长了约 17.4％，其中规模以上文化企业收入总额增长了 193.94 亿元，增幅高达 27.9％。

---

① 国家统计局. 2019 年全国规模以上文化及相关产业企业营业收入增长 7.0％［EB/OL］.（2020-02-14）［2020-02-14］. http://www.stats.gov.cn/tjsj/zxfb/202002/t20200214_1726365.html.

从各地文化产业园区业态分布情况来看，文化产业与信息、旅游、体育、教育等国民经济部门正在发生普遍的渗透和融合，初步形成了以文化内容为纽带、关联日益密切的庞大产业链和产业集群。从园区主导产业来看，大多数园区同时有多个主导产业，鲜有以单一产业为主导产业的园区。当前大多数文化产业园区的发展均将内容创作生产类企业作为持续发展的基本动能和主体力量。全国27家国家级文化产业园区无一例外地均以内容创作生产类产业为主导产业之一。紧随其后的是文化休闲服务类产业，共有28家园区将其作为主导产业之一。此外，以文化辅助生产和中介服务类及创意设计服务类产业为主导产业之一的园区数量也较多，分别有22家和16家。从整体上看，各园区以多个文化产业类别为主导产业的情况说明文化产业集群发展的效应在逐步提高，集聚效应在逐步释放。各行业在空间上的聚集分布，有利于打破行业壁垒，提高文化产业的创新发展能力。

(三) 文化产业政策体系逐步完善

2019年我国文化产业政策体系整体呈现出政策主题多元化、政策主体网络化、政策结构层级化和政策数量渐进增加的特征，并最终致使文化产业政策体系呈现出动态复杂化的趋势[①]。文化产业由于自身发展而复杂性不断增强，推动文化产业发展的政策工具的使用更加精准自如，使得我国文化产业政策体系形成了与之相适应的复杂结构。据不完全统计，2019年中央部委全年共密集颁布文化、体育、旅游等大文化发展政策近百项，从1月1日正式开始实施的《国家文物保护专项资金管理办法》，到12月20日发布的《国家级旅游度假区管理办法》，政策内容涉及领域广泛，综合性与精准性特点突出，既有跨领域、跨行业的政策，意在打破壁垒、突出跨界，比如突出文化旅游融合、跨区域发展、文化科技融合、文化金融创新的政策，也有精准促进发展、规范管理的政策，比如关于促进文化科技新业态、规范音视频管理、旅游演艺、冰雪运动、旅游民宿、国家公园等方面的政策。[②] 同时，在文化产业立法方面，文化和旅游部牵头开展的文化产业促进法起草工作取得积极进展，形成了各方基本认可、比较成熟的草案，并向社会公开征求意见，凸显2019年文化法治化进程提速。总之，文化产业管理体系化、制度化、法制化建设水平在2019年取得了扎实成效（见表1-1）。

---

① 卫志民，于松浩. 我国文化产业政策的演进特征及其内在逻辑：基于政策文本的量化研究 [J]. 福建论坛 (人文社会科学版)，2019 (8)：40-47.

② 高存宏. 让文化产业活力绽放繁花满园 [N]. 光明日报，2019-12-29 (5).

表 1-1　2019 年国家相关部门发布的文化和旅游产业主要法律政策文件

发布时间	发布机构	文件名称
1 月 16 日	文化和旅游部	《关于实施旅游服务质量提升计划的指导意见》
1 月 22 日	中央宣传部、文化和旅游部、财政部、人力资源和社会保障部	《国有文艺院团社会效益评价考核试行办法》
3 月 1 日	文化和旅游部	《国家全域旅游示范区验收、认定和管理实施办法（试行）》和《国家全域旅游示范区验收标准（试行）》
3 月 14 日	文化和旅游部	《关于促进旅游演艺发展的指导意见》
3 月 29 日	国家广播电视总局	《未成年人节目管理规定》
5 月 7 日	文化和旅游部	《文化和旅游规划管理办法》
5 月 16 日	中共中央办公厅、国务院办公厅	《数字乡村发展战略纲要》
6 月 28 日	文化和旅游部	《文化产业促进法（草案征求意见稿）》
7 月 16 日	文化和旅游部	《曲艺传承发展计划》
5 月 9 日	中共中央办公厅、国务院办公厅	《大运河文化保护传承利用规划纲要》
8 月 23 日	国务院办公厅	《关于进一步激发文化和旅游消费潜力的意见》
10 月 8 日	文化和旅游部	《在线旅游经营服务管理暂行规定（征求意见稿）》
10 月 9 日	文化和旅游部	《文化和旅游部信访工作管理办法》
11 月 1 日	文化和旅游部办公厅、国家文物局办公室	《公共文化服务领域基层政务公开标准指引》
11 月 12 日	文化和旅游部	《游戏游艺设备管理办法》
11 月 22 日	国家互联网信息办公室、文化和旅游部、国家广播电视总局	《网络音视频信息服务管理规定》
11 月 24 日	中共中央办公厅、国务院办公厅	《关于强化知识产权保护的意见》
12 月 17 日	文化和旅游部	《大遗址利用导则（征求意见稿）》
12 月 20 日	文化和旅游部	《国家级旅游度假区管理办法》

二、文化产业发展格局持续优化

2019 年，文化产业供给侧结构性改革持续推进，产业结构加速优化，产业融合创新发展势头强劲，新业态日益涌现，相关利好政策连续出台发布，文化产业的融合性和渗透性在深度和广度上都有较大程度的体现，产业发展活力进一步释放，产业转型升级稳步推进，文化产业朝着国民经济支柱性产业的目标稳步迈进，并日益成为拉动就业的主力军。

（一）文化产业结构日趋平衡

随着文化体制改革不断深入，我国文化产业进入了转型发展、动能转换的关键时期。2019年，我国文化产业总量稳步增长，发展质量逐步提升，产业结构逐步优化。新技术在文化行业的广泛使用，为文化产业各个细分行业探索新的商业模式提供了更大的可能性，文化产品和服务更加优质丰富，行业发展前景更加广阔。居民文化和旅游消费日趋活跃，消费潜力进一步释放，文化产业和旅游产业正在成为经济增长的重要引擎，并日渐成为满足人民群众对精神文化生活的新期待的重要产业。文化产业发展在地域上的差距进一步缩小，城乡关系协同进一步改善。

1. 供给结构

随着我国文化体制改革的不断深化和文化发展体制机制的逐步健全，文化市场主体加快培育发展，各类文化单位大量涌现，文化发展的内生动力不断提高。从国家统计局2019年前三季度统计数据来看，规模以上文化及相关产业企业营业收入增长7.6%，明显超过GDP增速。就内部结构来看，文化服务业规模扩大比较明显，与文化制造业的差距逐渐缩小，已成为文化产业吸纳就业的主渠道。同时，文化核心产业中的新闻信息服务、文化投资运营两个行业年度增长率都在12%以上，集中体现了互联网科技催生的各种文化新业态强劲发展，科技赋能传统产业升级、文化创意设计等生产性服务业带动传统产业升级贡献越来越大，以文化产业结构优化带动整体经济品质提升。

从文化产业业态来看，随着以移动互联、大数据、物联网、虚拟现实、人工智能等为代表的新型科技的运用，传统的生活方式正在发生巨大的变革。文化产业业态、文化产业管理等均向数字、移动、虚拟世界转移，平台经济、分享经济、数字经济、小众经济等概念得到广泛强化，基于数字的创新创意已成为文化产业发展的价值根基与核心竞争力。

在产业国际合作方面，文化和旅游部以"一带一路"建设为重点，开展"一带一路"文旅产业国际合作重点项目征集与扶持活动，累计支持85个重点项目，投资总额约177亿元人民币，涉及数字文化、旅游演艺、文旅装备等多个行业，涵盖近20个国家和地区；举办了第四届中国-中东欧国家文化创意产业论坛、第十二届中日韩文化产业论坛，为中外企业交流合作搭建了高水平平台；组织400余家企业以"中国展区"形式集中亮相8个海外国际重点展会，帮助企业打通国际渠道。

2. 空间结构

从2019年文化产业空间结构的变化来看，其表现出东部地区优势明显、中西部发展加快的特征。具体来看，东部地区的文化产业法人单位数占全国的 60.0%，从业人员数占 61.6%，拥有的资产占 68.7%，营业收入占 73.5%。法人单位数居全国前 5 位、从业人数居全国前 4 位、资产居全国前 6 位、营业收入居全国前 7 位的省份均位于东部，东部地区的产业发展优势明显。中部地区的法人单位数占全国的 22.0%，从业人数占 23.4%，资产占 15.4%，营业收入占 16.4%。西部地区的法人单位数占全国的 18.0%，从业人数占 15.0%，资产占 15.9%，营业收入占 10.1%。与 2018 年相比，中、西部地区呈现加快发展的态势，中、西部地区的上述指标占全国的比重均有上升，其中，中部地区的从业人数占比提高了 1.9 个百分点，法人单位数占比提高了 1.6 个百分点；西部地区的资产占比提高了 4.8 个百分点，法人单位数占比提高了 3.0 个百分点，从业人数占比提高了 2.4 个百分点。2019 年全年规模以上文化企业调查数据显示，东部地区实现营业收入 63 702 亿元，比上年增长 6.1%，占全国的比重为 73.5%；中部、西部和东北地区分别为 13 620 亿元、8 393 亿元和 909 亿元，分别增长 8.4%、11.8% 和 1.5%，占全国的比重分别为 15.7%、9.7% 和 1.0%①。

在城乡关系协同的问题上，2019 年两大政策性文件出台，拉开了文化产业发展在城乡关系协同方面的序幕。3 月，国家发展改革委印发《2019 年新型城镇化建设重点任务》，指出要培育发展现代化都市圈，推进大城市精细化管理，支持特色小镇有序发展，加快推动城乡融合发展，为保持经济持续健康发展和社会大局稳定提供有力支撑，为决胜全面建成小康社会提供有力保障。其公布的 19 项重点任务中，有诸如支持特色小镇有序发展、提升城市品质和魅力、缩小城乡基本公共服务差距、促进乡村经济多元化发展等内容。4 月 15 日，中共中央、国务院发布了《关于建立健全城乡融合发展体制机制和政策体系的意见》，提出要搭建城乡产业协同发展平台，培育发展城乡产业协同发展先行区，推动城乡要素跨界配置和产业有机融合。该文件对城乡产业协同发展平台做了具象化，明确提出了五种载体的具体形态，构建了未来乡村以现代农业为基础，以农村一、二、三产业融合发展和乡村文化旅游等新产业新业态为重要补充的多元化乡村经济，这从顶层设计上肯定了文化产业在增强乡村发展动能，搭建城乡产业协同发展平台中的重要作用。2019 年年底，国家发展改革委、中央农村工作领导小组办公室、农业农村部等 18 个部门联合印发《国家城乡融合发展试验区改革方案》，认定了浙江嘉湖片区、福建福州东部片区、广东广清接合片区、江苏宁锡常接合片区、山东济青局部片区、河南许

---

① 鉴于数据可得性，此处关于全国经济区的划分与前文注释略有不同。

昌、江西鹰潭、四川成都西部片区、重庆西部片区、陕西西咸接合片区、吉林长吉接合片区共 11 个国家城乡融合发展试验区。随着此方案的出台，11 个国家城乡融合发展试验区的建设轰轰烈烈地开展起来，城乡产业协同发展先行区的建设工作开展起来，先行区内的特色小镇、特色小城镇、美丽乡村和各类农业园区将得到重点优化提升。

(二) 文化产业创新驱动力明显增强

文化产业跨门类、跨行业、跨领域融合发展的程度进一步加深。文化活力持续激发，正在成为激活相关领域和延伸行业发展的驱动力，成为我国经济整体向好、坚实迈向更高发展阶段的根基和动力。文化和互联网科技融合发展，打造以高端创意、跨界融合、模式创新、场景体验为核心特征的产业体系，不仅可以成为经济发展的新增长极，而且可以直接推动产业结构优化升级。根据工信部数据，2019 年 1—8 月，依托互联网技术发展的网络音乐和视频、网络游戏、新闻信息、网络阅读等信息服务收入规模达 4 958 亿元，同比增长 24.3%，占互联网业务全行业收入的 65.9%，成为发展最快的行业类别①。

1. 数字技术赋能文化产业

随着 5G 等新技术日益成熟，以 VR、AR、AI、区块链等为代表的新科技正在推动文化产业的变革。"数字"赋能让文化产业的发展得以实现"文化＋科技"的全面融合发展。2019 年政府工作报告提出，要促进新兴产业加快发展，深化大数据，壮大数字经济，支持新业态、新模式发展，促进平台经济、共享经济健康成长。文化创意与科技创新在文化领域各行各业得到高度发展，科技对文化产业发展的推动力非常大，随着文化产业新业态、新商业模式的频频亮相，我国经济领域发展格局正发生着质的变化，文化产业愈来愈接近成为国民经济支柱性产业的目标。

文物博物馆公共文化建设方面。博物馆资源在 2019 年得到前所未有的整合，博物馆领域正在迎来社会机构与文博机构之间，以及文博机构与产业公司之间进行广泛合作交流的全新时代。2019 年，故宫博物院、中国国家博物馆等大型文博机构与百度、腾讯、阿里等互联网巨头初步探索了新的合作模式；中国移动、中国联通、华为等通信公司陆续与多家博物馆开展科技前沿合作，在博物馆开通 5G 业务；9 月，故宫博物院、上海博物馆、敦煌研究院、中国南海博物馆、中国文物交流中

---

① 数据来源于工信部官方网站（http://app.idcquan.com/tags.php? tag＝%E5%B7%A5%E4%BF%A1%E9%83%A8）。

心分别与健力宝、上海龙头、农夫山泉、中钞华森、北京文化产权交易中心有限公司等企业签署了馆藏资源授权合作协议①。2019年1月，财政部、国家文物局发布的《国家文物保护专项资金管理办法》正式实施，文物数字化保护工作在全国范围内广泛展开。4月，由中国文物保护基金会牵头、安徽博物院主办的"文化遗产数字化和知识产权保护利用全省馆长论坛"在安徽博物院举行，各地多种多样的"数字化"藏品前来参展，博物馆行业内进行了关于如何通过互联网技术应用和创新设计等方式实现博物馆可持续发展的深度探讨。12月，国家发展改革委、文化和旅游部、教育部、民政部、商务部、卫生健康委、体育总局联合发布《关于促进"互联网＋社会服务"发展的意见》，提出推进社会服务资源数字化，激发"互联网＋"对优质服务生产要素的倍增效应，这从政策性角度为我国发展以数字化、智能化、网络化为特征的数字图书馆、数字文化馆、虚拟博物馆、虚拟体育场馆等提供了制度保障②。

文化产业园区创新发展方面。产业园区创新活力再攀高峰，文化科技融合打造文化旅游项目，深度探索文化、旅游和产业融合发展的新模式。比如，南京市秦淮特色产业园采用文化科技融合方式举办的中华门城墙"3D灯光秀"，科举博物馆上演的"千年一梦"音乐光影秀，还有5G、网游、VR看灯会以及"南京一夜！巨幅国旗披上明城墙，秦淮灯会千人快闪欢庆中国年"等活动。湘潭昭山文化产业园山市晴岚文化旅游小镇挖掘湖湘文化资源，用VR科技、歌舞剧、光影互动再现传统昭山古八景，在湘江畔铺开"诗、画、禅、酒、渔"的美丽画卷，把文化资源向旅游产品转变，将自然景观资源深化成文化旅游的体验。西藏文化旅游创意园区积极推进创新创业，打造了3650space创新创业园，促进产业转型升级，探索出一套文创与旅游产业融合发展的新模式。敦煌文化创意产业园积极开拓网络空间，将文化旅游开发与云计算、新媒体、电子商务等高科技、数字化产业相结合，打造了线上推广展示平台，建设智慧景区。兰州创意文化产业园进行园区校区互动，以形成"园区里有大学，大学有园区"的发展思路，吸纳高校大学生参与文创产品创新开发，建立了"大学生实习创业基地"。

2. 文化产品供给内容提质升级

2019年政府工作报告提出文化产业要生产和传播优质文化内容。在引领5G时代的风口上，传输什么样的优质文化内容更是文化产业应当关注和探索的问题。从

---

① 杨秋. 2019年博物馆发展关键词［OL］.（2020-02-03）［2020-02-03］. http://www.cssn.cn/? COL-LCC=1287912230&.

② 国家发展改革委，等. 关于促进"互联网＋社会服务"发展的意见［OL］.（2019-12-12）［2020-01-15］. http://preview.xxzx.mca.gov.cn/article/zcwj/201912/20191200022205.shtml.

内容创新和内容质量上来看，2019 年我国文化产业各行业中涌现出了不少精品，尤其是影视行业。国产电影《流浪地球》拉开了中国自主拍摄科幻电影的帷幕；动画电影《哪吒之魔童降世》以 49.74 亿元荣登年度票房榜首，成为以动漫形式演绎传统文化的典型范例，并将国产动漫电影推向巅峰。电视剧领域中《长安十二时辰》《庆余年》《鹤唳华亭》等网剧凭借其极富吸引力的内容，在网上不断掀起热烈讨论，并且提高了用户对内容付费的接受程度。

3. 短视频深耕社会创新

2019 年是短视频深耕发展之年，以短视频挖掘社会创新已经成为实现快速推广的首选手段，社会传播进入视频化表达和智能化引领阶段。通过短视频的形式，一些日常生活场景和传统文化项目被赋予更高的传播价值，一批优质人才也通过短视频为人们所熟知，成为文化产业领域的新明星，并为推动视频领域发展持续发力。以声名远播的网红博主李子柒为例，她以短视频方式将中国传统的乡村田园生活和中国传统文化原汁原味地搬到网络空间，不仅吸引了大量国内粉丝关注，而且获得了大量海外流量，仅一条视频就有多达 3 000 万海外用户观看，实现了经济效益和社会效益双丰收，是国内短视频领域名列前茅的佼佼者。

4. 网络直播带动社会消费新热潮

2019 年，国内网络直播行业格局稳中有变，整体呈现曲折上升的趋势，实现了爆发式增长。年初，熊猫直播平台关闭，但仅仅在 4 个月之后，斗鱼上市，以全新姿态重新进入直播领域，重启电商业务。8 月 KK 直播和触手直播达成合作，将其业务重点定位在游戏直播和泛文娱直播。这些行业巨头的一举一动都牵动着整个网络直播领域的发展方向。

具体来看，2019 年"直播＋"能量大幅释放，其中"直播＋电商"模式爆发式发展，直播带货成为年度热词，也成为现如今最新潮和最接地气的网络购物新方式。1 月 31 日，淘宝直播正式上线，"双十一"淘宝直播引导成交额近 200 亿元，其中有超过 10 个"亿元直播间"，超过 100 个"千万元直播间"[①]；"双十二"当天，淘宝 7 万多场直播引导成交额同比增长 160%[②]。此外，小红书、快手、抖音、映客等也是拥有大量用户群的直播带货平台。快手、抖音、映客等相继推出"源头好货""抖音好物节""嗨购"等频道；李佳琦和薇娅成为众人耳熟能详的当红网络主

---

① 李洋. 天猫双 11：淘宝直播带动成交近 200 亿元［N］. 电商报，2019-11-23.
② 2019 淘宝直播：未来三年带动成交 5 000 亿［EB/OL］.（2018-12-31）［2020-01-09］. https://m.sohu.com/a/285888293_100126328.

播；李湘、柳岩、吴昕、王祖蓝等明星也纷纷加入直播卖货的行列。一种以网红主播和明星为核心、大众跃跃欲试、全民积极参与的经济形态正在悄然成长。毫无疑问，直播带货已经成为当前最新潮、最接地气的网络购物新方式，深刻改变着消费者的购物习惯。

随着 5G 时代的到来，AI 技术、VR 直播、8K 画质等在 5G 的加持下，将会给整个直播行业持续带来变革。2019 年 4 月，淘宝主播"大大大雪梨"在浙江完成了全国首场 5G 电商直播。4 月 26 日，虎牙直播联合中国电信首次在直播行业进行了 5G 商用的探索，顺利完成 5G＋4K 高清户外直播的尝试，成为中国首家实现 5G 网络直播的平台。11 月，央视新闻打卡进博会、第 32 届中国电影金鸡奖等采用的都是 5G 直播。此外，央视还成立了首个国家级 5G 新媒体平台"央视频"，中国联通发布了首个 5G 应用"5G 新直播"。11 月，三大运营商正式上线 5G 商用套餐，标志着我国正式进入 5G 商用时代。可以预见，5G 时代直播会与更多行业、产业、场景结合，直播行业即将发生巨大变革，真正的全民直播时代即将到来。

5. 知识产权证券化标准化建设实现破冰

2019 年 3 月 28 日，我国获批的首只知识产权证券化标准化产品"第一创业——文科租赁一期资产支持专项计划"，在国家知识产权局、中国证券监督管理委员会、北京市委宣传部、北京市知识产权局和北京市文化投资发展集团有限责任公司等的指导下，于深圳证券交易所成功发行。文科一期 ABS 项目作为知识产权资产证券化首单标准化产品，在产品设计上有效解决了制约知识产权证券化的四大核心障碍，即资产确认、价值评估、法律适格性和风险缓释，并确立了严格的基础资产入池标准、专业的知识产权价值评估办法、完善的结构设计和风险缓释措施。随着文化企业整体发展水平的提高和以文化创意为核心的创新型企业的融资需求的上升，作为新的融资渠道和新的产品形式的知识产权资产证券化，是资产证券化市场发展的必然结果和趋势。

（三）文化企业实力更加强劲

国家统计局公布的 2019 年前三季度全国规模以上文化及相关产业企业营业收入数据显示，文化新业态特征较为明显的 16 个行业小类前三季度实现营业收入 15 324 亿元，比上年同期增长 21.3％；占全部文化及相关产业营业收入的比重为 24.6％，比上年同期提高 2.8 个百分点。文化产品和服务的生产、传播、消费的数字化、网络化进程加快，数字内容、动漫游戏、视频直播、视听载体、手机出版等基于互联网和移动互联网的新兴文化业态成为文化产业发展的新动能和新增长点。

伴随着新一代信息技术的发展，我国文化产业迎来了新的发展机遇；以科技为支撑的文化新业态发展势头强劲，成为文化产业升级和发展的重要驱动力。

从产业融合角度看，文化企业发展表现出更强劲的跨界融合发展势头。文化和其他产业的融合得到拓展。文化与制造业融合，有利于提升产品的文化附加值；文化与体育融合，使得精品赛事丰富多彩，使人们的体魄和精神均得到提升；文化与互联网科技融合，使得看视频、听音乐、读小说更为便利，还有利于进行线上支付和社交，进行知识付费和打赏。中国网民每周上网时长高达27.9小时，月均手机流量7.2G，数字文化消费成为年轻人最重要的文化消费方式[①]。

随着文化产业稳步迈入国民经济支柱性产业行列的战略目标逐步实现，我国骨干文化企业数量有所增加，企业规模持续扩大，发展质量进一步提升，从整体上支撑了文化产业的发展。从另一个角度来看，目前文化产业已成为拉动就业的主力军。2019年的政府工作报告首次将"就业优先"政策置于宏观政策层面，旨在强化各方面重视就业、支持就业的导向。从互联网创业者、自由职业者到传统手工艺者、非遗传承人，文化产业因其行业覆盖范围广、产业链条长、关联效应好、新兴业态蓬勃发展，对于吸纳众多门类就业、提升就业质量、推广灵活多样的就业形式发挥了关键作用，尤其为大学生、研究生等知识阶层就业和创业创造了广阔的空间。

三、文化产业融合发展程度加深

2019年是文旅融合元年，这种融合不仅体现为政府机构职能整合，更体现为产业自主深入融合。在全国文化和旅游厅局长会议上，文化和旅游部部长雒树刚就文化和旅游融合提出了六大路径，分别是"理念融合、职能融合、产业融合、市场融合、服务融合、交流融合"，这将文化产业发展与其他各领域全面融合、深化发展的工作提高到了前所未有的高度，表明理念、产品、业态、管理融合已经成为文旅融合高质量发展的必要条件。随着国家在文化领域的相关政策性文件的出台，2019年文化和科技融合迎来了爆发式的提升，展现出无穷的发展潜力。文化金融融合在原有的基础上持续探索新模式，政府积极引导，各省（区、市）之间加强交流合作，积极探索文化金融融合的路径和方法。文化旅游融合则更显蓬勃景象，红色旅游和夜间旅游经济呈现出活力四射的发展态势。

---

① 中国互联网络信息中心. 第44次中国互联网络发展状况统计报告［R/OL］.（2019-08-30）［2020-02-18］. http://www.cac.gov.cn/2019-08/30/c_1124938750.htm.

（一）文化科技融合面向更广更深

文化和科技融合是 2019 年度文化产业领域的亮点和焦点。在这一年，国家制定和发布了多项文件，在政策上体现出对文化科技融合发展的大力扶持，政策的利好优势又预示着文化和科技融合的前景十分广阔，运用科学技术为文化赋能，通过科学技术提升文化产业的创造能力、增强文化传播能力，既是国家提高文化事业建设水平的必由之路，也是企业提高自身发展层级的必经之路。

从国家整体情况来看，各项政策的出台，为文化与科技融合发展保驾护航。2019 年 4 月，文化和旅游部印发《公共数字文化工程融合创新发展实施方案》，提出要推动公共数字文化工程转型升级、深度融合，创新公共数字文化服务业态，提升服务效能；5 月，中共中央办公厅、国务院办公厅印发《数字乡村发展战略纲要》，提出了加快乡村信息基础设施建设、发展农村数字经济、强化农业农村科技创新供给、建设智慧绿色乡村、繁荣发展乡村网络文化等十项重点任务，对数字乡村建设进行了系统全面的部署；6 月，工信部向中国电信、中国移动、中国联通、中国广电发放 5G 商用牌照，并修订了《电信业务分类目录（2015 年版）》，增设了 5G 相关业务子类，我国正式进入 5G 商用元年，这不仅意味着我国通信技术的一次成功飞跃，而且给文化产业带来了拓宽更多应用场景的可能性，意味着我国文化产业的发展有了更大的科技助力；8 月，科技部、中宣部、财政部等六部门共同印发《关于促进文化和科技深度融合的指导意见》，指出要打通文化和科技融合的"最后一公里"，激发各类主体创新活力，创造更多文化和科技融合创新性成果，为高质量文化供给提供强有力的支撑。

国家的政策利好形势，对于各省市来说可谓恰逢春霖。在中央政策指引下，各省市积极布局文化产业和科技融合发展之路，科技在持续引领传统文化产业走创新发展之路之外，还助力新兴业态的发展和变革，各省市的文化产业竞争力越来越体现为文化和科技融合的竞争力。以南京为例，2019 年 8 月以来，江苏自贸区南京片区获批，其与南京文化和科技融合示范基地同属一区，中心城市能级和辐射带动作用将进一步放大。10 月在"2019 中国（南京）文化和科技融合成果展览交易会"上，现场签约文化产业重点项目 35 个，涵盖电竞、IP 开发、文化旅游、新媒体、人工智能、大健康等多个产业门类，总额近百亿元。雨花台区作为南京高端软件发展的核心地区，立足自身产业禀赋，突出文化科技彼此赋能，初步形成了数字文化领域的产业集聚，15 家文化科技型企业入围南京市培育独角兽企业、瞪羚企业榜单，华博创意参与了动画电影《哪吒之魔童降世》的制作，蓝鲸人科技旗下的图文创作软件"美篇"成为现象级社交App①。

关键共性技术研发是文化与科技融合的前提，在文化和科技深度融合的全过程中，一系列技术的运用是文化与科技融合发展的主线。2019年，文化科技融合是我国文化产业发展的亮点，我国在一些关键技术的研发和实践上大踏步向前，成绩斐然。6月，在2019年世界移动大会（上海）上，中央广播电视总台央视财经频道上海总站在现场设置超高清互动体验区，胜利完成我国首次5G＋8K电视节目信号传输测试；6月12日，由中国信息通信研究院等各方协作创建的文化和旅游产业人工智能应用实验室正式启动。10月25日"文化科技融交会"在南京开幕，会议为期三天，举办了近60场各类活动，参展主体超过400家，从国家文化和科技融合示范基地成果、创新技术与文化体验、内容生产与传播现代化、产业支撑体系建设成果四个角度，重点展示大数据、云计算、物联网、人工智能、裸眼3D等前沿技术的文化应用，覆盖行业范围甚广。

作为5G商用元年，2019年国内已有不少文旅项目开启了探索运用5G技术变革展览项目的尝试。苏州盘门、常州青果巷、无锡清名桥、扬州三湾、镇江谏壁船闸、淮安中洲岛等八处运河美景，通过4K高清技术和5G实时传输技术，能够给远在上海的人们带来如临运河边的沉浸式体验。新技术的深度运用与5G时代的来临，将文化产业的发展和文化科技融合推向了更深更广的发展层面。

（二）文化金融融合活力持续显现

2019年对于文化金融发展来说是至关重要的一年，文化金融积极发挥对于文化产业的支持、驱动和塑造作用，显现出无可限量的未来可能性。文化产业投融资市场是文化金融的重要组成部分，更直观地反映了文化产业创新驱动的方向与成果。同时，文化产业投融资市场反映了社会资本，尤其是风险资本投入文化产业的情况，其变化影响市场参与者对未来的预期，进而改变参与者的决策与行为，从而对文化产业发展产生影响。文化产业是轻资产和创意产业，这意味着其本身没有多少资产可以用来抵押，从而需要创新文化产业的融资模式。

从国家层面来看，12月9日，文化和旅游部、中国人民银行、财政部正式批复同意北京市东城区、浙江省宁波市创建国家文化与金融合作示范区。通过开展示范区创建工作，积极推动文化与金融合作的产品创新、服务创新和机制创新，探索解决企业融资难、融资贵等问题的新路径，总结形成若干行之有效、可持续和可复制

---

① 董翔. 文化科技融合，南京要做领跑者［N］. 新华日报，2019-10-28（19）.

推广的文化与金融合作模式，为全国提供典型示范。在投融资方面，文化和旅游部举办了一系列投融资交流对接活动，联合国家发展改革委社会发展司在深圳、重庆、郑州等地举办了文化和旅游产业专项债券及投资基金融资对接交流活动，旨在扩大文化和旅游企业债券及基金融资规模。国家统计局统计数据显示，2019年国家发展改革委核准发行的文化和旅游企业债券规模约777亿元，同比增长了5.34倍。

从各省市来看，我国各地方都建立了不同形式的文化产业投融资服务平台，如各地方产权交易所、地方园区的服务平台，以及专门的创投基金和银行信贷业务等。2019年，各省市政府在原有促进金融与文化产业融合政策和举措的基础上，继续努力探索文化金融融合的新模式和新方法。

6月5日，中国银行上海市分行与上海炫动汇展传播有限公司签署了《推动动漫游戏产业健康发展战略合作协议》，这一事件预示着以动漫游戏产业为代表的文化产业将与金融机构深度融合，开放、拓展相关金融服务内容。

9月10日，在于武汉举行的C50长江峰会·2019——文化与金融融合发展高峰论坛上，洪山区"文融荟"首次亮相，武汉文化金融服务中心有限公司揭牌成立，洪山区文化金融系列配套政策出台，武汉"大学之城"向世界发出合作邀约，助推文化与金融跨界深度融合。C50峰会上举行了三轮现场签约活动，全国各地多家企业达成了合作发展协议。武汉文发集团分别签约好未来教育教师基地和印刷基地项目、东湖风景区管委会东湖音乐公园项目及一个子基金投资项目，并与武汉市农商行、洪山区文化产业引导基金达成了战略合作协议；广州携旅、深圳睿洋图志、江西优知客、北京红翼、跟谁学等6家公司相关项目落户武汉众海加速器基地，预计将直接带动就业超过7 000人，并可带动相关产业升级发展；新洲田园赛车小镇、蔡甸区索河·莲乡水镇、江夏区"安山·回龙湾"田园小镇、洪山区德成文化金融示范园区等项目签约总金额达75亿元。

内蒙古自治区在本年度持续从政策层面加大金融对文化产业的扶持力度。内蒙古制定出台了关于进一步促进文化旅游融合发展的政策措施，利用各类资金基金，加大对文化旅游项目的支持力度。建立多元化的文化旅游投融资体制，拓宽文化旅游产业融资渠道，加大招商引资力度，建立投融资平台，鼓励和引导社会资本参与文化旅游资源开发。组织项目实施单位与自治区金融机构对接，鼓励银行、保险、证券、基金等金融机构创新文化旅游金融产品和服务。支持有条件的文化旅游企业通过发行债券、股权转让、风险投资、PPP等方式融资。落实国家、自治区现行支持文化、旅游产业发展的税收优惠政策。积极实施"区地文旅产业合作计划"，引导和指导盟市 7 个文化旅游投资公司优先安排成长性好、示范带动作用强、具有全局性和先导性的重大项目，推动自治区级园区、文化与旅游融合发展等重大项目建设，推动乌阿海满、呼包鄂区域重点产业项目融资。

（三）文化旅游融合发展成效显著

文旅融合是发展旅游和文化的必经之路，二者结合可以实现相互赋能，文化因旅游而更富活力，而旅游也因文化而更具魅力。2018 年国务院整合文化部、国家旅游局的职能，组建了文化和旅游部，2019 年是机构改革后文化和旅游融合发展的开局之年，政府工作报告提出要发展壮大旅游产业，并对文化和旅游产业的融合及进一步提高社会经济效益提出了更高的要求。各地在"宜融则融，能融尽融，以文促旅，以旅彰文"的融合思路下，依托现代手段，结合地方具体实际，积极探索文旅融合发展的个性化道路。毫无疑问，文旅融合发展已经成为推动历史向前发展的必然趋势。经过一年的发展，文化和旅游融合的观念已经深入人心，成为各地发展文化产业、提高文化水平、强化旅游经济过程中的核心话题。2019 年文化与旅游融合深度较往年大幅提升，文化事业、文化产业与旅游业已逐渐形成了跨界、渗透、提升、融合的多样化路径，文化旅游融合成效显著，活力渐增。

1. 文旅融合创造精彩

按照"宜融则融，能融尽融"的思路，2019 年，全国各级文化和旅游部门积极探索在资源、项目、平台、活动等方面的有机融合，发展成效初显，游客对博物馆、文化馆、美术馆、图书馆、书店、剧场剧院等文化场所的热情不断高涨。在最新科学技术的加持下，文博旅游、红色旅游、夜间旅游蓬勃发展，生机无限。

2019 年是中华人民共和国成立 70 周年，红色旅游热潮涌动，规模和热度不断攀升。习近平总书记沿着中国革命的征程，从江西出发，最后到达北京香山革命纪念地，总书记每到一处，都会带来红色旅游"高潮"，带动当地红色旅游的兴盛。红色主题博物馆、红色主题景区、革命老区及重大革命历史事件发生地等已成为最热门的旅游地。马蜂窝旅游网大数据显示，"七一"建党节前夕，"红色旅游"关键词搜索热度上升了 43.7％，成为暑期旅游旺季中众多热门主题之一。在 OTA 平台上，以"延安""井冈山""西柏坡""遵义"等为关键词的机票，在暑假期间搜索量大幅增长，其中，延安、西柏坡、井冈山、湘潭、上海、重庆、南京、嘉兴、北京、遵义位列红色旅游热门目的地前十位[①]。"十一"黄金周期间，红色旅游目的地

---

① 陈静. 2019，红色旅游"红"出新高度［N］. 中国旅游报，2020-01-10（6）.

同样人气暴涨。以延安为例，旅游热度同比上升了 123.1％，吉安、遵义、枣庄等目的地旅游热度提升幅度均超过 100％。红色旅游热度激增，促使"红＋绿""红＋古"等产业融合，进一步延伸红色旅游的产业链，各红色景点还积极探索利用科技与创意，运用现代文学、歌舞、影视和实景剧等艺术手段讲述红色故事，为红色旅游与文化融合增添新活力①。

2019 年 3 月，中国旅游研究院发布了夜间旅游系列研究成果，夜间旅游迎来发展热潮。如今，夜间旅游内容丰富多彩，包括夜景观光、街区夜游、景区夜游、夜市夜宵、夜间演艺、夜间节事、夜间文化场所休闲活动等。夜间旅游成为文化和旅游融合发展的需求新潜力、供给新动能。银联商务数据显示，2019 年春节期间国内夜间总体消费金额、笔数分别达全日消费量的 28.5％、25.7％②，其中，游客消费占近三成。根据携程门票上线的灯会专题活动数据，游客数量同比增加了 114％，其中，珠江夜游、黄浦江夜游、重庆两江夜游、千岛湖夜游等广受欢迎。"十一"假期，据银联统计，夜间餐饮消费金额同比增长 55.5％，娱乐类消费金额更是同比增长超过 80％。截至 2019 年 10 月，全国发布夜间经济、夜间旅游相关政策规划的城市已超过 40 个，其中，济南市和北京市于 2019 年出台了专项政策，将发展夜间旅游经济提上了日程。以北京为例，明显的改变是，国家博物馆、首都博物馆等公共文化场馆开放了夜间专场③。

科技创新为旅游业态向多元化发展提供了技术保障。技术的加持，让旅游活动在内容上和形式上实现了跨越式的发展。2019 年，许多地方已打造了一部手机游当地的平台，游客可通过平台享受"吃、住、行、游、购、娱"各环节一键订单、一码通行、一键投诉。另外，以 5G、物联网、人工智能、无人驾驶、实验室经济等为代表的科技进步，正在加速对旅游业的渗透与变革，悄悄地改变着游客的需求、行为与体验，解构着传统供应链下各类旅游企业的边界，大幅提升着文化和旅游的智能基础设施建设和公共服务效能。

2. 全域旅游示范推进

2016 年 7 月，习近平总书记在宁夏调研时指出，发展全域旅游，路子是对的，要坚持走下去，这为推进旅游业改革创新发展指明了方向、提供了遵循。2019 年

---

① 马蜂窝，人民文旅. 诗和远方：文旅融合发展报告 2019 ［R］. 2020－01－16.

② 旅游经济文化和旅游部重点实验室. 夜间旅游市场数据报告 2019 ［R/OL］.（2019－03－15）［2020－02－12］. http://new. qq. com/cmsn/20190315007595. html? pc.

③ 前瞻产业研究院. 一文带你了解 2019 年中国夜间旅游市场发展现状 各地政府积极扶持夜间经济 ［OL］.（2019－10－28）［2020－02－19］. https://www. qianzhan. com/analyst/detail/220/191025－6a831e14. html.

政府工作报告提出要发展全域旅游，壮大旅游产业。2019 年 12 月，中央经济工作会议提出，要推动旅游业高质量发展。在旅游业谋求高质量发展的过程中，发展全域旅游是战略选择。一年来，文化和旅游部有力地推进相关工作，尤其是完成了首批国家全域旅游示范区验收认定工作，取得了阶段性成果。各地大力实施全域旅游战略，因地制宜谋发展，改革创新求突破，取得了积极成效。全域旅游发展如火如荼，成为探索完善和提高旅游业治理体系和治理能力，促进文化和旅游深度融合发展的生动实践。

在党中央和国务院对全域旅游工作的高度重视下，自 2016 年以来，全国共确定了 505 家国家全域旅游示范区创建单位，涉及省市县三个层面，覆盖全国 1 568 个县级单位。2019 年吉林、陕西、湖南、浙江、广东、广西等地政府工作报告中，均对发展全域旅游做出了部署。2019 年 9 月，文化和旅游部开展首批国家全域旅游示范区验收认定工作，共认定并公布了首批 71 个国家全域旅游示范区。如今，各创建单位普遍成立了由党政一把手担任双组长的创建工作领导小组，北京怀柔区、江西资溪县、河南新县、湖北恩施市、海南保亭县、青海祁连县、新疆生产建设兵团 185 团等创建单位把发展全域旅游与生态文明建设、脱贫攻坚、长江经济带发展、灾后重建等相结合、同推进[①]。

浙江按照把省域建成大景区的理念和目标，持续推进"万村景区化"，截至 2019 年年底，已认定景区村庄 5 388 个。景区内既有水乡古镇和田园村落，也有秀美山村和海岛渔家，各类风光各异、景色不同的景点遍布全域，共同勾勒出"诗画浙江"[②]。湖南省以"锦绣潇湘"为品牌的全域旅游基地火热建设，"五大旅游板块"的支撑作用逐步夯实，一批大型文旅项目建成运营。2019 年，湖南以十大文旅融合区域、活动及项目为抓手，深入开展全域旅游示范创建。四川坚持"全民共建、全民共享"，坚持旅游业与文化、农业、工业、体育等产业深度融合。尤其是"天府旅游名县"的创建，成为四川推动县域经济转型升级和全域旅游纵深发展的创新实践。2019 年 1 月至 9 月，首批 10 个"天府旅游名县"接待国内游客 1.17 亿人次，占四川全省的 18.8%[③]。2019 年，陕西全域旅游发展更加科学、系统。陕西省印发并实施了《陕西省全域旅游发展规划》，西安、宝鸡、咸阳、渭南等 8 个市，以及临潼等 32 个县（区）编制完成了全域旅游发展规划。

---

① 沈啸. 全域旅游如火如荼 深化改革先行先试［N］. 中国旅游报，2019-12-27（2）.
② 谢逸楷. 浙江推进"万村景区化"工作［N］. 中国旅游报，2019-12-13（2）.
③ 白骅. "天府旅游名县"成为"领头羊"［N］. 中国旅游报，2019-11-22（2）.

3. 旅游扶贫定向发力

2019 年是我国决胜全面建成小康社会第一个百年奋斗目标的关键之年。这一年，文化和旅游融合发展持续为扶贫工作助力，取得了脱贫致富和文化旅游发展的双丰收。旅游扶贫政策层出不穷，为旅游扶贫工作的顺利推进提供了有力的政策保障。1 月，中共中央、国务院印发《关于坚持农业农村优先发展做好"三农"工作的若干意见》，明确提出要将农村人居环境整治和发展乡村休闲旅游等有机结合；国务院办公厅发布《关于深入开展消费扶贫助力打赢脱贫攻坚战的指导意见》，提出鼓励引导干部职工自发到贫困地区旅游，大力促进贫困地区休闲农业和乡村旅游提质升级。6 月，中共中央办公厅、国务院办公厅印发《关于加强和改进乡村治理的指导意见》，提出培育乡村特色文化产业，加强农村文化引领和基层文化产品供给、文化阵地建设、文化活动开展和文化人才培养。11 月，国家发展改革委、国务院扶贫办等 15 部门联合发文《动员全社会力量共同参与消费扶贫的倡议》，指出要引导东部发达省市的企业到贫困地区建设生产基地，积极购买受援地产品和服务，组织到受援地旅游，与受援地建立长期稳定的产销衔接关系和劳务对接机制。从过去的实践来看，旅游扶贫工作主要围绕完善基础设施、建设乡村旅游重点村、加大金融扶持力度、加强交流培训等方面展开。

完善基础设施。7 月，交通运输部、国家发展改革委等八部门联合发布《关于推动"四好农村路"高质量发展的指导意见》，指出要推进"农村公路＋产业"融合发展，实现农村公路建设与旅游、产业发展规划有效衔接，鼓励将农村公路与产业、园区、乡村旅游等经营性项目实行一体化开发；12 月，文化和旅游部资源开发司与"三区三州"旅游大环线宣传推广联盟在北京西客站举办"三区三州·旅游大环线专列"首发仪式。该专列的开通，将分布在"三区三州"铁路沿线的丰富旅游资源串联在一起，将有力地促进旅游资源的深度融合，推动旅游扶贫向纵深发展。

建设乡村旅游重点村。6 月，文化和旅游部办公厅、国家发展改革委办公厅发布《关于开展全国乡村旅游重点村名录建设工作的通知》，计划在全国遴选一批具有典型示范和带动引导作用的乡村，全面启动全国乡村旅游重点村名录建设工作；7 月，国家发展改革委公布了农业农村部、工业和信息化部等七部联合印发的《第二批国家农村产业融合发展示范园创建名单》。

加大金融扶持力度。2019 年 2 月中国人民银行、银保监会、证监会、财政部、农业农村部联合发布《关于金融服务乡村振兴的指导意见》，指出要充分发掘地区特色资源，支持探索农业与旅游、养老、健康等产业融合发展的有效模式，推动休闲农业、乡村旅游、特色民宿和农村康养等产业发展，明确了金融资源向贫困地区倾斜的政策指向。2019年9月，文化和旅游部办公厅、中国农业银行办公室联合印发《关于金融支持全国乡村旅游重点村建设的通知》，集中从加大信贷投放、推进产品创新等八个方面，推进全国乡村旅游重点村建设。

加强交流培训。2019年年初，由文化和旅游部、国务院扶贫办主办的"三区三州"旅游大环线推介活动在甘肃省临夏州永靖县举行，会上发布了"三区三州"旅游大环线，成立了"三区三州"旅游大环线宣传推广联盟，宣布一部手机游"三区三州"旅游大环线上线，并举办了"三区三州"旅游项目洽谈会；6月，全国文化和旅游系统人事工作研讨会暨乡村文化和旅游能人支持项目现场会在四川眉山召开，会议提出在下一步工作中，全面启动实施乡村文化和旅游能人支持项目，全面推进文化艺术领域的职称制度改革，全面组织实施各类人才项目，全面做好文化和旅游融合发展大局中的培训工作；7月，全国乡村旅游（民宿）工作现场会议在四川成都战旗村召开，推广乡村旅游成熟的经验做法，促进乡村民宿健康发展；9月，2019年第一期深度贫困地区旅游扶贫培训班在浙江湖州举办，此次培训通过"走出去"现场实训的方式，引导学员学习借鉴先进典型经验，开启思路、拓宽视野，进一步推进旅游扶贫工作；10月，第五期2019年深度贫困地区旅游扶贫培训班在四川成都举办，为贫困地区提供人才支撑；11月，由文化和旅游部资源开发司主办的2019年乡村旅游和旅游扶贫监测点工作培训班在浙江湖州举办，此次培训班通过理论教学、实务操作、现场教学等形式，提高监测点工作人员的业务水平，加强人才队伍建设，为全国乡村旅游发展和旅游精准扶贫提供数据支撑；11月，乡村文化和旅游能人专题培训班在四川成都开班，培训班围绕乡村振兴和脱贫攻坚战略，解读乡村文化和旅游、农村土地资源开发使用等相关政策，从基层文化建设、非遗传承保护、乡村文创设计、民宿和乡村旅游产品开发等方面对2019年度乡村文化和旅游能人支持项目的部分入选人员展开培训。

4. 旅游业发展国际化趋势加强

2019年，中国旅游业发展表现出浓重的国际性色彩，中国大陆游客赴境外旅游人数持续上升，粤港澳大湾区成为世界级旅游目的地。据文化和旅游部调查统计，2019年上半年中国大陆旅行社组织出境旅游3 067.50万人次，全年出境旅游16 921万人次，同比增长4.5%。出境游人次排名前十位的目的地由高到低依次为泰国、日本、中国香港、越南、中国台湾、中国澳门、新加坡、马来西亚、印度尼西亚、韩国。

举办旅游年是中国旅游外交的重要内容。2019年，"中国-老挝旅游年""中国-柬埔寨文化旅游年""中国-太平洋岛国旅游年""中国-克罗地亚文化和旅游年"相继举办,这表明中国已成为促进这些国家或地区旅游经济快速增长的重要客源地。举办旅游年既是增进了解、加强民心互通的契机,又是推出火爆旅游项目和活动的绝佳机会。据统计,仅 2019 年前三季度中国赴老挝旅行人数就多达约 76 万人次,为当地经济发展注入了强劲动力。

2019 年 2 月,中共中央、国务院印发《粤港澳大湾区发展规划纲要》,明确提出共建人文湾区,构筑休闲湾区。在这一纲领性文件的指引下,建设粤港澳大湾区世界级旅游目的地的工作如火如荼地开展起来:在澳门成立了大湾区城市旅游合作联盟,大力推进粤港澳共享区域旅游资源,构建大湾区旅游品牌,研发具有创意的旅游产品,推动旅游休闲提质升级,为将澳门建设为世界旅游休闲中心奠定了坚实的基础;推动香港、广州、深圳国际邮轮港建设,增加国际班轮航线,探索研究简化邮轮、游艇及旅客出入境手续,优化珠三角地区"114 小时过境免签政策"等工作,打通了旅游交通方面的壁垒和障碍。集文化历史、休闲度假、养生保健、邮轮游艇等多元旅游产品于一体的粤港澳大湾区,正朝着世界级旅游目的地大步迈进。粤港澳文化旅游合作迎来了最好的发展时机。另外,从中国大陆范围内来看,入境旅游正处于高速增长期。仅 2019 年上半年全国旅行社入境旅游外联 597.10 万人次、2 149.09 万人天,接待 856.16 万人次、2 624.56 万人天[①]。外联人次排名前十位的客源地由高到低依次为中国香港、中国台湾、中国澳门、韩国、日本、马来西亚、美国、泰国、新加坡、俄罗斯。

四、文化消费拉动产业稳步发展

文化消费是人们利用文化产品或服务来满足自身精神需求的行为,文化消费能力和水平是衡量一个国家文化软实力和国民幸福感的重要标尺。2019 年 6 月 28 日,文化和旅游部发布《文化产业促进法(草案征求意见稿)》,明确提出要加快推动文化产业发展,大力促进文化消费。8 月,国务院办公厅印发《关于进一步激发文化和旅游消费潜力的意见》。为贯彻落实党中央、国务院的重要部署,加强对文化和旅游消费工作的统筹推进,在总结引导城乡居民扩大文化消费试点工作经验模式的基础上,文化和旅游部产业发展司研究起草了关于激发文化和旅游消费潜力的政策文件,提出了 9 项政策措施。为推动相关措施的实施落地,11 月,文化和旅游部在

---

① 文化和旅游部. 关于 2019 年上半年全国旅行社统计调查报告 [R/OL]. (2019-10-21) [2020-02-25]. http://zwgk.mct.gov.cn/auto255/201910/t20191021-848372.html? keywords=.

湖南长沙召开了文化和旅游消费工作推进会。在政府的积极引导和规划下，纵观2019年，我国各省市文化消费展现出强劲发展的势头，文化消费试点工作成效卓著，文化消费环境持续优化，文化消费产品更加精准对接观众需求，文化消费在消费端驱动产业发展方面贡献了很大的力量。

（一）文化消费市场规模持续扩大

2019年文化消费市场在总体上呈现出持续增长的态势，14亿人的市场内需不断扩大。电影票房比上一年提前22天突破600亿元大关；游戏产业以379亿美元位居世界游戏市场首位；国内旅游人数达到60亿人次。网络视频、音乐、文学用户数量持续增长。文化消费市场呈现多层次、多样化发展特征，文化消费需求持续扩大。具体来看，国家统计局统计数据显示，2019年全年国内游客人数达60.1亿人次，比上年增长8.4%；国内旅游收入达57 251亿元，增长11.7%；国内居民出境达16 921万人次，增长4.5%；大陆赴港澳台出境10 237万人次，增长3.2%。全国电影票房总计642.66亿元，同比增长5.4%。其中院线影院票房641.23亿元，同比增长34.13亿元，增幅5.62%。国产影片票房410.72亿元，在总票房中占比64.07%，同比增长34.72亿元，增幅达9.23%[①]。游戏市场实际销售收入2 308.8亿元，同比增长7.7%；游戏用户规模达到6.4亿人，同比增长2.5%。电子竞技游戏市场收入为947.3亿元，比上年增加112.9亿元，增幅达13.5%。移动游戏市场实际收入持续上升，所占市场份额为68.5%；客户端游戏市场和网页游戏市场继续萎缩，所占市场份额分别为26.6%和4.3%[②]；网络文学市场稳健发展。国内网络文学创作者达1 755万人[③]，网络文学用户数量持续增加，已达4.55亿人，网民使用率达53.2%，半年增长率达到5.2%[④]。

（二）文化消费试点工作成绩显著

2016年7月和2017年2月，国家先后共公布了45个国家文化消费试点城市，自此以后，文化消费试点工作在全国范围内铺开。入选的试点城市因城施策，围绕扩大文化产品和服务供给、推进惠民措施、增强文化消费便捷性、加强宣传营造良

① 电资办：2019全国电影票房年报［R/OL］.（2020-01-07）［2020-01-15］. http://piaofang. maoyan. com/feed/news/108074.
② 中国音像与数字出版协会游戏出版工作委员会. 2019年中国游戏产业报告［R］. 2019.
③ 中国社会科学院. 2019年度网络文学发展报告［R］. 2020.
④ 中国互联网络信息中心. 第44次中国互联网络发展状况统计报告［R/OL］.（2019-08-30）［2020-02-18］. http://www.cac. gov. cn/2019-08/30/c_1124938750. htm.

好社会氛围等方面积极开展试点工作，成绩显著。下面从东、中、西部地区分别选取一个典型城市，总结文化消费试点工作的开展情况以及取得的成绩。

杭州市自2017年2月入选国家文化消费试点城市名单以来，充分发挥数字经济发展的先发优势，全面推进数字产业化、产业数字化、城市数字化"三化融合"，坚持"创新驱动"，积极谋划"互联网＋文旅消费"新业态、新动能、新模式，积极构建新型文化消费生态圈，打造文旅消费"杭州模式"。2019年8月，杭州市推出了一项有史以来历时最长、规模最大、覆盖最广的文旅惠民活动，即以"喜迎华诞乐消费 文旅融合美生活"为主题的第二届杭州文旅消费季，同步推出数字文旅消费、演艺文旅消费、节庆文旅消费、主题文旅消费、阅读娱乐消费、区县联动促消费等6大惠民文旅消费板块、36项特色主题文旅活动，开启了整整三个月的杭州文旅消费"最强档期"。截至目前，文旅消费的杭州模式初步成型，迅猛发展。统计显示，杭州市在2019年文化消费试点工作上取得了显著成绩：标志性旅游文化演艺节目《宋城千古情》，1～3季度入园人数1 241万人次，演艺实现营业收入22.06亿元，净利润12.7亿元，同比增长10.69％。《最忆是杭州》观看人数达40万人次，实现营业收入近1亿元。新天地太阳马戏《X绮幻之境》自开演以来，周末上座率达80％以上。杭州大剧院全年上演478场，实现收入4 770万元。杭州前十大酒吧夜总会休闲消费总额达4.96亿元。阅读和电影依然是文化消费的重要内容。杭州全年图书批发零售额突破350亿元。

武汉市入选国家文化消费试点城市后，又被列入2019年度文化和旅游消费提升行动重点支持城市行列。2019年，武汉市文旅消费提升项目得到了文化和旅游部产业发展司的重点支持，文化消费试点工作硕果累累。在此次提升行动中，武汉文化和旅游消费惠民服务平台武汉文惠通得到了重点发展。这一平台是运用互联网技术、信息技术、数字技术打造的联通公共文化场馆与经营性文化企业的文化消费平台。借此次提升行动的东风，该平台于4月份实现了重大升级，升级后实现了线上支付购买功能，使市民能够更加便捷高效地进行惠民文旅消费。新版本上线后，获得了来自消费者和文旅商户的一致好评。武汉文惠通平台打通了文化事业与文化产业分途发展的通道，通过举办文旅惠民消费季、发放优惠券、推出积分兑换商品等活动，鼓励和引导文化消费，又以文化消费进一步引领公共文化服务水平创新和文化产品生产创新、供给创新。据统计，截至2019年6月15日，武汉市文惠通平台粉丝人数达72.6万人，注册用户达106.7万个，较上年年底大幅增加，完成入围手续的企业36家，正在办理入围手续的企业13家，已上线企业22家、店铺162家，准备上线企业14家、店铺22家，用户核销482.6万元，财政已发放补贴220

万元，直接拉动消费金额 1 856 万元，直接拉动比达 1∶3.85。另外，武汉演艺业在 2019 年度也呈现出繁荣发展的景象。3 月至 6 月，武汉《知音号》共上演 136 场次，接待游客 10.8 万人，同比增长 18.18%；恩施女儿城从傍晚开始，各类演艺上半年接待游客 199.78 万人次，同比增长 23.6%。

重庆市紧抓建设文化消费试点城市的契机，精心谋划扩大城乡居民文化消费试点工作，于 2018 年 12 月 25 日至 2019 年 3 月 25 日成功举办"第三届重庆文化旅游惠民消费季"，并在前两届的基础上谋求创新。一是将旅游消费纳入试点范围，围绕"踏雪赏芳""温泉养生""民宿休憩""年俗迎新"等主题，发布推广冬季特色旅游线路和产品，整合 40 个区县策划开展了文博展览、非遗展销、文艺展演、年俗体验等上百项文旅消费系列活动。二是创新消费促进机制，公开甄选了大麦、淘票票、口碑、飞猪和山城通 App 为合作方，实现了线上便捷支付、消费补贴、大数据监测等功能。消费季期间，五个网络消费平台共计完成消费补贴 688 万元，其中财政出资 400 万元，撬动平台配套出资 288 万元，惠及 4 600 余个文化旅游商户（或演出项目）和 124 万人次文旅消费，拉动文化旅游消费总额超过 7 500 万元（不含带动其他产业消费额），涵盖演出、电影、温泉、景区、书店、展览、旅游酒店、电竞赛事等消费门类，财政资金拉动了超过 18 倍的文旅消费。三是充分顺应现代营销方式，以新媒体为活动宣传主阵地。五个平台的广告点击量达 138 万次，在微信、微博、抖音、今日头条等手机 App 和新浪、搜狐、凤凰、网易等门户网站投放各类宣传页面，实际阅读量达 3 461 万次，参与点击、互动量达 19.5 万次；利用公交站台、轨道车厢、商住电梯等铺设户外广告和活动二维码，有效实现消费引流。

（三）文化消费环境进一步优化

近几年，我国文化消费环境指数呈现逐年上升的趋势，这表明近年来文化和旅游部通过国家文化消费试点城市创建工作以及各地方通过惠民文化消费季等活动逐步改善了文化消费的环境，丰富了文化生活，增强了居民的获得感和幸福感。2019年以来，各省市持续采取一系列举措，优化文旅企业经营环境和文化消费环境，推动文化消费提质升级。国家统计局统计数据显示，2019 年上半年全国居民人均教育文化娱乐消费支出增长 10.9%，高于居民人均消费支出增速 3.4 个百分点。同时，文化消费空间扩容，进一步增强了对购物、餐饮、交通、住宿等的消费的拉动作用。

（1）多措并举改善文化旅游消费环境，撬动文化消费升级。为了优化文化消费环境，推动供给侧结构性改革，撬动文化消费升级，2019 年各省市主要从以下几方面开展工作。第一，点亮夜间经济，拓展消费新时间，推进国家级夜间文旅消费集聚区建设，不断优化夜间文旅消费环境，丰富夜间游览产品、夜间演出市场，推动夜间文旅消费规模持续扩大；第二，改善文化和旅游消费环境，对传统演出场所和博物馆进行设施改造提升，推进文体商旅综合体、具有文旅特色的高品质步行街建设，引导演出、文化娱乐、景区景点等场所广泛应用互联网售票、二维码验票等；第三，推动景区提质扩容，推进 A 级景区特别是 4A 级、5A 级景区建设，健全景区动态管理机制，加强景区弹性供给，进一步优化景区游览线路和游览方式，大力推进"互联网＋旅游"，进一步推行景区门票预约制度等；第四，提升入境旅游环境，完善入境游客移动支付解决方案，开发适应外国游客需求的旅游线路、目的地、旅游演艺及特色商品并加强宣传推介，着力提升景区景点、餐饮住宿、购物娱乐、机场车站等场所的多语种服务水平。

（2）东、中、西部地区文化消费差距仍较为明显，但在环境和满意度上趋于均衡。东部地区的文化消费综合指数以及能力、水平两个分指数明显高于中、西部地区，区域不均衡问题仍然比较严重。在综合指数排名前十的省份中，有 7 个省份位于东部地区，中部地区安徽和湖南进入前十，西部地区只有重庆进入了前十。而在文化消费环境和满意度指数上，东、中、西部地区比较接近，表明各地文化消费环境、满意度趋于相对均衡，但发展不充分的问题仍然是文化消费的主要矛盾。

（3）城乡文化消费差距有所缩小，文化振兴乡村引起高度重视。从城乡角度看，近七年的数据显示，城乡居民文化消费差异非常明显，不过 2019 年城乡差距在上年扩大的情况下有所缩小。党的十九大首次提出实施乡村振兴国家战略，指出要科学有序地推动乡村产业、人才、文化、生态和组织振兴，可见文化也是乡村振兴的重要内容。因此，城乡文化消费差距应引起高度重视，要重点通过文化艺术的植入和文化旅游的发展，尤其是文化资源丰富独特的乡村，要传承和创新发展乡村特色文化，实现文化富民，使文化振兴乡村成为乡村振兴的重要路径。

(四) 文化消费产品结构趋于细分

党的十九大报告指出，我国进入了中国特色社会主义建设新时代，主要矛盾是人民日益增长的美好生活需要和不平衡不充分的发展之间的矛盾。随着经济发展水平和文化产业发展水平的提升，人们越来越多地为个人、为高层次精神享受而消费，大众文化消费将逐步转向分众化，在分众化的文化消费中又将非常明确地指向个性化与精准化。多样化的市场需求将促进文化消费结构的完善。在国家政策的引导和鼓励下，文化产品供给品类持续丰富，不同种类的文化产品更加精准地对接不同的受众群体，供给端的丰富化和需求端的分众化共同塑造了一个立体鲜活、生机蓬勃的文化消费市场。

（1）动漫产品、娱乐活动、游戏、网络文化活动受到25岁以下群体的追捧，电视广播与文艺演出主要受到40岁以上群体的追捧。从各个年龄段居民消费的文化产品可以看出，动漫、游戏、网络文化活动等新兴文化产品主要得到25岁以下居民的青睐，40岁以上居民更偏爱电视广播以及文艺演出等传统类文化产品。此外，17岁以下居民相对更喜欢购买文化消费终端。值得一提的是，近年来40～65岁以及65以上的中老年人对网络文化活动的选择率持续提升。

（2）居民偏好打折卡与储值卡的补贴方式，更愿意将补贴用于电视广播、图书、报纸、期刊、电影。关于居民更偏好政府提供哪种文化消费补贴方式的问题，我们根据国家文化消费试点城市促进文化消费的新做法，在调查问卷中添加了河南郑州和湖南岳阳等地实施的"一元剧场"、山东推出的会员卡补贴、成都推出的App优惠等选项。通过调研结果我们发现，打折卡和储值卡依然是居民最喜欢的两种补贴方式，政府财政补贴与举办文化惠民活动是居民比较喜欢的两种促进文化消费的举措。在希望将补贴用在哪些文化产品的问题上，电视广播、图书、报纸、期刊、电影排在前五位。

（3）国产电影受欢迎的程度快速上升，国产动漫崛起。在更倾向于国内文化产品还是国外文化产品的消费选择上，2019年调研的四项文化产品电影、文化旅游、动漫、游戏，都是国产的更受欢迎。尤其值得一提的是国产动漫，首次超过日本动漫，更受居民喜欢。近几年，社会一直在说"国漫崛起"，尤其是2019年的《哪吒之魔童降世》在中国动画史、中国电影史上画下了浓墨重彩的一笔，总票房高达49.7亿元，这也意味着中国有越来越多的人愿意为优秀的国产动漫买单。

（4）网络尤其是移动互联网成为文化消费最重要的渠道，且呈现持续加速态势。通过调查12类文化产品的消费渠道，我们发现电脑、手机、iPad、kindle等网络终端（尤其是移动网络终端）成为居民文化消费最重要的渠道。大家通过网络购买的纸质版或电子版图书数量已明显超过图书馆、实体书店等传统渠道；对于游戏来说，手机端更是高居第一位，选择率超过了七成；通过电脑、手机观看电影也得到了半数以上消费者的选择，仅次于电影院。而且，近五年来，这种趋势在不断强化。随着5G网络的大规模商用，可以预见以网络为主要消费渠道的数字创意产业将迎来更快更好的发展。

（5）短视频相关活动成为最受欢迎的网络文化服务，网络社交和新闻App紧随其后。通过对网络文化活动的深入调查发现，短视频相关活动，微博、微信等网络社交平台成为最受欢迎的网络文化服务；短视频因创作门槛低、社交属性和互动性强、碎片化消费与传播力强的特性，自 2016 年兴起以来发展速度非常快；新闻 App、网络音乐同样受到了半数以上受访者的青睐。

第二章　2018—2019 年中国省市文化产业发展指数

本章简单介绍中国省市文化产业发展指数评价体系的指标体系、数据来源和计算方法，并在此基础上对 2018 年、2019 年中国省市文化产业发展指数结果进行描述性分析，总结 2018 年、2019 年中国省市文化产业发展指数总体情况。

一、中国省市文化产业发展指数体系简介

《中国省市文化产业发展指数 2015》详细介绍了中国省市文化产业发展评价体系的理论基础、设计原则、理论模型、结构框架、数据来源、计算方法等内容。为了避免重复，同时便于读者理解指数体系的基本内容，此部分简要介绍指标体系、数据来源和计算方法。

（一）中国省市文化产业发展指数的结构框架

1. 总框架

我们以联合国教科文组织提出的亚太区域国家文化产业评价框架为基础，根据文化产业金字塔模型确定文化产业的产业链结构，再综合钻石评价体系及中国国情进行测度变量的选取，构建出中国省市文化产业发展评价体系，以科学的量化标准全面衡量各省市文化产业发展水平。

中国省市文化产业发展评价指标体系从文化产业的投入、驱动、产出三个环节出发，在揭示文化产业发展的内在因素与动力的基础上，综合考虑了经济、社会、政治等的影响，结合三大理论基础，构建了产业生产力、产业影响力、产业驱动力3 个一级评价指标，文化资源、文化资本、人力资源、经济影响、社会影响、市场

环境、公共环境、创新环境 8 个二级评价指标，并选取 46 个测度变量进行实证研究（见图 2-1）。

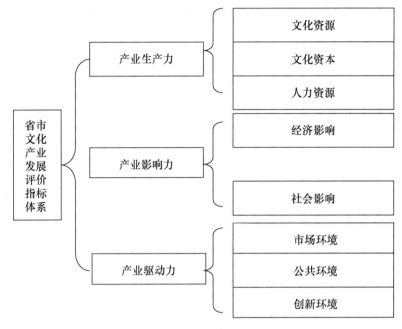

图 2-1 指标总框架图

2. 各子框架细述

（1）产业生产力框架。

产业生产力框架主要衡量文化产业内部生产要素的投入情况，主要包括三个方面：文化资源、文化资本和人力资源。

第一，文化资源。

文化资源主要指狭义上的文化资源，包括有形的物质资源（物质文化遗产、图书馆、博物馆、电影院与档案馆等）和无形的精神资源（人类口头和非物质文化遗产等），可分为场馆类资源（文化娱乐场所、艺术表演场馆、艺术馆、图书馆、博物馆等）、人文类资源（非物质文化遗产等）和文化产业基地/园区三类。

第二，文化资本。

文化资本是任何与文化及文化活动有关的有形及无形资产，它是决定经济增长的一种关键性生产要素和最终解释变量[①]。

---

① 高波，张志鹏. 文化资本：经济增长源泉的一种解释 [J]. 南京大学学报（哲学·人文科学·社会科学），2004（5）.

第三，人力资源。

人力资源（智力资源）是发展文化产业的核心要素，因为文化产业属于智力密集型产业，所以文化产业的竞争常常表现为优秀人才资源的竞争。

（2）产业影响力框架。

产业影响力框架主要衡量文化产业的产出状况，通过经济、社会两方面的影响来体现。

第一，经济影响。

经济方面的影响，主要从文化产业的经济规模、收入水平和集聚效应三个角度来考虑。经济规模主要指其总产出，主要表现形式为总量指标；收入水平主要指文化产业人均收入；集聚效应是指区域文化产业集群产生的效应。

第二，社会影响。

社会影响主要指文化产品与服务对市民或消费者的影响，体现在文化参与、文化形象等方面。

（3）产业驱动力框架。

外部发展环境对文化产业的持续发展起着至关重要的作用，因而我们提出文化产业发展驱动力模型，用其来评价政府在市场体系、公共服务、创新机制等方面所做的努力，进而为政府后续政策的制定提供参考与数据支持。考虑到我国国情以及收集数据的难易程度，本模型拟从市场环境、公共环境和创新环境三个方面来构造产业的驱动力。

第一，市场环境。

市场环境指企业生产经营活动所处的社会经济环境中的不可控制的因素，主要有法律、市场需求、市场供给、产品流通等方面的因素。

第二，公共环境。

公共环境主要指公共管理部门和公共服务部门为整个产业提供的发展环境。

第三，创新环境。

文化产业的快速发展与传播高度依赖相关科学技术的发展。创新环境主要考虑区域文化产业的技术投入水平和创新能力。

（二）中国省市文化产业发展指数的计算方法

1. 指标数据的来源

中国省市文化产业发展指数指标的构成分为两大类：定量指标与定性指标。

定量指标的数据根据《中国文化文物统计年鉴》《中国统计年鉴》《中国旅游年

鉴》《中国广播电视年鉴》《中国出版年鉴》《中国版权年鉴》《中国广告年鉴》以及文化和旅游部、国家统计局发布的定期报告等，通过直接计算法（对研究对象用直接的计数、点数和测量等方法，登记各单位的具体数值加以汇总）或间接推算法（根据社会经济现象之间的平衡关系、因果关系、比例关系或利用非全面调查资料进行推算的方法）获得。

定性指标则通过调研获得。整个调研的方案由两个主要部分构成，即问卷调查部分和访谈部分。问卷设计主要包括两个部分：一个是对市民（文化产品消费者）的抽样；一个是对当地文化企业（文化产品生产者）的抽样。文化企业和市民是文化市场供需的主体。

（1）对市民的抽样设计如下：

抽出每个省（自治区）的地级市，再抽取区（县）、街道、居民户。直辖市无须抽取地级市，直接抽取区（县）、街道、居民户。

针对每个省（自治区）所采取的抽样方法是，首先在其所有地级市中，抽出省会城市和非省会城市。考虑到省会城市在每省（自治区）经济、政治、文化方面的重要性和代表性，必须调研；非省会城市按人口规模进行 PPS 抽样，鉴于每个省（自治区）的地级市数量不一样，拥有 20 个及以上地级市的省（自治区）再抽 3 个地级市，拥有 10～19 个地级市的省（自治区）抽 2 个地级市，拥有 10 个以下地级市的省（自治区）抽 1 个地级市。

经过上述步骤抽出调研城市后，对每个城市的市民进行抽样，所采取的抽样方法是：首先，确定每个城市行政划分的区（县），采用简单随机抽样的方法抽取几个区（县），每个城市抽取的区（县）数目根据其所辖区（县）数目而定，按 1/2 的比例抽取，根据 PPS 抽样原则，实行不等概率抽样，即区（县）的人口规模越大，被抽中的可能性就越大。其次，从所抽取的区（县）中随机抽出街道，同样进行不等概率抽样。考虑到调研的可操作性和样本量以及专家的建议，项目组规定了每个区（县）所抽街道的数目。最后，在抽取出的街道中对居民户进行简单随机抽样。具体抽样流程如图 2-2 所示。

对抽取到的市民，采用 CATI（计算机辅助电话调查系统），以电信局号码作为抽样框，随机生成电话号码的后四位，由访问员进行访问，并利用 CATI 系统的配额控制模块控制样本的性别年龄配额，以保证最终的样本构成特征接近总体人口的构成特征。

（2）对文化企业的抽样设计如下：

文化企业指按照工业标准从事生产、再生产、储存以及分配文化产品和服务等

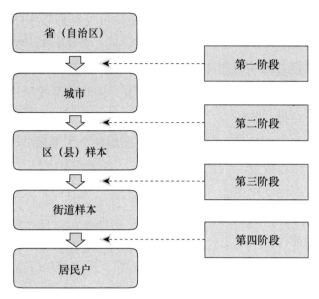

图2-2 市民抽样流程图

一系列活动的企业。项目组原计划针对企业采用和市民同样的抽样方法，但由于并不是人口多，文化产业就发达，因此综合考虑统计数据的获取途径和调研成本后，项目组决定按人均GDP对每个省（自治区、直辖市）的企业进行抽样。

具体抽样方法如下：考虑到省会城市在每个省（自治区）经济、政治、文化方面的重要性和代表性，必须调研；非省会地级城市按人均GDP进行PPS抽样，考虑到每个省（自治区）的地级市数量不一样，拥有20个及以上地级市的省（自治区）按分层抽样方式，将其地级市按人均GDP从高到低排列，平均分为三层，每层随机抽取1个地级市，共抽取3个地级市，再在每个城市的文化园区和文化企业中随机抽取33个样本；以同样方法，拥有10~19个地级市的省（自治区）抽2个地级市，拥有10个以下地级市的省（自治区）抽1个地级市。以广东省为例，其具体流程如图2-3所示。

对企业的访问也采用电话调查的形式，由访问员对企业经理级别以上的高层管理人员进行访问。督导在现场全程监督和指导访问员，并借助系统严格控制问卷质量和数据的真实性。

访谈部分主要运用专家法来确定访谈对象，对该年度全国文化产业发展影响力较大的地区和企业进行调研，并通过对地区政府领导和企业管理人员的访谈，了解其发展思路、成效、困难等相关信息，和数据调查部分的信息相互补充，这能够让我们更好地了解地区文化产业发展情况。

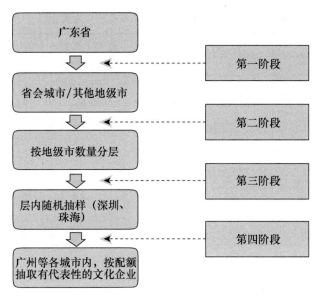

图2-3 企业抽样流程图

2. 指标的无量纲化方法

中国省市文化产业发展指数的计算方法是定权累加法,权重是结合指数自身的设计框架和专家的意见确定的。目前国际主流评价体系如"联合国电子政府的评价"等使用的都是定权累加法。中国省市文化产业发展指数指标无量纲化数学模型为

$$X_i' = [X_i - \text{Min}(X_i)] / [\text{Max}(X_i) - \text{Min}(X_i)] \times 40 + 60$$

式中,X_i'是单项指标标准值;X_i是单项指标实际值;$\text{Max}(X_i)$是单项指标各城市最大值;$\text{Min}(X_i)$是单项指标各城市最小值。

指数合成模型为

$$Y = \sum_{j=0}^{m} X_j / m$$

式中,Y是评价对象的综合指数;X_j是评价指标;权重为等权。

二、2018年中国省市文化产业发展指数结果分析

将2018年统计数据及调研数据代入指标体系,通过定权累加的方法即可得到各省市文化产业的综合指数、生产力指数、影响力指数、驱动力指数,部分省市的结果如表2-1所示,其中港澳台地区由于调研和数据采集问题没有被纳入。

表 2-1 2018 年中国部分省市文化产业发展指数

排名	省市	综合指数	生产力指数	影响力指数	驱动力指数	变异系数
1	北京	85.47	73.17	91.14	85.96	0.11
2	浙江	82.10	78.70	79.98	85.92	0.05
3	江苏	81.76	82.80	84.88	78.12	0.04
4	上海	81.19	72.84	84.75	81.80	0.08
5	广东	80.07	79.95	82.18	78.02	0.03
6	山东	79.79	80.02	82.34	77.11	0.03
7	湖南	77.57	72.39	81.32	76.40	0.06
8	重庆	77.17	68.05	76.44	82.47	0.10
9	福建	76.69	73.94	76.30	78.44	0.03
10	天津	76.21	68.77	75.08	81.05	0.08

(一) 总体分析

1. 区域发展依然不平衡

从区域的聚类分析结果来看，文化产业还存在不均衡的现象，东部及沿海地区的综合表现远好于其他地区，综合指数前 10 名除了湖南、重庆是中西部省份以外，其他全部集中于东部地区（见图 2-4）。北京市仍处于第 1 位，浙江、江苏、广东、上海紧随其后。生产力指数排序和 2017 年相比变化不大，重庆、湖南进步较大且跻身前 10 名。影响力指数排序与 2017 年相比有一定的变化，中部地区的影响力逐渐凸显。产业驱动力指数排序有一些省份的变化比较大，原因在于现在各省市地方政府都非常重视文化产业的发展，支持力度不断增大，就文化企业和市民的感受来说，宏观的文化产业发展环境优化速度提高较快。

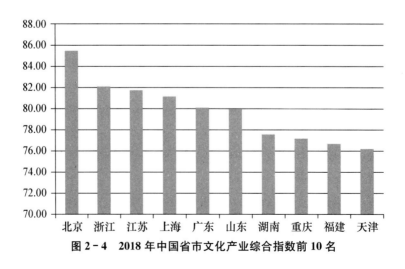

图 2-4 2018 年中国省市文化产业综合指数前 10 名

文化产业生产力（资源投入水平）方面，东部地区凭借海量的文化资源和巨大的文化资本投入、文化人才资源投入，在前 10 中占据了 7 个席位。中西部地区中四川、陕西、河南入围前 10（见图 2－5）。

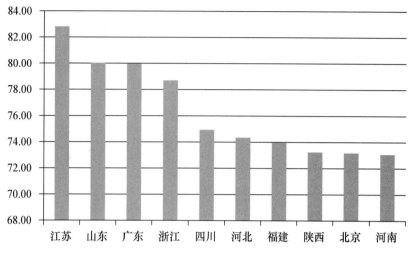

图 2－5 2018 年中国省市文化产业生产力指数前 10 名

文化产业影响力方面，东部沿海地区文化产业经济效益极为显著，前 10 位的省市，除了陕西、重庆、湖南外，其他均来自东部沿海较发达地区。京、沪、粤、苏、浙、鲁等地文化产业增加值都已超过 2 000 亿元，其中广东更是以 4 817 亿元的增加值遥遥领先。就文化产业影响力而言，北京仍然位列第 1，陕西由于在经济影响和社会影响方面均有较好的表现，进步较大，进入了前 10 名（见图 2－6）。

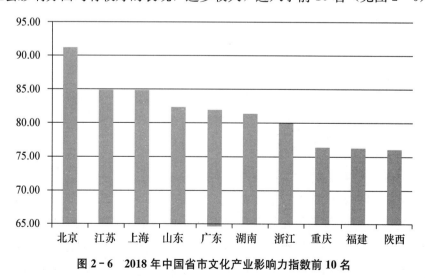

图 2－6 2018 年中国省市文化产业影响力指数前 10 名

文化产业驱动力方面，北京蝉联第 1 名，浙江、重庆、上海、广西紧随其后。

前 10 名中有 6 个来自中西部地区，分别为重庆、广西、吉林、内蒙古、河南、黑龙江，可见在产业发展环境方面，中西部地区由于政府高度重视与支持，发展较为迅速。另外，吉林、广西和内蒙古由于在市场环境和创新环境上的持续进步，驱动力指数也得到了很大的提升（见图 2-7）。

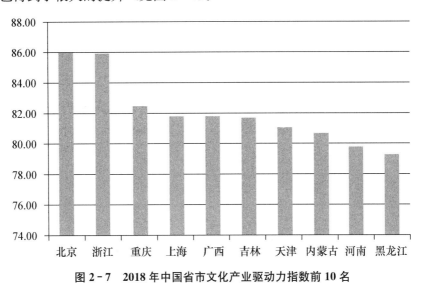

图 2-7　2018 年中国省市文化产业驱动力指数前 10 名

2. 各省市文化产业发展整体均衡性降低

通过比较 2017 年和 2018 年各地区指数的变异系数我们发现多数省市文化产业发展指数的变异系数相对 2017 年有所上升，文化产业发展均衡性有所降低。部分省市变异系数偏大，文化产业发展不均衡，其中上海、北京等排名前几位的省市和吉林、广西等排名居中的省市变异系数偏大，影响了其文化产业的进一步发展。

3. 区域结构特征——聚类分析的结果

聚类分析以发展指数为基本信息，对生产力、影响力、驱动力三个要素指数进行聚类，聚合为三类时可实现较好的组间区分。第一类包含北京、上海、江苏、浙江、山东、广东，其发展指数最高，除驱动力指数优势一般外，生产力指数和影响力指数都有非常明显的优势，均衡性相对较好，这里将其定义为强势地区。第二类包含河北、山西、辽宁、安徽、福建、湖南、四川、云南、陕西，其均衡性较差，影响力指数有明显的分化趋势，表明此类内部各省市仍处于快速变化中，此处将其定义为普通地区。天津、内蒙古、吉林、黑龙江等省市发展指数和各一级指数均值较小，整体均衡性一般，此类省市在整体上处于弱势，这里将其定义为弱势地区（见表 2-2）。

表2-2 2018年中国省市文化产业发展指数聚类特征

类别	省市	特征值	生产力	影响力	驱动力	综合
强势	北京、浙江、江苏、广东、上海、山东	均值	77.9	84.2	81.2	81.7
		变异系数	0.052	0.046	0.050	0.025
普通	河北、山西、辽宁、安徽、福建、湖南、四川、云南、陕西	均值	71.7	75.3	78.3	75.8
		变异系数	0.059	0.071	0.040	0.045
弱势	天津、内蒙古、吉林、黑龙江、江西、河南、湖北、广西、海南、重庆、贵州、西藏、甘肃、青海、宁夏、新疆	均值	68.8	72.0	78.7	74.0
		变异系数	0.030	0.029	0.030	0.024

（二）文化产业生产力

文化产业生产力主要衡量文化产业内部生产要素的投入情况，主要包括三个方面：文化资源、文化资本和人力资源。部分省市的结果如表2-3所示。

表2-3 2018年中国部分省市的文化产业生产力指数

省市	生产力	生产力排名	文化资源	文化资源排名	文化资本	文化资本排名	人力资源	人力资源排名	变异系数
江苏	82.80	1	77.97	1	90.04	2	85.22	4	0.07
山东	80.02	2	67.35	18	100.00	1	85.38	3	0.19
广东	79.95	3	70.52	8	78.76	6	100.00	1	0.18
浙江	78.70	4	74.43	2	79.63	5	86.30	2	0.07
四川	74.93	5	73.26	3	76.03	16	77.18	7	0.03
河北	74.33	6	67.19	20	82.39	3	80.55	5	0.11
福建	73.94	7	71.67	7	78.68	7	73.73	10	0.05
陕西	73.23	8	72.46	4	76.75	12	71.24	15	0.04
北京	73.17	9	70.41	9	72.39	26	79.47	6	0.06
河南	73.06	10	68.05	15	80.50	4	75.64	8	0.08

1. 区域特征明显

（1）江苏省文化产业生产力水平具有领先优势。

在文化产业生产力指数上，江苏省位列第1，其文化资源具有非常明显的优势。山东深厚的文化资本确保了其文化产业生产力的优势地位，但是文化资源相对不足，需要进一步提高。

（2）东部地区的总体排名较高。

在文化产业生产力排名前10的省市中，除了陕西、河南、四川外，其他均为东部地区省市，其中江苏、山东、广东、浙江位列前四位，整体优势明显。

2. 区域结构特征——聚类分析的结果

聚类分析以生产力指数为基本信息，对文化资源、文化资本、人力资源三个要素指数进行聚类，聚合为三类时可以实现较好的组间区分。第一类包含江苏、山东、广东、浙江，其生产力指数最高，文化资源指数一般，文化资本和人力资源有非常明显的优势，但均衡性较弱，此处将其定义为强势地区。第二类为北京、河北、山西、辽宁、上海等地，其均衡性一般，这里将其定义为普通地区。第三类省市各项指数均较低，均衡性较强，此类省市在整体上处于弱势，这里将其定义为弱势地区（见表2-4）。

表2-4 2018年中国省市文化产业生产力指数聚类特征表

类别	省（市、区）	特征值	文化资源	文化资本	人力资源	生产力
强势	江苏、山东、广东、浙江	均值	72.6	87.1	89.2	80.4
		变异系数	0.064	0.115	0.081	0.022
普通	北京、河北、山西、辽宁、上海、安徽、福建、江西、河南、湖北、湖南、四川、云南、西藏、陕西	均值	69.9	76.8	73.3	72.5
		变异系数	0.028	0.041	0.054	0.019
弱势	天津、内蒙古、吉林、黑龙江、广西、海南、重庆、贵州、甘肃、青海、宁夏、新疆	均值	65.5	72.8	67.4	67.8
		变异系数	0.019	0.024	0.022	0.017

3. 部分省市文化产业生产力发展不均衡

观察各地区生产力指数的变异系数可以看出大部分省市文化产业生产力指数变异系数适中，均衡性较好。山东、广东、河北、江苏等经济发达地区的生产力指数变异系数较大，发展相对更为不均衡；而四川、陕西等中西部地区省份的均衡性较高。

(三) 文化产业影响力

文化产业影响力框架主要衡量文化产业的产出状况，通过经济、社会两方面的影响来体现。部分省市的结果如表2-5所示。

表2-5 2018年中国部分省市文化产业影响力指数

省市	影响力	影响力排名	经济影响	经济影响排名	社会影响	社会影响排名	变异系数
北京	91.14	1	96.76	1	85.52	2	0.09
江苏	84.88	2	88.48	3	81.29	8	0.06
上海	84.75	3	82.14	5	87.36	1	0.04

续表

省市	影响力	影响力排名	经济影响	经济影响排名	社会影响	社会影响排名	变异系数
山东	82.34	4	81.94	6	82.74	5	0.01
广东	82.18	5	90.92	2	73.45	27	0.15
湖南	81.32	6	81.30	7	81.34	7	0.00
浙江	79.98	7	82.27	4	77.69	16	0.04
重庆	76.44	8	69.32	19	83.56	3	0.13
福建	76.30	9	73.11	12	79.50	11	0.06
陕西	75.98	10	71.43	14	80.52	9	0.08

1. 区域特征明显

影响力指数区域特征明显，前 10 名中有 7 个省市来自东部沿海地区，仅湖南、重庆、陕西来自中西部地区，而后 10 名全部来自中西部地区。整体而言，中西部省市与东部省市之间的差距仍然较大。各省市之间文化产业影响力指数差距比较明显，其中排名第 1 的北京与排名末位的新疆之间的差距高达 23.68。

2. 区域结构特征——聚类分析的结果

聚类分析以影响力指数为基本信息，对经济影响、社会影响两个要素指数进行聚类，聚合为三类时可以实现较好的组间区分。第一类为北京、上海、江苏、浙江、山东、湖南、广东，其影响力指数最高，经济影响指数有非常明显的优势，均衡性较弱，这里将其定义为强势地区。第二类包含河北、安徽、福建、广西、海南、重庆、云南、西藏、陕西、宁夏，影响力指数和经济影响指数一般，社会影响指数相对较高，均衡性较强，此处将其定义为普通地区。第三类包含天津、山西、内蒙古、辽宁、吉林、黑龙江、江西、河南、湖北、四川等 14 个省份，影响力指数及其要素指数较小，均衡性一般，此类省份在整体上处于弱势，这里将其定义为弱势地区（见表 2－6）。

表 2－6　2018 年中国省市文化产业影响力指数聚类特征表

类别	省市	特征值	经济影响	社会影响	影响力
强势	北京、上海、江苏、浙江、山东、湖南、广东	均值	86.3	81.3	83.8
		变异系数	0.069	0.057	0.044
普通	河北、安徽、福建、广西、海南、重庆、云南、西藏、陕西、宁夏	均值	68.0	80.2	74.1
		变异系数	0.059	0.024	0.025
弱势	天津、山西、内蒙古、辽宁、吉林、黑龙江、江西、河南、湖北、四川、贵州、甘肃、青海、新疆	均值	69.4	74.4	71.9
		变异系数	0.060	0.025	0.030

3. 大部分省市文化产业影响力发展均衡

观察各地区影响力指数的变异系数可以看出大部分省市文化产业影响力指数变异系数适中，均衡性较好。只有极个别省市变异系数偏大，文化产业影响力发展不均衡，其中海南、西藏、青海、山西、宁夏社会影响力远超经济影响力，文化产业影响力变异系数过大，需要考虑如何更好地扩大经济规模、提高收入水平，从而在经济影响力方面实现大幅度的提升。

（四）文化产业驱动力

产业驱动力主要反映产业发展环境（政府行为），部分省市的结果如表2-7所示。

表2-7 2018年中国部分省市文化产业驱动力指数

省市	驱动力	排名	市场环境	市场环境排名	公共环境	公共环境排名	创新环境	创新环境排名	变异系数
北京	85.96	1	86.88	3	91.91	5	83.67	2	0.05
浙江	85.92	2	85.48	6	91.84	7	84.10	1	0.05
重庆	82.47	3	81.43	21	87.00	23	81.31	4	0.04
上海	81.80	4	87.26	2	91.89	6	76.62	7	0.09
广西	81.80	5	86.05	5	92.49	3	76.82	6	0.09
吉林	81.69	6	79.03	26	83.89	30	81.84	3	0.03
天津	81.05	7	82.87	15	89.80	12	77.53	5	0.07
内蒙古	80.66	8	83.54	12	89.96	11	76.60	8	0.08
河南	79.77	9	86.68	4	94.05	1	72.71	14	0.13
黑龙江	79.28	10	85.43	7	92.50	2	72.81	12	0.12

1. 总体分析

（1）中西部部分地区发展迅速。

从驱动力排名看，排名前10的省市中，有6个来自中部和西部地区，可见在产业发展环境方面，中部、西部地区由于政府高度重视与支持，整体发展趋势较好。值得一提的是，北京由于其创新环境具有绝对优势和公共环境得到了进一步改善，连续五年位列驱动力指数第1名。

（2）指数数据趋于稳定。

与生产力指数和影响力指数一样，驱动力指数逐渐趋于稳定，31个省市的指数数值整体趋于平稳。这表明随着各地区政府支持力度逐渐加大，市场环境、公共环境和创新环境等各个方面已进入相对稳定的状态。

2. 区域结构特征——聚类分析的结果

聚类分析以驱动力指数为基本信息，对市场环境、公共环境、创新环境三个要素指数进行聚类，聚合为三类时可以实现较好的组间区分。第一类为北京、吉林、浙江、重庆，其要素指数整体较好，但均衡性较弱，这里将其定义为强势地区。第二类为山西、辽宁、江苏、安徽、福建、山东、湖北、湖南、四川、云南、陕西、甘肃、青海、宁夏、新疆，要素指数整体一般，均衡性较强，此处将其定义为普通地区。第三类包括天津、河北、内蒙古、黑龙江、上海、江西、河南、广东、广西、海南、贵州、西藏，市场环境指数和公共环境指数一般，创新环境指数较小，在整体上处于弱势，这里将其定义为弱势地区（见表 2-8）。

表 2-8　2018 年中国省市文化产业驱动力指数聚类特征表

类别	省市	特征值	市场环境	公共环境	创新环境	驱动力
强势	北京、吉林、浙江、重庆	均值	83.5	89.6	75.3	79.8
		变异系数	0.019	0.018	0.079	0.052
普通	山西、辽宁、江苏、安徽、福建、山东、湖北、湖南、四川、云南、陕西、甘肃、青海、宁夏、新疆	均值	81.9	88.2	74.5	78.7
		变异系数	0.033	0.038	0.056	0.035
弱势	天津、河北、内蒙古、黑龙江、上海、江西、河南、广东、广西、海南、贵州、西藏	均值	82.9	88.6	72.2	77.6
		变异系数	0.046	0.034	0.053	0.041

3. 文化产业驱动力发展均衡

全国各省市文化产业驱动力指数变异系数适中，均衡性较强。但河南、黑龙江、广西、内蒙古等地的创新环境指数相对较小，变异系数过大，需要进一步加大文化产业领域的科技研发力度，营造更好的创新环境，促进文化产业驱动力进一步提高。

三、2019 年中国省市文化产业发展指数结果分析

将 2019 年统计数据及调研数据代入指标体系，通过定权累加的方法即可得到各省市文化产业的综合指数、生产力指数、影响力指数、驱动力指数，部分省市的结果如表 2-9 所示，其中港澳台地区由于调研和数据采集问题没有被纳入。

表 2-9　2019 年中国部分省市文化产业发展指数

排名	省市	综合指数	生产力指数	影响力指数	驱动力指数	变异系数
1	北京	82.67	75.02	83.48	85.69	0.07
2	浙江	82.48	76.96	83.02	84.70	0.05
3	江苏	80.71	82.44	82.17	78.37	0.03
4	广东	80.37	79.18	82.97	78.36	0.03
5	上海	79.47	72.40	81.12	81.36	0.07

续表

排名	省市	综合指数	生产力指数	影响力指数	驱动力指数	变异系数
6	山东	78.51	74.37	79.82	79.26	0.04
7	重庆	77.97	74.52	74.03	83.64	0.07
8	河南	76.92	73.56	75.28	80.25	0.05
9	陕西	76.77	75.80	77.30	76.72	0.01
10	福建	76.56	76.89	74.53	78.43	0.03

(一) 总体分析

1. 区域发展依然不平衡

从区域的聚类分析结果来看，文化产业还存在不均衡的现象，东部地区的综合表现远好于其他地区，综合指数前10名中除了重庆、河南、陕西是中西部省份以外，其他全部集中于东部地区（见图2-8）。北京的综合指数除2015年排名第2外，2014年、2016—2019年均排名全国第1。浙江、江苏在2018—2019连续两年均位列第2、3位，上海、广东、山东依旧排名4～6位。生产力及驱动力指数整体和2018年相比变化不大，但除了北京以外，上海、江苏、浙江、广东、山东这5个省市的产业生产力指数均出现了不同程度的下降，特别是山东下降幅度较大，下降了7.06%。影响力指数排序有一些区域的变化比较大，新疆由于社会影响显著提高影响力指数排名跃居第11位，由于各省（区、市）政府都非常重视文化产业的发展，支持力度增大，整体的文化氛围和环境优化速度提高较快。

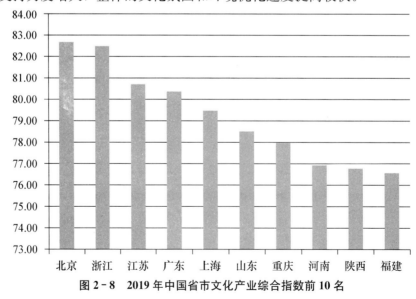

图2-8 2019年中国省市文化产业综合指数前10名

文化产业生产力（资源投入水平）方面，东部地区凭借海量的文化资源和巨大的文化资本投入、文化人才资源投入，在前10名中占据了6个席位。中西部地区中，陕西、湖南、四川分别位列第5、第9和第10，重庆在文化资本方面上升至第1位，生产力指数整体上升幅度达9.51%，排名进入前10位（见图2-9）。

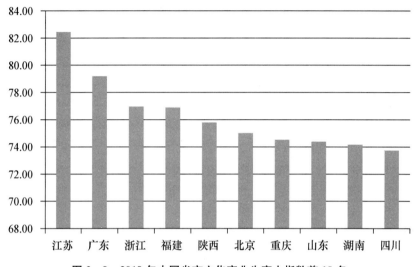

图2-9　2019年中国省市文化产业生产力指数前10名

文化产业影响力方面，东部沿海地区文化产业经济效益极为显著，排名前10位的省市中，除了内蒙古、陕西、四川外，其他均来自东部沿海较发达地区（见图2-10）。京、沪、粤、苏、浙、鲁等地在产业影响力上仍领先于其他省市，但除浙、粤稳中稍升外，其他4个地区影响力指数均出现了不同程度的下降，特别是北京、上海下降幅度较大。内蒙古由于在经济影响和社会影响方面均有较好的表现，进步较大，进入了前10名。

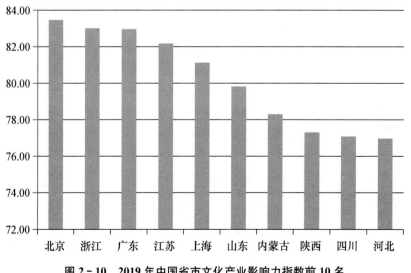

图2-10　2019年中国省市文化产业影响力指数前10名

文化产业驱动力方面，北京连续六年位列第 1，但相较 2018 年，北京驱动力指数下降了 0.32%，优势相对不再明显。西部地区中，重庆连续四年位列前 10，西藏因创新环境优良而进入前 10，排名第 9。另外，山东由于在市场环境和公共环境上的良好表现，驱动力指数得到了较大的提升，进入前 10 名（见图 2-11）。

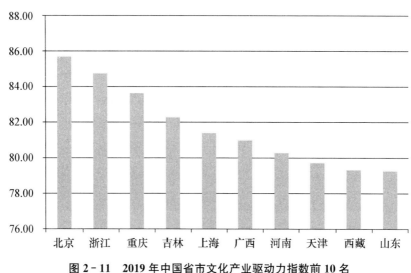

图 2-11　2019 年中国省市文化产业驱动力指数前 10 名

2. 各省市文化产业发展整体均衡性提升

观察各地区指数的变异系数可以看出多数省市文化产业发展指数的变异系数适中，相较于 2018 年文化产业发展均衡性有所提升，其中北京、江苏等排名前几位的省市变异系数降幅明显，其文化产业的均衡性进一步提升。

3. 区域结构特征——聚类分析的结果

聚类分析以发展指数为基本信息，对生产力、影响力、驱动力三个要素指数进行聚类，聚合为三类时可以实现较好的组间区分。第一类包含北京、浙江、江苏、广东、上海、山东，综合发展指数最高，虽然一级指标的均衡度一般，但生产力指数、影响力指数、驱动力指数相对优势明显，这里将其定义为强势地区。第二类包含重庆、河南、陕西、福建、河北、四川、吉林、西藏、天津、江西、湖北、湖南、广西，其生产力指数、影响力指数和驱动力指数均处于中间区域，均衡性较强，此处将其定义为普通地区。第三类包含内蒙古、黑龙江、新疆、宁夏、贵州、海南、山西、安徽、辽宁、青海、云南、甘肃等省市，综合发展指数和各一级指数均值较低，驱动力指数均衡度一般，影响力指数、驱动力指数与生产力指数相比有一定的分化趋势，此类省份在整体上处于弱势，这里将其定义为弱势地区（见表 2-10）。

表 2－10 2019 年中国省市文化产业发展指数聚类特征

类别	省市	特征值	生产力	影响力	驱动力	综合指数
强势	北京、浙江、江苏、广东、上海、山东	均值	76.7	82.1	81.3	80.7
		变异系数	0.047	0.017	0.040	0.020
普通	重庆、河南、陕西、福建、河北、四川、吉林、西藏、天津、江西、湖北、湖南、广西	均值	73.0	74.5	79.3	76.1
		变异系数	0.030	0.024	0.027	0.011
弱势	内蒙古、黑龙江、新疆、宁夏、贵州、海南、山西、安徽、辽宁、青海、云南、甘肃	均值	69.3	73.5	76.3	73.8
		变异系数	0.015	0.028	0.028	0.016

（二）文化产业生产力

文化产业生产力主要衡量文化产业内部生产要素的投入情况，主要包括三个方面：文化资源、文化资本和人力资源。部分省市的结果如表 2－11 所示。

表 2－11 2019 年中国部分省市文化产业生产力指数

省市	生产力	排名	文化资源	排名	文化资本	排名	人力资源	排名	变异系数
江苏	82.44	1	77.96	1	86.30	7	87.54	2	0.06
广东	79.18	2	70.48	8	75.76	26	100.00	1	0.19
浙江	76.96	3	74.37	2	83.61	12	75.49	5	0.06
福建	76.89	4	71.63	7	90.81	3	73.50	8	0.13
陕西	75.80	5	72.44	4	91.27	2	67.02	18	0.17
北京	75.02	6	70.44	9	80.33	19	78.86	3	0.07
重庆	74.52	7	65.29	27	100.00	1	67.51	15	0.25
山东	74.37	8	67.34	18	84.74	8	78.08	4	0.11
湖南	74.17	9	69.09	12	84.73	9	73.77	7	0.11
四川	73.72	10	73.26	3	78.39	23	69.99	11	0.06

1. 区域特征明显

（1）苏、粤、浙文化产业生产力水平具有领先优势。

苏、粤、浙文化产业生产力连续 6 年排名前 5，福建上升至第 4 名。江苏和广东分别在文化资源和人力资源上优势明显，文化资本尚有提升空间。

（2）东部地区的总体排名较高。

在文化产业生产力排名前 10 的省市中，除了陕西、重庆、湖南、四川外，其他均为东部地区省市，其中江苏、广东、浙江连续 6 年位列前 5 位，整体优势明显。陕西凭借深厚的文化资本首次进入前 5。

2. 区域结构特征——聚类分析的结果

聚类分析以生产力指数为基本信息，对文化资源、文化资本、人力资源三个要素指数进行聚类，聚合为三类时可以实现较好的组间区分。第一类为江苏、广东、浙江、福建、陕西、北京，其生产力指数最高，人力资源指数有非常明显的优势，均衡性较弱，这里将其定义为强势地区。第二类包含重庆、山东、湖南、江西、河南、河北、天津、湖北、安徽、内蒙古、贵州、宁夏、广西、吉林、新疆、海南、青海，其文化资源和人力资源的指数一般，但文化资本有一定的优势，均衡性一般，此处将其定义为普通地区。第三类省份各项指数均较低，均衡性一般，此类省份在整体上处于弱势，这里将其定义为弱势地区（见表2-12）。

表2-12　2019年中国省市文化产业生产力指数聚类特征表

类别	省市	特征值	文化资源	文化资本	人力资源	生产力
强势	江苏、广东、浙江、福建、陕西、北京	均值	72.9	84.7	80.4	77.7
		变异系数	0.040	0.072	0.146	0.035
普通	重庆、山东、湖南、江西、河南、河北、天津、湖北、安徽、内蒙古、贵州、宁夏、广西、吉林、新疆、海南、青海	均值	66.4	84.1	68.5	71.4
		变异系数	0.025	0.059	0.056	0.030
弱势	四川、上海、西藏、云南、辽宁、山西、黑龙江、甘肃	均值	69.7	74.1	67.4	70.2
		变异系数	0.039	0.038	0.043	0.029

3. 部分省市文化产业生产力发展不均衡

观察各地区生产力指数的变异系数可以看出大部分省市文化产业生产力指数变异系数适中，均衡性较强。重庆、陕西、天津等地区的文化资本相对于其他指标优势明显，直接拉动了生产力指数上升，但变异系数较大，发展相对更为不均衡；而上海、江苏、浙江等东部省市的均衡性较强。

（三）文化产业影响力

文化产业影响力框架主要衡量文化产业的产出状况，通过经济、社会两方面的影响来体现。部分省市的结果如表2-13所示。

表2-13　2019年中国部分省市文化产业影响力指数

省市	影响力	排名	经济影响	排名	社会影响	排名	变异系数
北京	83.48	1	81.33	2	85.62	3	0.04
浙江	83.02	2	79.45	3	86.60	2	0.06

续表

省市	影响力	排名	经济影响	排名	社会影响	排名	变异系数
广东	82.97	3	86.67	1	79.27	22	0.06
江苏	82.17	4	79.31	4	85.04	4	0.05
上海	81.12	5	75.55	7	86.69	1	0.10
山东	79.82	6	77.36	5	82.28	10	0.04
内蒙古	78.29	7	75.95	6	80.64	13	0.04
陕西	77.30	8	71.56	10	83.04	7	0.10
四川	77.08	9	73.70	8	80.46	15	0.06
河北	76.97	10	71.33	11	82.61	8	0.10

1. 区域特征明显

影响力指数区域特征明显，前 10 名中有 7 个省市来自东部沿海地区，仅内蒙古、陕西和四川来自西部地区，而后 10 名几乎全部来自中西部地区。整体而言，中西部省市与东部省市之间的差距仍然较大。各省市之间文化产业影响力指数差距比较明显，其中排名第 1 的北京与排名末位的省份之间差距达到了 12.64。

2. 区域结构特征——聚类分析的结果

聚类分析以影响力指数为基本信息，对经济影响、社会影响两个要素指数进行聚类，聚合为三类时可以实现较好的组间区分。第一类为北京、浙江、广东、江苏、上海、山东、内蒙古、四川，其影响力指数最高，经济影响指数有非常明显的优势，均衡性较弱，这里将其定义为强势地区。第二类包含黑龙江、湖南、福建、安徽、云南、天津、湖北、辽宁、吉林、宁夏、江西、山西、甘肃、广西、海南、贵州、青海，其影响力指数和经济影响、社会影响指数一般，均衡性一般，此处将其定义为普通地区。第三类包含陕西、河北、新疆、河南、西藏、重庆，其影响力指数和社会影响指数较低，均衡性一般，此类省市在整体上处于弱势，这里将其定义为弱势地区。

表 2 - 14 2019 年中国省市文化产业影响力指数聚类特征表

类别	省市	特征值	经济影响	社会影响	影响力
强势	北京、浙江、广东、江苏、上海、山东、内蒙古、四川	均值	78.7	83.3	81.0
		变异系数	0.052	0.036	0.029
普通	黑龙江、湖南、福建、安徽、云南、天津、湖北、辽宁、吉林、宁夏、江西、山西、甘肃、广西、海南、贵州、青海	均值	68.6	82.8	75.7
		变异系数	0.037	0.012	0.017
弱势	陕西、河北、新疆、河南、西藏、重庆	均值	67.1	78.9	73.0
		变异系数	0.032	0.015	0.016

3. 大部分省市文化产业影响力发展均衡

观察各地区影响力指数的变异系数可以看出大部分省市文化产业生产力指数的变异系数适中，均衡性较好。新疆、重庆、西藏、贵州、广西、宁夏等西部省市变异系数偏大，社会影响力明显高于经济影响力，文化产业影响力发展不均衡，需要考虑如何更好地扩大经济规模、提高收入水平，从而在经济影响力方面实现全面提升。

（四）文化产业驱动力

产业驱动力主要反映产业发展环境（政府行为），部分省市的结果如表2-15所示。

表2-15 2019年中国部分省市文化产业驱动力指数

省市	驱动力	排名	市场环境	排名	公共环境	排名	创新环境	排名	变异系数
北京	85.69	1	86.29	10	91.14	8	83.67	1	0.04
浙江	84.70	2	85.10	13	88.80	16	83.20	2	0.03
重庆	83.64	3	84.39	16	89.93	13	81.30	4	0.05
吉林	82.26	4	79.92	26	84.67	28	82.25	3	0.03
上海	81.36	5	85.50	12	91.89	6	76.46	7	0.09
广西	80.95	6	84.45	15	89.96	12	76.77	6	0.08
河南	80.25	7	89.12	3	94.01	1	72.70	13	0.13
天津	79.72	8	81.06	25	84.95	27	77.53	5	0.05
西藏	79.29	9	88.90	4	92.70	4	71.61	19	0.13
山东	79.26	10	89.36	2	92.69	5	71.42	20	0.14

1. 总体分析

（1）中西部地区持续发展。

从驱动力指数排名看，排名前10的省市中，5个来自中西部地区，中西部地区发展环境持续向好，2019年东部地区发展整体优于中西部地区，但区位差距在逐渐缩小。北京驱动力指数排名仍然保持第1。山东由于市场环境和公共环境的显著提升，驱动力指数排名进入全国前10。

（2）指数数值趋于稳定。

相较于2018年，驱动力指数逐渐趋于稳定，31个省市指数数值整体趋于平稳。这表明随着各地区政府支持力度逐渐增大，市场环境、公共环境和创新环境等各个方面已进入相对稳定的状态。

2. 区域结构特征——聚类分析的结果

聚类分析以驱动力指数为基本信息，对市场环境、公共环境、创新环境三个要素指数进行聚类，聚合为三类时可以实现较好的组间区分。第一类为北京、浙江、重庆、吉林、广西、天津，其创新环境指数具有非常明显的优势，这里将其定义为强势地区。第二类为上海、河南、西藏、山东、湖北、江西、海南、黑龙江、广东、贵州、河北、青海、陕西，其市场环境指数和公共环境指数较高，创新环境要素指数一般，均衡性较强，此处将其定义为普通地区。第三类包括福建、江苏、宁夏、新疆、四川、山西、内蒙古、湖南、辽宁、甘肃、安徽、云南，这些省市各要素指数均较低，在整体上处于弱势，此处将其定义为弱势地区（见表 2-16）。

表 2-16 2019 年中国省市文化产业驱动力指数聚类特征表

类别	省市	特征值	市场环境	公共环境	创新环境	驱动力
强势	北京、浙江、重庆、吉林、广西、天津	均值	83.5	88.2	80.8	82.8
		变异系数	0.030	0.031	0.036	0.027
普通	上海、河南、西藏、山东、湖北、江西、海南、黑龙江、广东、贵州、河北、青海、陕西	均值	87.2	91.5	71.8	78.8
		变异系数	0.024	0.019	0.025	0.015
弱势	福建、江苏、宁夏、新疆、四川、山西、内蒙古、湖南、辽宁、甘肃、安徽、云南	均值	80.8	85.1	71.4	76.0
		变异系数	0.039	0.036	0.023	0.025

3. 文化产业驱动力发展均衡

全国各省市文化产业驱动力指数的变异系数适中，均衡性较好。相比市场环境指数和公共环境指数，创新环境指数相对偏低，均值只有 73.36，各省市可以通过进一步提高科学技术，营造更好的创新环境，促进文化产业驱动力进一步提高，发展更加均衡稳定。

四、2018—2019 年中国省市文化产业发展指数结果总体分析

（一）我国文化产业总体保持增长

从 2019 年中国省市文化产业发展指数的整体态势来看，我国各省市文化产业发展指数平均值基本呈现正增长的态势，2019 年较 2018 年增长了 0.40%，2018 年较 2017 年增长了 2.33%；在 2019 年，综合指数增长率最高的 10 个省市中，有 9 个位于中西部地区，2018 年和 2017 年这一数字分别是 8 个和 5 个（见图 2-12 和图 2-13）。可以看到，虽然中西部地区原有基础薄弱，但随着西部大开发战略的进一步推进与实施，当地政府给予了大力支持，中西部地区的文化产业发展迅速，进步

较快。其中，生产力指数 2017—2019 这三年基本持平，2019 年重庆、宁夏、天津、海南、福建增长得最快，2018 年西藏、福建、陕西、山西、宁夏增长最快；影响力指数 2019 年较 2018 年稳中有升，2018 年较 2017 年涨幅较大，2019 年新疆、内蒙古、黑龙江、西藏、浙江分列影响力指数增长率前 5 名，2018 年重庆、内蒙古、新疆、西藏、湖北位居增长率前 5 名；驱动力指数 2019 年较 2018 年有一定的增长，2018 年较 2017 年增长 7.30%，2019 年和 2018 年增长最快的分别是山东、山西、海南、新疆、陕西和吉林、宁夏、广西、江西、河南。

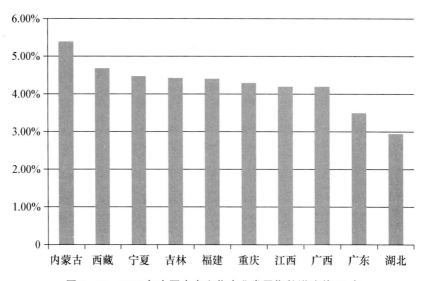

图 2-12　2018 年中国省市文化产业发展指数增速前 10 名

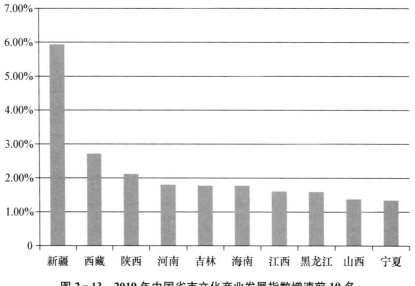

图 2-13　2019 年中国省市文化产业发展指数增速前 10 名

（二）东部地区发展好于中西部地区，但优势逐步减小

2019 年、2018 年中国省市文化产业发展指数结果表明，我国区域文化产业综合发展格局基本稳定，我国文化产业的发展在东、中、西部地区仍然存在着一定的不平衡性，东部地区在影响力指数方面显著高于中西部地区，但在生产力指数和驱动力指数方面，不同地区间差距正在逐步减小（见图 2-14、图 2-15）。

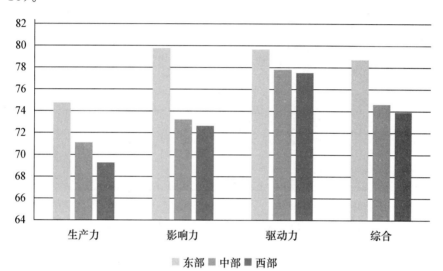

图 2-14　2019 年区域文化产业发展指数均值

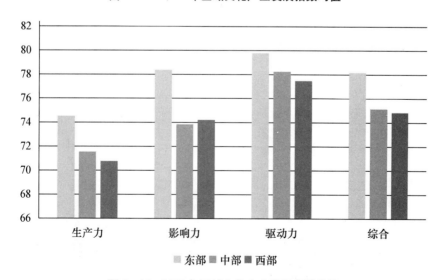

图 2-15　2018 年区域文化产业发展指数均值

（三）部分地区依然存在发展不均衡问题

从生产力、影响力、驱动力的均衡度来看，2014 年、2015 年、2016 年、2017 年、2018 年、2019 年的变异系数分别为 0.039、0.041、0.036、0.044、0.043 和 0.040，说明区域均衡度基本维持稳定，但近三年整体均衡度有一定程度的提升（见图 2 - 16）。

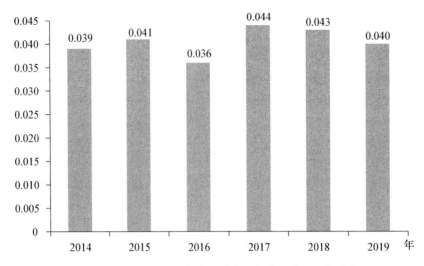

图 2 - 16　2014—2019 年中国省市文化产业变异系数均值

中国省市文化产业发展指数监测表明，部分中西部地区变异系数过大，产业发展存在一定程度的不均衡问题，例如吉林、广西、重庆的产业驱动力指数明显高于生产力指数和影响力指数，可见这些地区在生产力和影响力方面有待加强。另外，海南、北京、上海等东部发达地区也存在内部发展不平衡的问题（见图 2 - 17、图 2 - 18）。

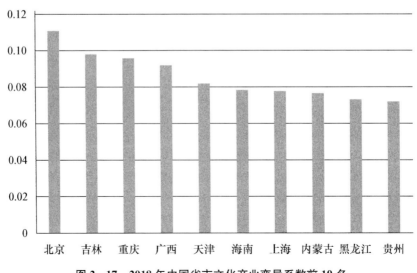

图 2 - 17　2018 年中国省市文化产业变异系数前 10 名

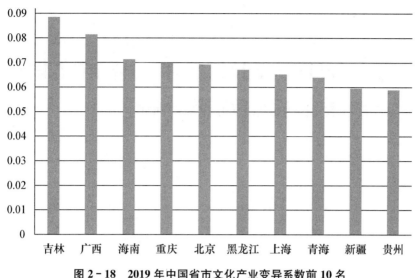

图 2 - 18　2019 年中国省市文化产业变异系数前 10 名

以 2019 年北京为例,如表 2 - 17 所示,北京市各二级指标的排名情况如下:北京市文化产业发展指数位列全国第 1,其文化资源指数排名第 9,文化资本指数排名第 19,人力资源指数排名第 3,表明北京市文化产业中的文化资本指数需要提高,这样才能提高生产力水平。影响力指数方面,经济影响指数位列第 2,社会影响指数位列第 3,表明北京市经济影响和社会影响在全国范围内处于领先地位。北京市的市场环境指数和公共环境指数分列全国第 10 和第 8,创新环境指数位列全国第 1,可见北京市产业驱动力水平很高,但在市场环境和公共环境方面还有进步空间。

表 2 - 17　2019 年北京市二级指标指数值及排名情况

优势指标			劣势指标		
指标名称	指数值	排名	指标名称	指数值	排名
文化资源	70.44	9	文化资本	80.33	19
人力资源	78.86	3			
经济影响	97.88	2			
社会影响	85.62	3			
市场环境	86.29	10			
公共环境	91.14	8			
创新环境	83.67	1			

第三章 2010—2019 年中国省市文化产业发展指数动态分析

2010 年以来，中国省市文化产业发展指数已经连续发布十年。本章将通过纵向对比，就 2010—2019 年中国省市文化产业发展指数的动态趋势展开分析，展现十年间各省市文化产业发展的态势，并对各指数发生变动的原因展开深入分析，以便更好地掌握中国省市文化产业发展指数及其各分指数的变化关系；在此基础上，发掘影响各省市文化产业发展能力的关键因素，深入剖析关键因素的变动趋势，寻找影响和决定中国省市文化产业发展能力的核心指标。

前文已经介绍，中国省市文化产业发展综合指数是由生产力指数、影响力指数以及驱动力指数三个分指数简单平均得出来的，因此本章先对生产力指数、影响力指数、驱动力指数三个分指数逐一进行分析，主要围绕各省市文化产业指数的数值、排名及增长速度三个方面展开，然后再分析三个分指数综合作用下的中国省市文化产业发展综合指数的变动特征及其变动原因。

一、中国省市文化产业生产力指数变动特征及其原因分析

本章的前三节逐一分析中国各省市文化产业发展三个分指数的变动特征及其变动原因。这些分析旨在找出影响中国各省市文化产业发展能力的关键因素，掌握影响文化产业发展的关键因子，以便在未来文化产业发展过程中，能够做到有的放矢，针对关键要素和关键环节进行重点建设。此外，我们还要通过深入挖掘各省市发展的短板要素，集中力量减弱甚至消除短板因素的制约，以保证中国各省市文化产业发展的均衡性和稳定性，进而使得中国各省市文化产业得到全面长

远的发展。首先，让我们来对 2010—2019 年中国省市文化产业发展生产力指数进行分析。

（一）中国省市文化产业生产力指数变动特征

生产力指数是省市文化产业发展评价体系的一级指标，它从文化产业内部生产要素的投入情况以及各省市的资源禀赋等方面来反映各省市文化产业的发展状况。产业生产力指数能够客观、直接地反映一个省市文化产业现时的发展水平和未来的发展潜力。

1. 生产力指数数值变动特征

（1）总体变动情况。

如图 3-1 所示，从总体来看，2010—2019 年中国省市文化产业生产力指数平均值有所增长。各省市①2010 年生产力指数平均为 70.77，2019 年为 72.30，比 2010 年增加了 1.53，达到十年间的最大值。从 2010—2019 年十年具体变化过程来看，2012 年出现了小幅下降，2014 年达到一个峰值，之后 2015—2018 基本保持平稳波动状态。总体来看，生产力指数总体呈现上涨趋势，2010—2019 年各省市文化产业生产力指数平均值稳步增长（见图 3-1、表 3-1）。

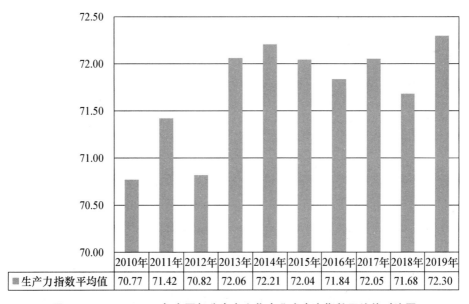

	2010年	2011年	2012年	2013年	2014年	2015年	2016年	2017年	2018年	2019年
■生产力指数平均值	70.77	71.42	70.82	72.06	72.21	72.04	71.84	72.05	71.68	72.30

图 3-1　2010—2019 年中国部分省市文化产业生产力指数平均值对比图

---

① 因为客观原因，2010 年数据不包括西藏、新疆及港澳台地区。下文进行比较分析时所言之 29 个省市即除上述地区之外的省（区、市）。

表 3-1　2010—2019 年中国部分省市文化产业生产力指数数值变动情况

排名	省市	2010 年	2011 年	2012 年	2013 年	2014 年	2015 年	2016 年	2017 年	2018 年	2019 年	十年变动值
1	江苏	73.25	76.13	73.85	78.76	80.85	81.29	81.92	82.80	82.80	82.44	9.19
2	福建	68.85	70.25	70.69	72.26	72.52	71.91	71.71	72.11	73.94	76.89	8.04
3	重庆	67.44	68.61	68.63	69.12	68.48	68.76	68.64	68.59	68.05	74.52	7.08
4	河南	66.73	67.13	66.64	74.49	74.90	74.82	74.04	73.12	73.06	73.56	6.83
5	江西	67.65	67.87	68.50	70.06	70.97	74.99	74.59	71.87	72.03	73.69	6.04
6	陕西	70.26	69.62	69.72	72.55	72.28	71.90	72.11	72.16	73.23	75.80	5.54
7	贵州	65.10	64.93	64.60	66.73	67.22	67.65	67.46	67.83	67.94	70.03	4.93
8	安徽	66.26	66.89	67.47	71.33	71.83	72.12	71.41	71.71	71.43	71.18	4.92
9	湖南	69.41	69.62	68.02	72.78	72.88	74.10	71.97	72.64	72.39	74.17	4.76
10	广西	65.53	65.58	66.00	68.68	68.57	69.18	68.99	68.91	68.52	69.48	3.95
	均值	68.05	68.65	68.40	71.68	72.05	72.67	72.28	72.17	72.34	74.18	6.13

注：本表只显示了 2010—2019 年文化产业生产力指数变动值居前 10 位的省市的情况。

（2）具体变动情况。

2019 年大多数省市生产力指数较 2010 年整体呈现增长趋势，共 21 个省市生产力指数上升，即相比 2010 年，2019 年共有 21 个省市的文化产业生产力有所提高。其中，江苏、福建、重庆、河南、江西提升明显，指数数值均提高了 6 以上，尤以江苏最为显著。江苏的生产力指数由 2010 年的 73.25 上升到 2019 年的 82.44，增加了 9.19，增长幅度为 12.54%，位列全国第 1（见图 3-2）。此外，相比 2010 年，2019 年有 8 个省市文化产业生产力指数有所降低，其中北京、上海、山西等省市降幅较大，北京、上海、山西三个省市的降幅均超过了 6%。

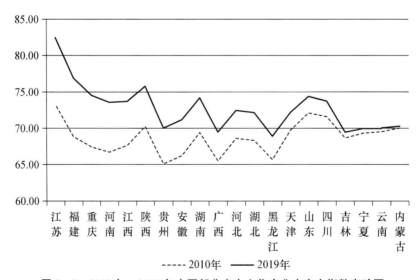

图 3-2　2010 年、2019 年中国部分省市文化产业生产力指数变动图

注：本图只显示了我国 2010 年、2019 年文化产业生产力指数变动值排名前 20 位的省市的情况。

（3）区域变动情况。

2010—2019 年生产力指数数值增长的省市为江苏、福建、重庆、河南、江西、陕西、贵州、安徽、湖南、广西、河北、湖北、黑龙江、天津、山东、四川等 21 个省市，其中，增加值较大的前 16 个省市中有 11 个省市位于中西部地区，包括重庆、河南、江西、陕西、贵州、安徽、湖南、广西等地。这也显示了中西部地区文化产业生产力发展的特征，即生产力整体呈现出上升态势，且上升幅度较大。生产力指数数值降低的省市有甘肃、浙江、青海、海南、辽宁、山西、上海、北京，其中浙江、海南、辽宁、上海、北京为东部发达地区，可见东部地区文化产业生产力相对于中西部地区来说，呈现出较为明显的下降趋势。因此，总体来说，2010—2019 年十年间我国文化产业生产力指数呈现"总体上升，中西部上升速度较快"的特征，文化产业生产力总体不均衡，"东高西低"的现象依然明显，但中西部地区已经呈现出较快的增长速度，而东部地区部分省市生产力呈下降趋势。

2. 生产力指数排名变动特征

总体来看，2019 年与 2010 年相比，从 29 个省市文化产业生产力指数排名的变化来看，有 2 个省市的排名没有发生变化，排名发生了变化的省市中，有 5 个省市变动在 10 位及以上，有 12 个省市变动在 5 位及以上。具体来看，重庆、福建、河南、江西、安徽、贵州、陕西、湖南、河北、江苏、广西、湖北等省市排名上升，其中重庆上升幅度最大，上升了 16 位，其次是福建、河南，分别上升了 14 位、13 位，其中重庆和福建两个省市都直接跃居文化产业生产力指数的前 10 名。云南、宁夏、吉林、北京、内蒙古、甘肃、上海、青海、辽宁、海南、山西等省市排名下降，其中山西下降幅度较大，下降了 20 位，直接跌为倒数第 1 位，其次是海南，排名下降了 19 位。全国只有广东、四川 2 个省市生产力指数排名保持不变。此外，广东 2010—2012 年三年均排在全国第 2 位，2013 年、2014 年排在第 1 位，2015—2018 年排在第 3 位，2019 年排在第 2 位，并且广东连续八年的生产力指数均在 79 以上，这显示了广东对文化产业内部要素进行了持续投入，生产力指数稳步上升；浙江在 2012—2014 年排名第 5 位，2010 年、2011 年、2015—2018 年均排名第 4 位，2019 年排名第 3 位，浙江的生产力指数保持了稳定的发展态势，广东、浙江两个省市文化产业生产力相对于其他省市保持了稳定发展的优势地位；而北京 2010—2012 年均排在首位，2013—2019 年分别排在第 3 位、第 4 位、第 11 位、第 10 位、第 5 位、第 9 位、第 6 位，生产力指数有下降的趋势（参见表 3-2）。

表 3 - 2　2010—2019 年中国部分省市文化产业生产力指数对比表

2010年 排名	省市	2011年 排名	省市	2012年 排名	省市	2013年 排名	省市	2014年 排名	省市	2015年 排名	省市	2016年 排名	省市	2017年 排名	省市	2018年 排名	省市	2019年 排名	省市	十年变动
1	北京	1	北京	1	北京	1	广东	1	广东	1	山东	1	江苏	1	江苏	1	江苏	1	江苏	6
2	广东	2	广东	2	广东	2	山东	2	江苏	2	江苏	2	山东	2	山东	2	山东	2	广东	0
3	上海	3	上海	3	天津	3	北京	3	山东	3	广东	3	广东	3	广东	3	广东	3	浙江	1
4	浙江	4	浙江	4	上海	4	江苏	4	北京	4	浙江	4	浙江	4	浙江	4	浙江	4	福建	14
5	山西	5	辽宁	5	浙江	5	浙江	5	浙江	5	四川	5	四川	5	北京	5	四川	5	陕西	7
6	辽宁	6	山东	6	山东	6	四川	6	四川	6	河北	6	上海	6	四川	6	河北	6	北京	−5
7	江苏	7	江苏	7	江苏	7	上海	7	上海	7	江西	7	江西	7	上海	7	福建	7	重庆	16
8	海南	8	天津	8	辽宁	8	河北	8	河北	8	河南	8	河北	8	河北	8	陕西	8	山东	1
9	山东	9	内蒙古	9	青海	9	河南	9	河南	9	上海	9	河南	9	河南	9	北京	9	湖南	7
10	四川	10	四川	10	四川	10	辽宁	10	辽宁	10	湖南	10	北京	10	湖北	10	河南	10	四川	0
11	青海	11	海南	11	福建	11	湖南	11	湖南	11	北京	11	辽宁	11	湖南	11	上海	11	江西	11
12	陕西	12	吉林	12	海南	12	陕西	12	福建	12	湖北	12	陕西	12	辽宁	12	湖南	12	河南	13
13	内蒙古	13	青海	13	陕西	13	福建	13	陕西	13	安徽	13	湖北	13	陕西	13	江西	13	河北	7
14	天津	14	福建	14	内蒙古	14	云南	14	安徽	14	辽宁	14	湖南	14	福建	14	辽宁	14	上海	−11
15	云南	15	湖南	15	山西	15	安徽	15	云南	15	福建	15	云南	15	江西	15	湖北	15	天津	−1

注：本表只显示了 2010—2019 年文化产业生产力指数排名前 15 位的省市生产力指数的变化情况。

3. 生产力指数增长速度变动特征

2010—2019年中国各省市按文化产业生产力指数增长速度基本上可分为5个梯队。第一梯队为江苏、福建、重庆、河南、江西、陕西、贵州、安徽、湖南、广西、湖北、河北12个省市，这12个省市在2010—2019年生产力指数增长势头较猛，增长速度均在5%以上，其中江苏、福建、重庆、河南的增长速度超过了10%；第二梯队包括黑龙江、天津、山东、四川、吉林5个省市，这5个省市增长速度较高，但低于第一梯队，增长速度在1%～5%之间；第三梯队包括宁夏、云南、内蒙古、广东4个地区，这4个地区文化产业生产力指数的变化幅度不大，十年间指数降低的幅度不超过1%；第四梯队包括甘肃、浙江、青海3个省，这3个省文化产业生产力指数有所降低，降低幅度不超过5%；第五梯队包括海南、辽宁、上海、山西、北京5个省市，这5个省市文化产业生产力指数下降幅度较大，均超过5%，其中北京的下降幅度接近10%（见表3-3和图3-3）。

表3-3 2010—2019年中国部分省市文化产业生产力指数增速表

增速排名	省市	2010年	2011年	2012年	2013年	2014年	2015年	2016年	2017年	2018年	2019年	十年增速
1	江苏	73.25	76.13	73.85	78.76	80.85	81.29	81.92	82.80	82.80	82.44	12.54%
2	福建	68.85	70.25	70.69	72.26	72.52	71.91	71.71	72.11	73.94	76.89	11.69%
3	重庆	67.44	68.61	68.63	69.12	68.48	68.76	68.64	68.59	68.05	74.52	10.50%
4	河南	66.73	67.13	66.64	74.49	74.90	74.82	74.04	73.12	73.06	73.56	10.23%
5	江西	67.65	67.87	68.50	70.06	70.97	74.99	74.59	71.87	72.03	73.69	8.92%
6	陕西	70.26	69.62	69.72	72.55	72.28	71.90	72.11	72.16	73.23	75.80	7.88%
7	贵州	65.10	64.93	64.60	66.73	67.22	67.65	67.46	67.83	67.94	70.03	7.56%
8	安徽	66.26	66.89	67.47	71.33	71.83	72.12	71.41	71.71	71.43	71.18	7.43%
9	湖南	69.41	69.62	68.02	72.78	72.88	74.10	71.97	72.64	72.39	74.17	6.85%
10	广西	65.53	65.58	66.00	68.68	68.57	69.18	68.99	68.91	68.52	69.48	6.02%

注：（1）表中均为四舍五入的结果；（2）本表只显示了2010—2019年文化产业生产力指数增速排名前10位的省市的情况。

4. 生产力指数变异系数变动特征

（1）总体变动情况。

如图3-4所示，2019年与2010年相比，生产力指数变异系数变化较大。9个省市生产力指数变异系数有所下降，部分省市降幅较大。从总体上看，各省市2010年生产力指数变异系数为0.080，2019年达到0.109，上升了0.029，增幅为

36.25%，可见整体的均衡度有所下降。

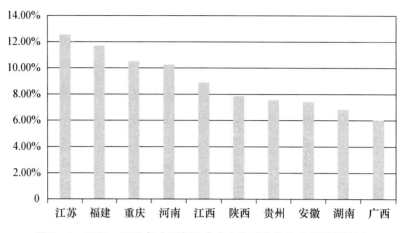

图3-3　2010—2019年中国部分省市文化产业生产力指数增速图

注：本图为示意图，只显示了2010—2019年文化产业生产力指数增速排名前10名的省市的情况。

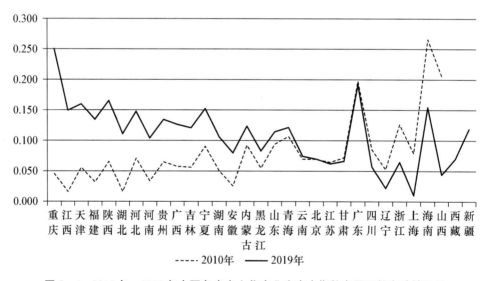

------2010年　——2019年

图3-4　2010年、2019年中国各省市文化产业生产力指数变异系数变动情况图

注：2010年因数据来源问题没有将新疆和西藏纳入指数研究范围，因此2010年的折线图在新疆和西藏处出现了断点。下同。

（2）具体变动情况。

由表3-4可知，2010—2019年，江苏、甘肃、广东、四川、辽宁、浙江、上海、海南、山西9个省市文化产业生产力指数变异系数降低，其中辽宁、上海、山西3个省市变异系数明显降低，降低幅度超过了50%，文化产业生产力发展的均衡性大大提高。重庆、江西、天津、福建、陕西、湖北、河北等20个省市的变异系数有不同程度的增长，其中重庆的变异系数增长最为明显，变异系数由 2010 年的 0.046 增长到 2019 年 0.250，表明重庆的文化产业生产力发展的均衡性出现了明显的下降。

表 3-4 2010—2019 年中国省市文化产业生产力指数变异系数变动情况表

省市	2010 年	2011 年	2012 年	2013 年	2014 年	2015 年	2016 年	2017 年	2018 年	2019 年	十年增加值
重庆	0.046	0.060	0.057	0.055	0.049	0.042	0.043	0.044	0.052	0.250	0.204
江西	0.016	0.044	0.036	0.037	0.045	0.040	0.042	0.070	0.068	0.149	0.133
天津	0.056	0.210	0.237	0.042	0.044	0.034	0.033	0.034	0.041	0.160	0.104
福建	0.032	0.028	0.053	0.052	0.055	0.076	0.079	0.073	0.048	0.134	0.102
陕西	0.066	0.070	0.063	0.026	0.038	0.051	0.048	0.048	0.039	0.165	0.099
湖北	0.016	0.029	0.001	0.053	0.053	0.054	0.072	0.063	0.075	0.111	0.095
河北	0.071	0.018	0.007	0.044	0.082	0.097	0.105	0.101	0.108	0.148	0.077
河南	0.034	0.031	0.051	0.029	0.055	0.059	0.070	0.083	0.084	0.104	0.070
贵州	0.065	0.064	0.056	0.052	0.055	0.056	0.058	0.053	0.052	0.134	0.069
广西	0.058	0.024	0.032	0.058	0.064	0.068	0.071	0.072	0.077	0.126	0.068
吉林	0.056	0.118	0.061	0.038	0.041	0.048	0.048	0.045	0.049	0.121	0.065
宁夏	0.091	0.096	0.078	0.042	0.040	0.045	0.045	0.045	0.043	0.152	0.061
湖南	0.050	0.022	0.037	0.017	0.047	0.043	0.069	0.060	0.063	0.106	0.056
安徽	0.025	0.035	0.006	0.050	0.053	0.048	0.059	0.055	0.059	0.080	0.055
内蒙古	0.092	0.227	0.080	0.068	0.070	0.072	0.074	0.070	0.074	0.124	0.032
黑龙江	0.055	0.042	0.056	0.058	0.049	0.043	0.046	0.043	0.049	0.083	0.028
山东	0.094	0.202	0.133	0.160	0.156	0.166	0.185	0.183	0.194	0.114	0.020
青海	0.107	0.108	0.129	0.041	0.044	0.042	0.043	0.042	0.048	0.122	0.015
云南	0.070	0.059	0.037	0.036	0.050	0.055	0.048	0.050	0.057	0.074	0.004
北京	0.069	0.097	0.099	0.053	0.044	0.061	0.056	0.048	0.064	0.070	0.001
江苏	0.065	0.036	0.065	0.046	0.060	0.092	0.084	0.072	0.072	0.062	—0.003
甘肃	0.072	0.065	0.057	0.039	0.064	0.067	0.068	0.065	0.068	0.066	—0.006
广东	0.198	0.179	0.215	0.146	0.136	0.178	0.181	0.176	0.183	0.192	—0.006
四川	0.085	0.039	0.049	0.026	0.028	0.008	0.011	0.008	0.027	0.057	—0.028
辽宁	0.053	0.164	0.096	0.086	0.091	0.069	0.068	0.066	0.070	0.022	—0.031
浙江	0.126	0.103	0.086	0.058	0.058	0.086	0.075	0.066	0.074	0.065	—0.061

续表

省市	2010 年	2011 年	2012 年	2013 年	2014 年	2015 年	2016 年	2017 年	2018 年	2019 年	十年增加值
上海	0.079	0.085	0.121	0.041	0.035	0.012	0.020	0.024	0.014	0.010	−0.069
海南	0.266	0.247	0.181	0.052	0.065	0.074	0.073	0.070	0.069	0.154	−0.112
山西	0.206	0.060	0.050	0.030	0.032	0.048	0.054	0.051	0.048	0.044	−0.162
西藏	—	—	—	0.044	0.043	0.036	0.036	0.036	0.051	0.070	—
新疆	—	—	—	0.045	0.049	0.050	0.052	0.052	0.052	0.119	—
均值	0.080	0.088	0.077	0.052	0.058	0.062	0.065	0.063	0.067	0.109	0.029

（二）中国省市文化产业生产力指数变动原因分析

产业生产力指各地区对文化产业的投入水平，主要包括投入文化产业的资源情况（文化资源、文化资本、人力资源等），反映了各地区发展文化产业的潜力。在中国省市文化产业发展能力评价指标体系中，文化产业投入方面可以用 26 个指标进行考察。通过对生产力指数各个分指标的对比，我们可以找出生产力指数变动的原因（见表 3 - 5）。

表 3 - 5　2010—2019 年中国省市文化产业生产力指数二级指标平均值对比表

二级指标	2010 年	2011 年	2012 年	2013 年	2014 年	2015 年	2016 年	2017 年	2018 年	2019 年	十年变动值
文化资源	71.62	71.57	71.61	70.87	70.84	69.26	68.85	69.28	68.54	68.52	−3.10
文化资本	68.82	74.40	70.83	75.63	76.70	76.60	76.60	76.60	76.60	81.62	12.80
人力资源	70.17	68.00	68.43	72.06	71.81	73.05	73.05	73.05	73.05	70.52	0.35

从以上数据我们可以看出，各省市文化资源指数 2019 年与 2010 年相比下降了3.10；文化资本指数 2019 年在 2010 年的基础上增长了 12.80，上升幅度较大，增长了 18.6%，总体来看十年基本呈上升状态，但 2012 年出现了小幅下降；人力资源指数 2019 年比 2010 年上升了 0.35，上升幅度低于文化资本指数。因此，可以看出，2010—2019 年文化产业生产力指数的上升，主要是文化资本的增加导致的。下面让我们来看一下各省市文化资源、文化资本以及人力资源三个分指标 2010 年和2019 年的变化情况，以便进行具体的分析。

1. 文化资源

文化资源指狭义上的文化资源，主要包括有形的物质资源和无形的精神资源，可分为场馆类资源、人文类资源和文化产业基地/园区三类。

如图 3－5 所示，2019 年的文化资源指数的折线图与 2010 年相比，部分城市有较明显的下降，这与前文所分析的 2019 年整体文化资源指数较 2010 年有所下降的结论相吻合。相比 2010 年，2019 年陕西、江西、湖北、山东等省市十年的文化资源指数没有明显变化，说明这些省市文化资源比较稳定；四川、上海、江苏、北京、浙江等省市十年间文化资源排名始终保持前列，表明这些省市文化资源十分丰富，且持续保持文化资源优势。值得注意的是，河南、安徽十年间都进步了 12 名，实现了较大的跨越，表明河南、安徽两地文化资源增长迅速。相反，海南、广西等省市则连续十年文化资源指数比较低，文化资源的排名相对靠后。上述文化资源指数特征也基本上反映了生产力指数的排名特征，分析一下文化资源指标的具体变量，我们不难理解以上现象的原因。

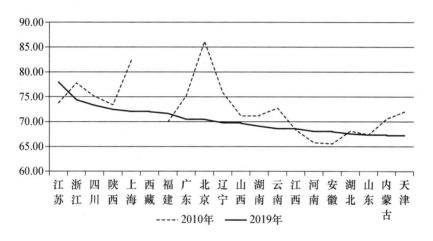

图 3－5 2010 年、2019 年中国部分省市文化产业文化资源指数对比折线图

北京、广东、上海、四川、江苏、浙江等省市，由于在大学数量、博物馆文物藏品数量、图书馆馆藏数量以及文化产业基地数量等方面具有优势，文化资源指数位于前列；同样，海南、广西等省市，大学数量、博物馆文物藏品数量、图书馆馆藏数量等文化资源相对匮乏，因此文化资源指数较低，文化资源排名靠后。

2. 文化资本

文化资本指任何与文化及文化活动有关的有形及无形资产，它是决定经济增长的一种关键性生产要素和最终解释变量，主要用各类文化产业固定资产投资情况来衡量。

如图 3－6 所示，2019 年多数省市文化资本指数相比 2010 年变化比较明显，整体呈现较大幅度的上升。其中，与 2010 年相比，2019 年大部分省市的文化资本指数呈增长态势。文化资本指数下降的仅有海南、北京2个省市，其余省市的文化资本指数处于上升状态，与这些省市的文化产业生产力指数的涨幅变动特点基本一致。在文化资本指数上升的省市中，除山东、内蒙古十年文化资本指数增长幅度较小外，其余大部分省市的文化资本指数都有较大幅度的上升，文化资本指数的大幅上升也是导致生产力指数上升的重要原因之一，其中重庆上升幅度最大，从2010年的65.04上升到2019年的100，增加了34.96，上升幅度达到53.75%；陕西、福建文化资本指数都增长了25以上，这两个省市的文化资本上升幅度也较大。

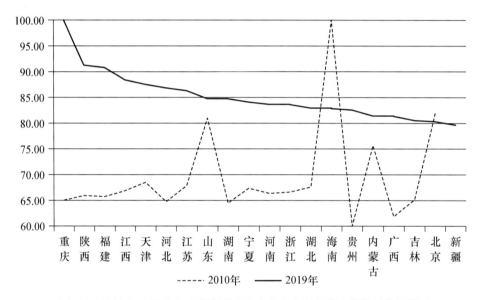

图3-6　2010年、2019年中国部分省市文化产业文化资本指数对比折线图

3. 人力资源

人力资源（智力资源）是发展文化产业的核心要素，因为文化产业属于智力密集型产业，所以文化产业的竞争常常表现为优秀人才资源的竞争，优秀的人才资源也是文化产业发展的智力支撑和创意支撑。

如图3-7所示，总体来看，相比2010年，2019年大多数省市文化产业人力资源指数呈现小幅上升态势。具体来看，除浙江文化产业人力资源指数出现较大幅度下滑，河北、广西、辽宁文化产业人力资源指数出现小幅下滑之外，其余大多数省市的文化产业人力资源指数都有不同程度的上升。这表明人力资源指数的上升也是导致十年来文化产业生产力指数上升的原因之一。

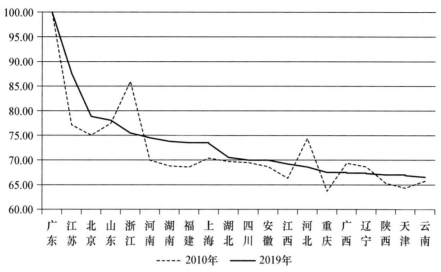

图 3 - 7 **2010 年、2019 年中国部分省市文化产业人力资源指数对比折线图**

4．小结

经过以上分析我们可以得出以下结论：2010—2019 年，全国各省市大学数量、博物馆文物藏品数量等人文资源，以及文化产业基地数量和文化场馆资源变化不大，所以相比 2010 年，2019 年文化资源指数变化较小，文化资源变化对文化产业生产力指数变化的影响较小；与 2010 年相比，2019 年大多省市增加了文化产业固定资产的投入，使得 2019 年文化资本指数上升；而 2019 年各个省市文化产业就业人员数量有一定程度的增加，使得 2019 年的人力资源指数较 2010 年有所上升，最终综合作用的结果是 2019 年生产力指数与 2010 年相比有所提高，我国文化产业生产力指数得到提升。

江苏省人力资源始终位于前列，文化资源在大部分省市出现下降趋势的情况下保持了稳定态势，文化资本始终保持增长趋势，综合起来 2019 年江苏省文化产业生产力指数跃居第 1 位；浙江省和江苏省情况类似，人力资源始终位于前列，近两年文化资源虽有小幅下降，但文化资本投入的增加使得浙江 2019 年生产力指数位列全国第 3；北京虽然人力资源、文化资源排名位于前列，但文化资本投资减少较快，文化资本投入的减少导致了北京近两年来生产力指数下降较快；山西的文化产业生产力指数排名由 2010 年的第 5 名下降为 2019 年的第 25 名，下降幅度较大，其原因主要是文化资本方面有较大幅度的降低，其文化资本排名从第 14 名下降到 30 名，同时山西的人力资源也有较大幅度的降低；重庆、福建、湖南在文化资本和人力资源两方面均有较大幅度的提高，在 2019 年这三个省市均位列生产力指数排名前 10 名。

二、中国省市文化产业影响力指数变动特征及其原因分析

(一) 中国省市文化产业影响力指数变动特征

产业影响力指数指各地区文化产业的效应水平,包括经济影响和社会影响两方面,产业影响力指数主要用来衡量文化产业的产出状况,即衡量一个省市文化产业的发展绩效。下面来看中国各省市 2010—2019 年文化产业影响力指数的变动特征及变动原因。

1. 影响力指数数值变动特征

(1) 总体变动情况。

从表 3-6 中我们可以看出,2010—2019 年中国各省市文化产业影响力指数整体呈上升趋势,约有 2/3 的省市文化产业影响力指数上升,下降的省市大约占 1/3。从总体来看,如图 3-8 所示,影响力指数除了 2012 年、2015 年、2017 年较前一年有小幅下降之外,其他年份均持续上升。2019 年变动幅度排名前 10 的省市的影响力指数均值比 2010 年上升了 5.71,整体变化幅度适中。

表 3-6 2010—2019 年中国部分省市文化产业影响力指数数值变动情况表

排名	省市	2010 年	2011 年	2012 年	2013 年	2014 年	2015 年	2016 年	2017 年	2018 年	2019 年	十年变动值
1	内蒙古	69.26	67.61	67.78	71.43	70.11	70.16	73.66	68.65	73.52	78.29	9.03
2	黑龙江	67.80	70.59	68.37	67.42	70.25	70.73	73.34	71.06	71.84	75.31	7.51
3	甘肃	65.35	64.88	66.82	68.21	68.89	67.14	71.08	66.81	69.71	72.04	6.69
4	陕西	70.79	76.31	71.48	75.02	73.15	73.85	74.90	74.18	75.98	77.30	6.51
5	河北	70.65	75.37	73.92	72.67	73.44	74.20	72.03	73.25	74.97	76.97	6.32
6	青海	65.22	68.45	69.41	67.85	73.15	69.14	69.46	70.08	71.33	70.83	5.61
7	山西	68.30	73.12	71.08	69.83	74.10	70.73	70.59	69.94	71.17	72.59	4.29
8	广东	78.83	80.76	82.80	78.02	79.73	82.03	81.42	78.65	82.18	82.97	4.14
9	宁夏	69.33	66.79	70.35	71.60	72.80	70.95	72.05	71.05	72.88	72.85	3.52
10	山东	76.42	76.88	73.17	76.18	78.05	80.27	76.77	78.92	82.34	79.84	3.40
	均值	70.19	72.07	71.52	71.82	73.37	72.92	73.53	72.26	74.59	75.90	5.71

注:(1) 本表只显示了我国 2010—2019 年文化产业影响力指数变动值排名前 10 位的省市的情况;(2) 表中数据均为四舍五入之后的结果。

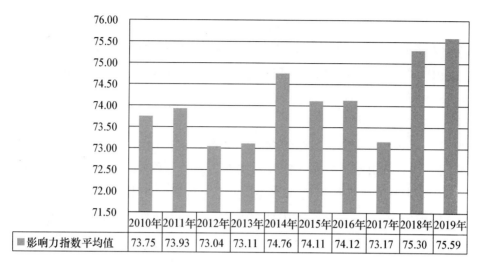

	2010年	2011年	2012年	2013年	2014年	2015年	2016年	2017年	2018年	2019年
■影响力指数平均值	73.75	73.93	73.04	73.11	74.76	74.11	74.12	73.17	75.30	75.59

图 3 - 8　2010—2019 年中国部分省市文化产业影响力指数平均值对比图

（2）具体变动情况。

由图 3 - 9 可知，2010—2019 年，内蒙古、黑龙江、甘肃、陕西、河北、青海、山西、广东、宁夏、山东、吉林、海南、湖北、江西、安徽等 19 个省市文化产业影响力指数数值上升，约占所有省市的 2/3。其中，北京、四川、浙江、云南 4 个省市 2010 年和 2019 年的影响力指数曲线几乎重合，说明这 4 个省市十年来的影响力指数变化不大。另外，内蒙古、黑龙江、甘肃 3 个地区的影响力指数上升幅度均

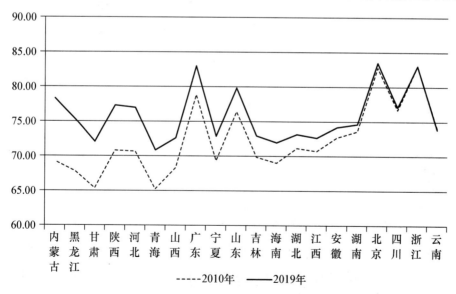

图 3 - 9　2010 年、2019 年中国部分省市文化产业影响力指数变动图

注：本图只显示了 2010 年、2019 年文化产业影响力指数变动值排名前 20 位的省市的情况。

超过了10%，提升较大。上海、福建、广西、贵州、江苏、天津、辽宁等10个省市的影响力指数处于下降状态，即约1/3的省市文化产业影响力出现了不同程度的降低，其中，江苏、天津、辽宁降幅较大。整体来看，2010—2019年文化产业影响力指数个别年份有较大幅度增长，总体呈现波动上升的趋势。

（3）区域变动情况。

2010—2019年影响力指数数值增长的地方，包括内蒙古、黑龙江、甘肃、陕西、河北、青海、山西、广东、宁夏、山东、吉林、海南、湖北、江西、安徽等19个省市，其中中西部地区省市多达13个，且影响力指数十年变动值增速排名前10位的省市中有7个位于中西部地区，表明中西部省市的影响力指数提升幅度较大。影响力指数降低较多的省市有上海、福建、广西、贵州、江苏、天津、辽宁等10个。因此，总体而言，在文化产业影响力指数的变动方面，2010—2019年十年间多数中西部地区省市的文化产业影响力指数在提升，且提升幅度较大。

2. 影响力指数排名变动特征

如表3-7所示，中国省市文化产业影响力指数2010—2019年十年的排名变动不大，前5名包含的省市大部分不变，仅内部排名稍有变化。但后十名中的省市排名有较大变动。整体而言，13个省市排名有不同程度的上升，2个省市排名不变，14个省市排名有不同程度的下降。

2010—2019年，内蒙古、黑龙江、陕西、河北4个省市影响力指数排名上升较多，上升幅度都在10位以上，其中内蒙古排名上升了17位，黑龙江排名上升了16位，陕西和河北排名上升了11位，特别是内蒙古影响力指数排名由第24位一跃进入前10名。甘肃影响力指数排名上升了3位，北京、广东、山东、湖南、安徽等8省市的排名均有小幅上升。浙江、青海两个省市的影响力指数排名不变，影响力指数排名下降的有江西、重庆、云南、天津、广西、贵州、辽宁等14个省市，其中排名下降幅度较大的省市有广西、贵州、辽宁，下降幅度在10位以上，说明这些省市文化产业影响力下滑较快。北京、广东、上海的文化产业影响力指数连续十年均在前5名之列，2019年影响力指数前5名中，除江苏和上海十年间文化产业影响力指数有所下降外，其余三个省市均有一定程度的上升，这些省市文化产业的影响力继续在全国领跑。

表3-7 2010—2019年中国部分省市文化产业影响力指数对比表

2010年排名	省市	2011年排名	省市	2012年排名	省市	2013年排名	省市	2014年排名	省市	2015年排名	省市	2016年排名	省市	2017年排名	省市	2018年排名	省市	2019年排名	省市	十年变动
1	江苏	1	上海	1	上海	1	上海	1	上海	1	北京	1	北京	1	北京	1	北京	1	北京	2
2	浙江	2	北京	2	广东	2	北京	2	江苏	2	上海	2	上海	2	江苏	2	江苏	2	浙江	0
3	北京	3	浙江	3	北京	3	浙江	3	北京	3	浙江	3	广东	3	上海	3	上海	3	广东	2
4	上海	4	江苏	4	浙江	4	江苏	4	浙江	4	广东	4	江苏	4	山东	4	山东	4	江苏	-3
5	广东	5	广东	5	天津	5	广东	5	广东	5	江苏	5	浙江	5	广东	5	广东	5	上海	-1
6	辽宁	6	湖南	6	江苏	6	福建	6	湖南	6	山东	6	山东	6	湖南	6	湖南	6	山东	2
7	四川	7	山东	7	安徽	7	山东	7	山东	7	福建	7	四川	7	浙江	7	浙江	7	内蒙古	17
8	山东	8	陕西	8	重庆	8	安徽	8	江西	8	四川	8	辽宁	8	四川	8	重庆	8	陕西	11
9	天津	9	安徽	9	福建	9	陕西	9	辽宁	9	湖南	9	陕西	9	天津	9	福建	9	四川	-2
10	河南	10	四川	10	河北	10	天津	10	安徽	10	河北	10	湖南	10	陕西	10	陕西	10	河北	11
11	福建	11	河北	11	吉林	11	江西	11	福建	11	陕西	11	天津	11	福建	11	四川	11	黑龙江	16
12	重庆	12	福建	12	山东	12	辽宁	12	四川	12	安徽	12	福建	12	河北	12	天津	12	河南	-2
13	云南	13	云南	13	四川	13	河北	13	新疆	13	吉林	13	内蒙古	13	辽宁	13	河北	13	湖南	2
14	广西	14	广西	14	陕西	14	重庆	14	山西	14	天津	14	黑龙江	14	安徽	14	安徽	14	福建	-3
15	湖南	15	天津	15	云南	15	湖北	15	天津	15	重庆	15	河南	15	河南	15	云南	15	安徽	2

注：本表只显示了我国文化产业影响力指数排名前15位的省市的情况。

2019 年影响力指数前 10 名中江苏、上海两个省市的影响力指数和排名双双下降，但下降幅度不大，仍位于前列；陕西、内蒙古十年间名次提升幅度均达到 10 位以上，进步比较明显。山东省十年间排名稳步上升，显示出了稳定且较强的文化产业影响力；安徽、福建等省市文化产业影响力比较稳定，十年基本处于中间位置，这些省市具有较大的文化产业发展潜力；甘肃、青海、贵州等省市则十年基本位于后 10 名的行列，这些省市文化产业影响力处于劣势。

3. 影响力指数增长速度特征

与 2010 年相比，2019 年 29 个省市中有 19 个的影响力指数数值有所上升。影响力指数的增长速度大体上可以分为五个梯队：第一梯队包括内蒙古、黑龙江、甘肃、陕西、河北、青海、山西、广东、宁夏 9 个省市，这 9 个省市影响力指数增长速度较快，十年增长率均超过了 5%（见表 3-8 和图 3-10）；第二梯队包含山东、吉林、海南、湖北、江西、安徽、湖南 7 个省市，这些省市影响力指数增长速度略逊于第一梯队，增速高于 1% 但不超过 5%，也呈现较好的增长态势；第三梯队包括北京、四川、浙江 3 个省市，这 3 个省市的影响力指数增长速度很小，不超过 1%；第四梯队包括云南、河南、重庆、上海、福建等 9 个省市，这 9 个省市增速为负数，影响力指数呈下降趋势，下降幅度不超过 5%；第五梯队只有辽宁，辽宁的影响力指数下降幅度较大，降幅超过了 5%。同时，我们应该注意到影响力指数排名靠前的江苏、上海出现了影响力指数数值、排名双下降的情况，这说明不仅要关注各个省市影响力指数数值和排名的绝对值的情况，还要注意它们的相对变动情况，这样有助于把握各省市影响力指数的变动趋势，及时发现文化产业发展过程中的短板因素和出现的问题。

表 3-8 2010—2019 年中国部分省市文化产业影响力指数增速表

增速排名	省市	2010 年	2011 年	2012 年	2013 年	2014 年	2015 年	2016 年	2017 年	2018 年	2019 年	十年增速
1	内蒙古	69.26	67.61	67.78	71.43	70.11	70.16	73.66	68.65	73.52	78.29	13.05%
2	黑龙江	67.80	70.59	68.37	67.42	70.25	70.73	73.34	71.06	71.84	75.31	11.08%
3	甘肃	65.35	64.88	66.82	68.21	68.89	67.14	71.08	66.81	69.71	72.04	10.24%
4	陕西	70.79	76.31	71.48	75.02	73.15	73.85	74.90	74.18	75.98	77.30	9.20%
5	河北	70.65	75.37	73.92	72.67	73.44	74.20	72.03	73.25	74.97	76.97	8.95%
6	青海	65.22	68.45	69.41	67.85	73.15	69.14	69.46	70.08	71.33	70.83	8.60%
7	山西	68.30	73.12	71.08	69.83	74.10	70.73	70.59	69.94	71.17	72.59	6.28%
8	广东	78.83	80.76	82.80	78.02	79.73	82.03	81.42	78.65	82.18	82.97	5.25%

续表

增速排名	省市	2010 年	2011 年	2012 年	2013 年	2014 年	2015 年	2016 年	2017 年	2018 年	2019 年	十年增速
9	宁夏	69.33	66.79	70.35	71.60	72.80	70.95	72.05	71.05	72.88	72.85	5.08%
10	山东	76.42	76.88	73.17	76.18	78.05	80.27	76.77	78.92	82.34	79.82	4.45%

注：（1）表中均为四舍五入的结果；（2）本表只显示了 2010—2019 年文化产业影响力指数增速排名前 10 位的省市的情况。

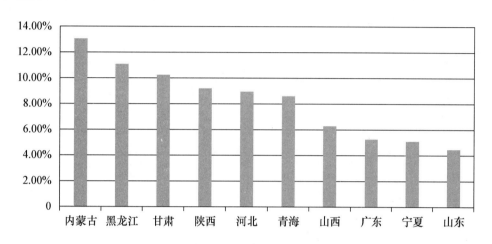

图 3-10 2010—2019 年中国部分省市文化产业影响力指数增速图

4. 影响力指数变异系数变动特征

（1）总体变动情况。

如表 3-9 和图 3-11 所示，2019 年与 2010 年相比，影响力指数变异系数变化较大。从总体上看，29 个省市 2010 年影响力指数的变异系数平均为 0.067，2019 年为 0.104，增加了 0.037，增幅达到 55.22%。相比于 2010 年，2019 年在 29 个省市影响力指数的变异系数中，20 个省市有所上升，9 个省市下降，说明这十年间约 1/3 的省市文化产业影响力均衡性有不同程度的提升。

（2）具体变动情况。

2010—2019 年，吉林、云南、江西、宁夏、山西等 20 个省市文化产业影响力指数的变异系数增大，其中吉林、云南、江西、宁夏、山西、青海、海南等 14 个省市影响力指数的变异系数变动较明显，涨幅均超过 1 倍，特别是吉林的影响力指数的变异系数增加最为显著，2019 年吉林的变异系数为 0.111，而 2010 年仅为 0.003，变异系数的增加表明这几个省市的文化产业影响力发展的不均衡性有所增强。浙江、天津、江苏、上海、北京等 9 个省市的影响力变异系数降低，其中天津、上海、北京的变异系数下降最为明显，下降幅度均超过 0.08，说明这些省市文化产业发展的均衡性显著增强。

表3-9　2010—2019年中国各省市文化产业影响力指数变异系数变动情况表

省市	2010年	2011年	2012年	2013年	2014年	2015年	2016年	2017年	2018年	2019年	十年增加值
宁夏	0.017	0.028	0.048	0.051	0.076	0.143	0.154	0.140	0.172	0.150	0.133
海南	0.027	0.031	0.042	0.043	0.016	0.122	0.088	0.107	0.135	0.144	0.118
广西	0.034	0.051	0.018	0.045	0.062	0.087	0.112	0.073	0.109	0.151	0.117
江西	0.014	0.033	0.047	0.043	0.031	0.013	0.071	0.005	0.034	0.126	0.113
吉林	0.003	0.040	0.042	0.038	0.026	0.090	0.103	0.100	0.084	0.111	0.108
青海	0.022	0.027	0.076	0.019	0.050	0.080	0.080	0.092	0.115	0.128	0.106
云南	0.004	0.019	0.011	0.029	0.051	0.095	0.104	0.064	0.109	0.105	0.101
重庆	0.067	0.028	0.043	0.004	0.014	0.092	0.070	0.019	0.132	0.160	0.093
山西	0.016	0.014	0.024	0.036	0.074	0.087	0.103	0.091	0.114	0.094	0.079
甘肃	0.034	0.099	0.103	0.034	0.107	0.069	0.139	0.036	0.093	0.108	0.075
湖北	0.037	0.035	0.030	0.024	0.014	0.023	0.066	0.011	0.051	0.110	0.073
河南	0.041	0.030	0.018	0.011	0.085	0.033	0.000	0.022	0.018	0.114	0.072
河北	0.032	0.033	0.049	0.047	0.011	0.034	0.032	0.038	0.069	0.104	0.072
安徽	0.061	0.013	0.047	0.002	0.017	0.009	0.046	0.043	0.076	0.120	0.058
福建	0.076	0.019	0.012	0.012	0.013	0.000	0.007	0.008	0.059	0.120	0.044
湖南	0.063	0.020	0.062	0.102	0.036	0.021	0.109	0.053	0.000	0.104	0.041
黑龙江	0.021	0.076	0.015	0.033	0.110	0.106	0.045	0.010	0.005	0.061	0.040
广东	0.041	0.084	0.023	0.118	0.059	0.117	0.132	0.221	0.150	0.063	0.022
内蒙古	0.023	0.073	0.049	0.024	0.034	0.106	0.067	0.036	0.060	0.042	0.019
贵州	0.146	0.010	0.010	0.034	0.006	0.058	0.095	0.057	0.081	0.151	0.005
浙江	0.073	0.033	0.056	0.062	0.032	0.015	0.011	0.071	0.040	0.061	−0.012
辽宁	0.093	0.032	0.001	0.024	0.063	0.038	0.042	0.013	0.004	0.071	−0.022
山东	0.068	0.013	0.012	0.025	0.016	0.036	0.075	0.054	0.007	0.044	−0.025
陕西	0.130	0.048	0.004	0.016	0.058	0.062	0.070	0.052	0.085	0.105	−0.025
四川	0.114	0.027	0.061	0.066	0.087	0.035	0.022	0.012	0.005	0.062	−0.052
江苏	0.108	0.005	0.068	0.123	0.068	0.064	0.124	0.072	0.060	0.049	−0.059
天津	0.189	0.092	0.055	0.061	0.016	0.018	0.041	0.036	0.022	0.100	−0.089
北京	0.158	0.132	0.032	0.115	0.076	0.125	0.171	0.133	0.087	0.036	−0.122
上海	0.220	0.148	0.038	0.067	0.028	0.019	0.028	0.031	0.044	0.097	−0.123

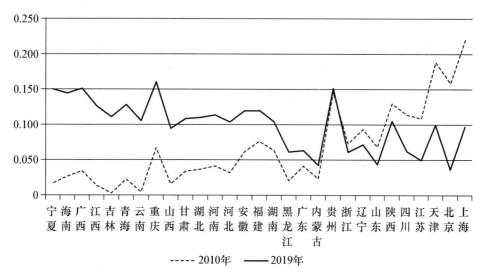

图 3-11 2010 年、2019 年中国部分省市文化产业影响力指数变异系数变动情况图

(二) 中国省市文化产业影响力指数变动原因分析

文化产业影响力指数主要从经济影响和社会影响两方面来衡量。

从表 3-10 中的数据我们可以看出，与 2010 年相比，2019 年各省市经济影响力呈现下降趋势，经济影响指数由 2010 年的 77.22 下降到 2019 年的 70.36，下降幅度为 8.86%；同时各省市社会影响力总体上显著上升，社会影响指数由 2010 年的 70.28 上升到 2019 年的 80.82，上升幅度达到 14.96%。下面通过文化产业影响力两个分指标的折线图来具体分析影响力指数变动的原因。

表 3-10 2010—2019 年中国省市文化产业影响力指数二级指标平均值对比表

二级指标	2010 年	2011 年	2012 年	2013 年	2014 年	2015 年	2016 年	2017 年	2018 年	2019 年	十年变动值
经济影响	77.22	74.21	73.85	74.24	73.25	72.03	72.34	72.76	72.76	70.36	−6.84
社会影响	70.28	73.65	72.24	71.98	76.27	76.20	75.91	73.57	77.84	80.82	10.52

1. 经济影响分析

经济方面的影响，主要从文化产业的经济规模、收入水平和集聚效应三个角度来考虑。经济规模主要指总产出，主要表现形式为总量指标，产出能力较高的省市，文化产业规模效应较大，经济影响力也较大；收入水平主要指文化产业人均收入，文化产业人均收入水平高的省市，经济影响力也较大；集聚效应考察区域文化产业集群产生的规模效应。

前文已经提到，经济影响指数 2019 年与 2010 年相比有所下降。下面从文化产业总产出、文化产业人均收入、文化产业集聚效应三个方面来举例分析文化经济影响力变化的原因，进而分析经济影响力变化对影响力指数的影响。

（1）文化产业总产出分析。

从图3-12可以看出，与2010年相比，2019年大部分省市的文化产业总产出有所下降。文化产业总产出对文化产业影响力有着重要的影响，2019年文化产业总产出增长幅度较大的广东，同样也是影响力指数增长速度较快的省市。2010—2019年十年间文化产业总产出显著下降的有云南、内蒙古、海南、天津、青海、贵州、山西、吉林、辽宁等省市，特别是吉林、辽宁文化产业总产出下降幅度超过70%，山西下降幅度超过60%。可以看出，这些省市的文化影响力大部分有所下降，但内蒙古、青海等省市在2019年影响力指数依然有所提高，很明显，除了文化产业总产出的影响外，还有其他因素对这些省市影响力指数产生较大的影响。

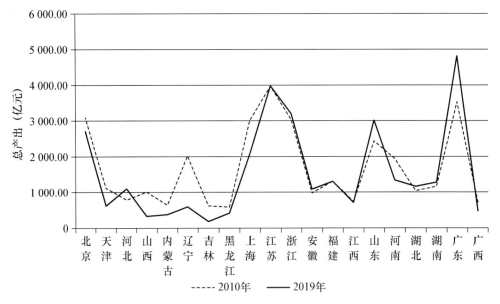

图3-12 2010年、2019年中国部分省市文化产业总产出对比折线图

下面分析一下文化产业总产出指数的变化情况。

2019年文化产业总产出指数相比2010年，除广东、河北、山东、宁夏、青海5个省市上升之外，其余都处于不同程度的下降状态，其中广东省的上升幅度最大，增长了4.54，河北增长了1.76。辽宁、上海、北京、河南等地降幅很大，辽宁、上海下降均超过了10。江西、黑龙江、福建、重庆、四川、广西、内蒙古、浙江、云南等17个省市下降幅度在1以上，但不超过10。陕西、湖北、安徽、湖南、海南5个省市的下降幅度不大，降幅均在1以内，表明这些省市的文化产业总产出相对稳定。总体来看，2010年文化产业总产出指数平均为72.98，2019年这个数值下降至69.25分，降幅为5.1%（见图3-13）。

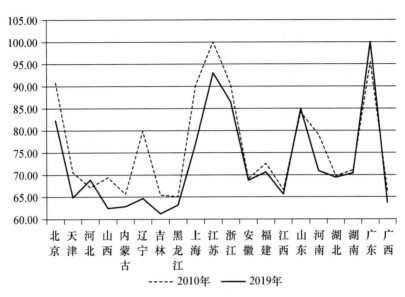

图3-13 2010年、2019年中国部分省市文化产业总产出指数对比折线图

（2）文化产业人均收入分析。

下面来看一下文化产业人均收入指数的对比情况。

如图3-14所示，与2010年相比，2019年文化产业人均收入指数变动较大，较多的省市文化产业人均收入指数出现了下降。总体上，2019年文化产业人均收入指数较2010年下降了9.31，下降幅度为12.16%。在29个省市中，共有7个省市有上升态势，其余省市都出现了不同程度的下降。2019年文化产业人均收入指数上升幅度最大的是内蒙古，增长了17.54，增幅达到21.27%；其次是山西，增长了10.78，黑龙江、河北、宁夏、甘肃等省市也出现了较大幅度的上涨；下降幅度最大的是贵州，降低了35.2，明显低于2019年文化产业人均收入指数的平均值。其中，共有安徽、青海、湖北、广西等10个省市低于全国平均水平，有待进一步提高；2019年文化产业人均收入指数上升幅度最大的是内蒙古，下降幅度最大的是贵州，两省市间存在很大的差距，贵州还需要进一步提高文化产业从业人员待遇水平，增强文化产业对人才的吸引力。

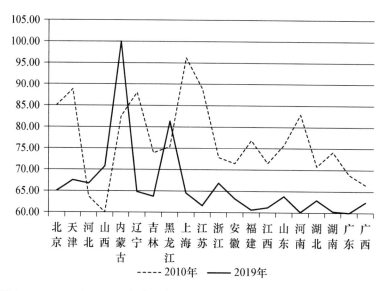

图3－14　2010年、2019年中国部分省市文化产业人均收入指数对比折线图

（3）文化产业集聚效应分析。

从图3－15中我们可以看出，2019年文化产业集聚效应指数与2010年相比变动比较明显，基本呈现出波动下降的趋势。从总体来看，文化产业集聚效应指数由2010年的82.15下降到2019年的74.62，下降幅度为9.17％。从具体省市的情况来看，广东、北京、上海、浙江、江苏、山东、四川等13个省市的文化产业集聚效应指数高于平均值，占所有省市的比重超过1/3。从地区分布来看，高于均值的省市有超过一半来自东部地区，可以看出，文化产业集聚效应在东部地区更加明显。从指数的变动情况来看，2010—2019年十年间有7个省市文化产业集聚效应指数上升，包括广东、黑龙江、青海、吉林、河南、山东、内蒙古。文化产业集聚效应指数增幅最大的为广东，上升了20.94，增幅达到26.48％，表明广东文化产业集聚效应呈现快速发展的态势。其余省市文化产业集聚效应指数都有所下降，其中天津的文化产业集聚效应指数下降幅度最大，由2010年的98.89降至2019年的71.67，下降了27.22。从各省市集聚效应排名来看，与2010年相比变动较大，说明各省市文化产业集群效应变化也较明显。

（4）经济影响分析小结。

通过对以上各个变量指标的理解和详细分析，我们可以解释影响文化产业经济影响指数变动的因素。观察图3－16可以看到：与2010年相比，2019年文化产业经济影响指数整体呈下降趋势。在29个省市中，2019年有广东、内蒙古、黑龙江、甘肃、山东等7个省市的文化产业经济影响指数有不同程度的上升，其中除了广东、

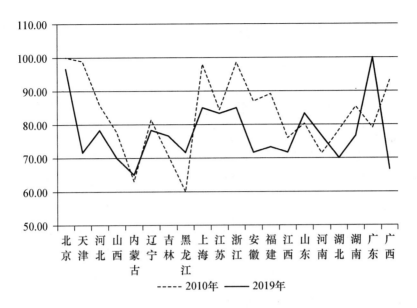

图 3 - 15 2010 年、2019 年中国部分省市文化产业集聚效应指数对比折线图

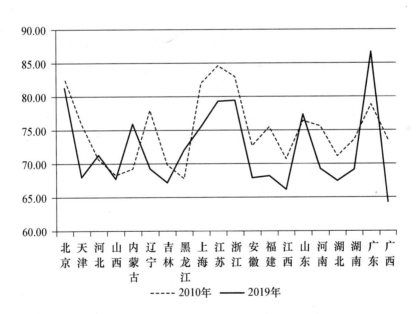

图 3 - 16 2010 年、2019 年中国部分省市文化产业经济影响指数对比折线图

内蒙古以外其他省市上升幅度相对较小。福建、天津、辽宁、重庆、广西、贵州等 22 个省市文化产业经济影响指数均出现了下降，其中广西、贵州下降幅度较大。 2019 年广东、北京、浙江三个省市位列前三甲，包揽了经济影响的前三名，与这三个省市在文化产业总产出、文化产业人均收入、文化产业集聚效应上拥有明显优势的现实相吻合。青海、广西、贵州的文化产业经济影响指数较低，这三个省市的文化产业总产出、文化产业人均收入、文化产业集聚效应都有待进一步提高，进而提升其经济影响。

2．社会影响分析

社会影响，主要指文化产品与服务对市民或消费者的影响，体现在文化参与、文化形象等方面。

2010 年社会影响指数平均值为 70.28，2019 年提高到 80.82，增幅为 15.00%，说明我国文化产业的文化产品与服务的影响力 2019 年相比 2010 年有所提高。从十年具体变化过程来看，通过对比 2010—2019 年社会影响指数平均值发现，社会影响指数呈现波动上升趋势，其中 2010—2011 年上升幅度较大，2011—2013 年出现了持续小幅度下滑的趋势，2013—2014 年又有明显的上升，2014—2017 年又呈现小幅下降趋势，2017—2019 年出现较大幅度上升。下面通过社会影响力指标的重要测度变量对发生的变化进行具体分析。

（1）影响人次分析。

2019 年影响人次指数的平均值与 2010 年相比，总体有所下降，各地区公共图书馆书刊文献总流通人次，艺术馆、文化馆、文化站活动量和艺术表演观众人次三个指数均下降。具体而言，艺术馆、文化馆、文化站活动量指数由 2010 年的 74.16 下降至 2019 年的 68.48；艺术表演观众人次指数从 2010 年各省市平均 73.24 下降至 2019 年的 66.10；各地区公共图书馆书刊文献总流通人次下降了 6.88。因此，综合作用的结果导致影响人次指数平均值下降。从具体省市的各项指标来分析，艺术表演观众人次指数上升的有贵州、山东、河南等 3 个省市，其他的 26 个省市均有不同程度的下降，尤其是浙江和安徽，艺术表演观众人次指数下降了 30 多，甘肃、北京、重庆、福建、宁夏、山西的艺术表演观众人次指数下降了 10 以上；在公共图书馆书刊文献总流通人次指数方面，辽宁、广西、湖北、广东、天津等 8 个省市下降，其他大部分省市都有所上升，浙江、内蒙古、山西、海南、安徽、河北上升幅度较大，上升超过 5；在各省市艺术馆、文化馆、文化站活动量指数方面，浙江、天津、安徽、四川、吉林、上海等 17 个省市有所上升，广西、黑龙江、云南、湖南、辽宁、宁夏、北京等 12 个省市出现了下滑，降幅较小。从总体来看，辽宁、云南、广西等省市的影响人次指数的三个分指数均下降，且下降幅度较大（见图 3－17）。

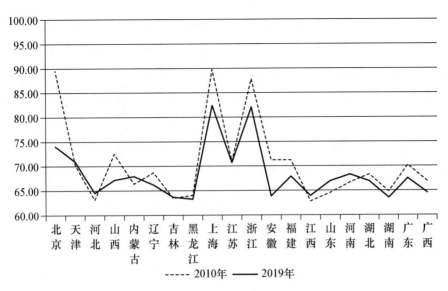

图 3 - 17　2010 年、2019 年中国部分省市文化产业影响人次指数对比折线图

（2）文化氛围分析。

文化氛围指的是市民对所在地区文化氛围是否浓厚的总体评价。从图 3 - 18 可以看出，2019 年各省市文化产业文化氛围指数与 2010 年相比变化较明显，大幅提升。从总体来看，2010 年各省市文化产业文化氛围指数平均值为 65.22，2019 年这个值为 86.99，上升幅度为 33.38%，说明我国各省市文化氛围指数总体上处于快速上升态势。

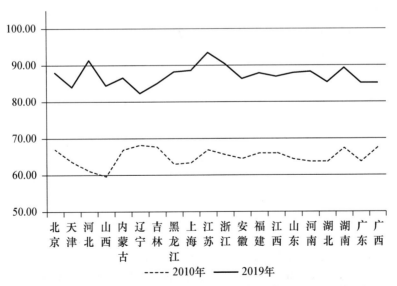

图 3 - 18　2010 年、2019 年中国部分省市文化产业文化氛围指数对比折线图

从各省市情况来看，所有省市文化氛围指数均有一定幅度的上升，其中河北、陕西、四川、江苏、黑龙江、上海 6 个省市文化氛围指数上升较多，均超过 25，并且都高于全国平均值，说明这些省市文化产业文化氛围较浓，进步较快；同时所有省市文化氛围指数增幅均超过 20%。从文化氛围排名变动情况来看，大部分省市排名变动较大，其中河北、陕西、上海、黑龙江、四川、浙江等 12 个省市排名上升，云南、宁夏、广西、吉林、辽宁等 17 个省市排名均出现了不同程度的下降。从地区来看，排名上升幅度较大的陕西和黑龙江均属于中西部地区，表明这些省市的文化氛围大幅提升。陕西、河南等省市凭借文化氛围的大幅度提升，纷纷跻身文化氛围指数前 10 名的行列。

（3）文化包容度分析。

文化包容度从一个省市包容多种文化和他人的习惯的程度、传统被理解和尊重的程度两个方面进行考察。总体来看，2019 年各省市文化包容度指数平均值有了显著的提高，2010 年各省市文化包容度指数平均值为 70.67，2019 年这个数值提高到 84.45，提高幅度为 19.50%，说明我国文化包容程度有了较大幅度的提高，不同国家和民族、不同文化背景的人能够更好地和谐相处，这不仅有利于促进文化产业发展，而且有利于提升文化产业的社会影响力。

如图 3-19 所示，2010—2019 年中国省市文化产业文化包容度指数变化非常明显，总体上全面上升。相比 2010 年，2019 年 29 个省市的文化产业文化包容度指数均有不同程度的上升。其中，陕西、山东、安徽、上海、河北等地的文化产业文化包容度指数上升幅度较大，11 个省市的指数增长均超过 15，尤其是陕西，其文化

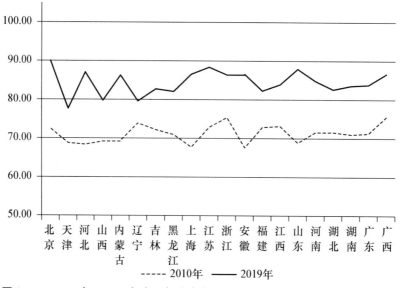

图 3-19 2010 年、2019 年中国部分省市文化产业文化包容度指数对比折线图

产业文化包容度指数从2010年的61.50增加到2019年的85.24，增长了23.74，增幅达38.60％；贵州、青海、河南、广东、湖南、海南等14个省市上升超过5，增幅较大。

（4）文化形象分析。

如图3-20所示，2019年各省市文化产业文化形象指数与2010年相比总体来看呈上升趋势，2010年各省市文化形象指数平均值为71.05，2019年上升到83.54，增加了12.49，上升幅度为17.58％。29个省市文化产业文化形象指数均有不同程度的上升。陕西、上海、甘肃、河北、安徽等9个省市的文化形象指数上升超过15，其中上升幅度最大的是陕西。甘肃的文化产业文化形象指数由2010年的63.06增加到2019年的89.41，增长了26.35，增幅为41.77％。上升最少的是广东，由2010年的75.54上升到2019年的80.6，增幅为6.70％。

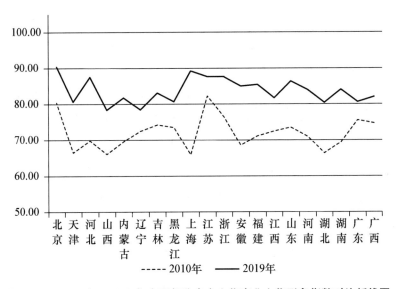

图3-20 2010年、2019年中国部分省市文化产业文化形象指数对比折线图

（5）社会影响分析小结。

从图3-21我们可以看出，总体来看，相比2010年，2019年中国省市文化产业社会影响指数整体上升。其中，2010年社会影响指数平均值为70.28，2019年提高为80.82，增幅为15.00％，说明2019年我国文化产业的文化产品与服务的影响力比2010年有所提高。2010—2019年十年间，陕西、上海两个省市的社会影响指数上升幅度较大，这两个省市的社会影响指数均上升超过17，文化产业的社会影响力也相应有了较大幅度的提升。

在2010—2019年社会影响指数上升的省市中，上海在文化氛围、文化包容度

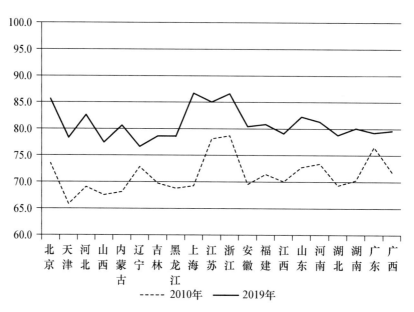

图 3-21　2010 年、2019 年中国部分省市文化产业社会影响指数对比折线图

以及文化形象三个方面大幅提升，其社会影响指数上升幅度遥遥领先，社会影响指数由 2010 年的 69.25 增加到 2019 年的 86.69，上升了 25.18%，上海的社会影响力排名从 2010 年的第 19 位一跃至 2019 年的第 1 位；浙江也凭借文化氛围、文化包容度和文化形象三方面的稳中有升，排名居于前列。陕西、河北等地排名有了较大幅度的上升，跃升至前 10 名。社会影响指数上升的省市在文化氛围、文化包容度和文化形象方面都表现很好，对社会影响指数起到了决定性的作用。

3. 影响力指数分析

产业影响力方面，东部沿海地区文化产业经济效益极为显著，2019 年广东、江苏、浙江、山东四个省市的文化产业总产出均超过 3 000 亿元，其中广东更是以 4 817.20 亿元的产值遥遥领先，江苏以 3 979.20 亿元紧随其后，这些省市产值相比 2010 年均大幅增长。2010—2019 年影响力指数排名上升最快的是内蒙古，在经济影响和社会影响方面均有良好表现，影响力排名由 2010 年的第 24 位上升到 2019 年的第 7 位，上升了 17 位；黑龙江、河北、陕西影响力排名上升幅度较大，主要是由于经济影响和社会影响有较大幅度的上升。甘肃、北京、湖南、安徽等 9 个省市影响力排名上升幅度较小，经济影响和社会影响与其他省市相比增幅不明显，因而影响力排名变动不大。云南、天津、贵州、广西、辽宁等省市的影响力排名相比 2010 年发生了不同程度的下降，这些省市的经济影响或社会影响出现了下降趋势。

三、中国省市文化产业驱动力指数变动特征及其原因分析

（一）中国省市文化产业驱动力指数变动特征

外部发展环境对于文化产业持续发展起着至关重要的作用，文化产业发展驱动力指数用来反映文化产业发展的外部环境。

1. 驱动力指数数值变动特征

（1）总体变动情况。

由表 3-11 和图 3-22 可知，2010—2019 年中国省市文化产业驱动力指数平均值大幅增长。从总体来看，29 个省市 2010 年驱动力指数平均为 62.83，2019 年达到 78.49，增长了 15.66，增幅达到 24.92%，显著高于生产力指数和影响力指数，说明这十年间各省市文化产业发展的外部环境均得到明显优化。从十年具体变化过程来看，2010—2019 年中国省市文化产业驱动力指数稳步上升，除了 2014 年和 2016 年出现小幅下降之外，其余年份各省市文化产业驱动力指数持续提高。

表 3-11　2010—2019 年中国部分省市文化产业驱动力指数数值变动情况表

排名	省市	2010 年	2011 年	2012 年	2013 年	2014 年	2015 年	2016 年	2017 年	2018 年	2019 年	十年变动值
1	河南	56.99	65.0	71.56	72.64	70.01	70.12	72.09	74.77	79.77	80.25	23.26
2	黑龙江	57.20	69.5	73.10	73.52	68.95	68.92	69.72	76.22	79.28	78.73	21.53
3	浙江	64.37	69.1	73.95	74.89	77.11	77.25	79.96	82.69	85.92	84.70	20.34
4	吉林	62.73	75.5	76.93	75.54	69.75	77.11	71.73	72.75	81.69	82.26	19.54
5	重庆	64.26	73.8	75.37	72.66	75.22	75.18	77.24	82.29	82.47	83.64	19.39
6	贵州	59.24	65.6	72.49	72.74	73.61	78.48	72.29	74.76	78.02	78.22	18.97
7	河北	59.86	70.9	73.78	74.49	76.49	74.83	73.08	75.19	76.78	78.15	18.29
8	湖北	61.68	65.6	73.15	73.91	69.87	71.35	72.04	75.34	77.94	79.19	17.51
9	广西	63.71	73.9	73.77	75.06	67.66	69.87	72.75	75.98	81.80	80.95	17.24
10	山东	62.23	74.0	73.88	74.69	74.13	71.96	70.33	75.29	77.11	79.26	17.03
	均值	61.23	70.28	73.80	74.01	72.28	73.51	73.12	76.53	80.08	80.53	19.31

注：（1）本表只显示了我国 2010—2019 年文化产业驱动力指数变动值排名前 10 位的省市的情况；（2）表中数据均为小数点后保留两位之后的结果，所以"十年变动值"所在列对应的数据也为四舍五入后的结果。

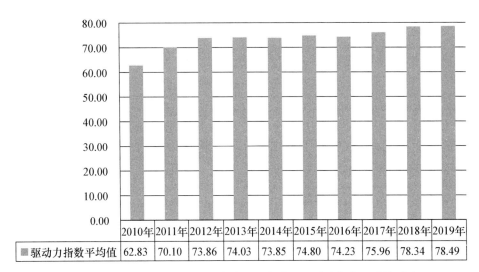

图 3-22 2010—2019 年中国 29 个省市文化产业驱动力指数平均值对比图

（2）具体变动情况。

2019 年河南、黑龙江、浙江、吉林、重庆、贵州、河北等 15 个省市驱动力指数与 2010 年相比变动值超过了 15，其他省市驱动力指数也均实现了正增长。其中，河南驱动力指数增长最为显著，由 2010 年的 56.99 上升到 2019 年的 80.25，增加了 23.26，增幅为 40.81%。河南、黑龙江、浙江的驱动力指数上升超过 20，增长幅度较大（参见表 3-11 和图 3-23）。

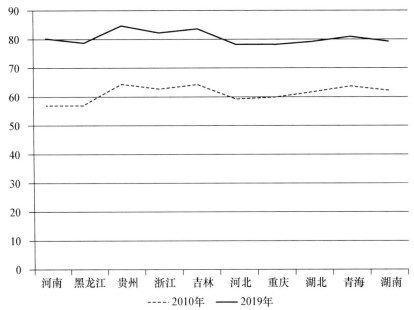

图 3-23 2010 年、2019 年中国部分省市文化产业驱动力指数变动图

注：本图只显示了我国 2010 年、2019 年文化产业驱动力指数增速排名前 10 位的省市的情况。

（3）区域变动情况。

2010—2019 年驱动力指数数值增长前 10 名的省市为河南、黑龙江、浙江、吉林、重庆、贵州、河北、湖北、广西、山东，其中 7 个省市来自中西部地区，表明驱动力指数增加较多的省市多为经济不甚发达的地区。可见，中西部地区文化产业驱动力相对于全国总体情况来说，呈现出较为明显的上升状态，中西部地区的文化产业驱动力显著增强。

2. 驱动力指数排名变动特征

从总体上来看，29 个省市文化产业驱动力指数 2010 年和 2019 年波动较为明显。在 2019 年排名前 15 位的省市中，北京、天津的排名相对于 2010 年没有发生变化，其中北京从 2012 年起均排在前列，江苏在 2010—2019 年期间的排名变动比较大；河南、黑龙江、吉林、浙江、重庆 5 个省市的文化产业驱动力指数排名上升幅度较大，均上升了超过 7 位，其中河南排名上升幅度最大，排名上升了 22 位；广西、湖北、山东、江西驱动力指数排名上升了 4 位及以上；福建和海南驱动力指数排名下降幅度较大，排名均下降超过 5 位，其中福建的排名下降幅度最大，下降了 11 位（见表 3-12）。

具体来说，2010—2019 年河南、黑龙江、吉林、贵州、浙江等 11 个省市排名上升，其中河南、黑龙江、吉林位次上升较大，均上升 10 个及以上位次，2019 年吉林、河南分别跃升至第 4 位和第 7 位，纷纷进入驱动力指数前 10 名；贵州、浙江、重庆、广西、湖北、山东、河北、江西排名上升了至少 4 位。北京、天津 2 个直辖市排名相比 2010 年没有发生变化。青海、上海、江苏、甘肃、四川、湖南、安徽等 16 个省市排名下降，其中福建、广东、陕西、宁夏、山西 5 个省市排名下降幅度超过 10 位，下降幅度最大的是宁夏和山西，这两个省市均下降了超过 15 位；青海、上海、江苏、甘肃、四川等 11 个省市下降幅度少于 10 位。因此，福建、广东、陕西、宁夏、山西等下降幅度较大的省市需要重视文化产业驱动力各个要素指标的提高，增强文化产业发展的驱动力。

3. 驱动力指数增长速度变动特征

2010—2019 年中国各省市文化产业驱动力指数增长速度基本上分为三个梯队，第一梯队为河南、黑龙江、贵州、重庆等 7 个省市，驱动力指数增长速度非常快，增长幅度超过 30%，其中河南增幅超过了 40%（见表 3-13、图 3-24）；第二梯队为湖北、青海、湖南、山东、江西、广西、四川、云南等 15 个省市，这些省市驱动力指数保持很好的增长势头，增速略低于第一梯队，增长幅度超过 20%；第三梯队为上海、海南、陕西、福建、宁夏等 7 个省市，这些省市的驱动力指数增长速度不足 20%，但均超过 15%。

表3-12 2010—2019年中国部分省市文化产业驱动力指数对比表

排名	2010年		2011年		2012年		2013年		2014年		2015年		2016年		2017年		2018年		2019年		
	排名	省市	排名	省市	排名	省市	排名	省市	排名	省市	排名	省市	排名	省市	排名	省市	排名	省市	排名	省市	十年变动
1	1	北京	1	天津	1	天津	1	天津	1	北京	1	北京	1	北京	1	北京	1	北京	1	北京	0
2	2	上海	2	山西	2	北京	2	北京	2	辽宁	2	上海	2	青海	2	浙江	2	浙江	2	浙江	8
3	3	广东	3	江西	3	四川	3	四川	3	青海	3	福建	3	浙江	3	海南	3	重庆	3	重庆	8
4	4	福建	4	吉林	4	内蒙古	4	福建	4	宁夏	4	辽宁	4	江苏	4	重庆	4	上海	4	吉林	10
5	5	宁夏	5	福建	5	吉林	5	山西	5	西藏	5	青海	5	河南	5	上海	5	广西	5	上海	-3
6	6	海南	6	山东	6	山西	6	辽宁	6	江苏	6	贵州	6	上海	6	天津	6	吉林	6	广西	6
7	7	山西	7	广西	7	宁夏	7	宁夏	7	浙江	7	海南	7	江西	7	青海	7	天津	7	河南	22
8	8	天津	8	重庆	8	上海	8	江苏	8	山西	8	浙江	8	河北	8	黑龙江	8	内蒙古	8	天津	0
9	9	陕西	9	内蒙古	9	重庆	9	吉林	9	河北	9	吉林	9	贵州	9	江苏	9	河南	9	西藏	—
10	10	浙江	10	四川	10	福建	10	广西	10	上海	10	湖南	10	重庆	10	广西	10	黑龙江	10	山东	5
11	11	重庆	11	宁夏	11	辽宁	11	浙江	11	重庆	11	四川	11	湖南	11	内蒙古	11	江西	11	湖北	6
12	12	广西	12	陕西	12	江苏	12	内蒙古	12	广东	12	安徽	12	内蒙古	12	湖北	12	福建	12	江西	4
13	13	江苏	13	河北	13	陕西	13	江西	13	山东	13	江苏	13	黑龙江	13	山东	13	西藏	13	海南	-7
14	14	吉林	14	辽宁	14	江西	14	山东	14	江西	14	广东	14	辽宁	14	湖南	14	江苏	14	黑龙江	14
15	15	山东	15	江苏	15	浙江	15	河北	15	贵州	15	重庆	15	四川	15	河北	15	广东	15	福建	-11

注: 本表只显示了 2010—2019 年文化产业驱动力指数变动值排名前 15 位的省市的情况。

表3-13 2010—2019年中国部分省市文化产业驱动力指数增速表

增速排名	省市	2010年	2011年	2012年	2013年	2014年	2015年	2016年	2017年	2018年	2019年	十年增速
1	河南	56.99	65.0	71.56	72.64	70.01	70.12	72.09	74.77	79.77	80.25	40.81%
2	黑龙江	57.20	69.5	73.10	73.52	68.95	68.92	69.72	76.22	79.28	78.73	37.64%
3	贵州	59.24	65.6	72.49	72.74	73.61	78.48	72.29	74.76	78.02	78.22	32.03%
4	浙江	64.37	69.1	73.95	74.89	77.11	77.25	79.96	82.69	85.92	84.70	31.59%
5	吉林	62.73	75.5	76.93	75.54	69.75	77.11	71.73	72.75	81.69	82.26	31.14%
6	河北	59.86	70.9	73.78	74.49	76.49	74.83	73.08	75.19	76.78	78.15	30.55%
7	重庆	64.26	73.8	75.37	72.66	75.22	75.18	77.24	82.29	82.47	83.64	30.17%
8	湖北	61.68	65.6	73.15	73.91	69.87	71.35	72.04	75.34	77.94	79.19	28.39%
9	青海	60.59	69.2	71.41	68.80	80.31	80.20	77.33	77.29	76.19	77.28	27.54%
10	湖南	59.92	68.6	72.30	73.83	73.41	76.99	72.70	75.28	76.40	76.33	27.38%

注：（1）表中均为四舍五入的结果。（2）本表只显示了2010—2019年文化产业驱动力指数增速排名前10位的省市的情况。

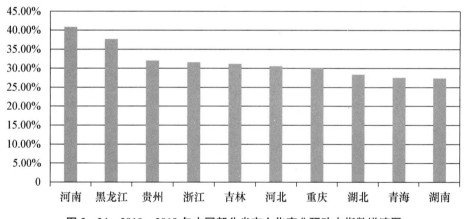

图3-24 2010—2019年中国部分省市文化产业驱动力指数增速图

4. 驱动力指数变异系数变动特征

（1）总体变动情况。

如图3-25所示，从总体上看，2019年与2010年相比，驱动力指数变异系数变化较大，多数省市的驱动力指数变异系数增加，呈正增长态势，仅有少部分省市的驱动力指数变异系数下降，且驱动力指数变异系数下降的省市大多下降幅度较小，个别省市驱动力指数变异系数下降幅度较大。2019年各省市驱动力指数变异系数均值由2010年的0.050增加到0.096，比2010年增长了92.2%，可见，伴随着驱动力指数变异系数增大，各省市之间的文化产业发展驱动力的不均衡性有所加重。

（2）具体变动情况。

由表 3 - 14 和图 3 - 25 可知，2010—2019 年河北、山东、安徽、湖南、海南、湖北等 25 个省市文化产业驱动力指数变异系数增大，其中河北的驱动力指数变异系数增加明显，从 2010 年的 0.012 增加到 2019 年的 0.147，增长超过 10 倍，山东、安徽和湖南的驱动力指数变异系数增加幅度也超过 10 倍，可见这些省市的文化产业的驱动力发展不均衡性上升非常明显。此外，海南、湖北、河南、江苏、江西、贵州等省市变异系数增加幅度也较大，不均衡性明显上升。广东、上海、宁夏、四川、天津、云南、北京等省市的驱动力变异系数的增长幅度低于一倍，说明这些省市在均衡度方面在这十年没有大的变化，文化产业的驱动力发展相对均衡。

甘肃、福建、吉林、浙江 4 个省市的文化产业驱动力变异系数减小，其中浙江的驱动力指数变异系数降幅最为明显，从 2010 年的 0.072 降低到 2019 年的 0.033，降幅达 54.17%，说明浙江的文化产业驱动力发展的均衡性显著增强。

表 3 - 14　2010—2019 年中国各省市文化产业驱动力指数变异系数变动情况表

省市	2010 年	2011 年	2012 年	2013 年	2014 年	2015 年	2016 年	2017 年	2018 年	2019 年	十年增加值
河北	0.012	0.043	0.047	0.097	0.121	0.100	0.084	0.078	0.129	0.147	0.135
西藏	—	—	—	0.061	0.199	0.084	0.049	0.064	0.124	0.133	—
山东	0.007	0.057	0.048	0.088	0.107	0.066	0.066	0.083	0.106	0.135	0.128
安徽	0.006	0.053	0.073	0.111	0.097	0.083	0.091	0.082	0.118	0.114	0.108
新疆	—	—	—	0.056	0.092	0.049	0.081	0.084	0.078	0.103	—
湖南	0.007	0.059	0.076	0.099	0.111	0.089	0.111	0.104	0.111	0.105	0.098
海南	0.049	0.030	0.064	0.098	0.083	0.116	0.012	0.033	0.127	0.143	0.094
湖北	0.037	0.025	0.011	0.075	0.079	0.065	0.065	0.095	0.102	0.117	0.080
河南	0.053	0.020	0.037	0.093	0.088	0.069	0.087	0.109	0.128	0.131	0.078
江苏	0.019	0.062	0.054	0.104	0.152	0.058	0.072	0.096	0.097	0.094	0.075
江西	0.067	0.032	0.043	0.087	0.095	0.068	0.101	0.094	0.126	0.136	0.069
贵州	0.047	0.060	0.063	0.115	0.071	0.106	0.100	0.103	0.119	0.116	0.069
陕西	0.071	0.018	0.007	0.088	0.076	0.065	0.097	0.117	0.115	0.131	0.060
黑龙江	0.060	0.038	0.017	0.069	0.053	0.042	0.055	0.106	0.119	0.110	0.049
青海	0.077	0.054	0.045	0.068	0.146	0.125	0.068	0.080	0.113	0.124	0.047
重庆	0.012	0.069	0.061	0.038	0.026	0.029	0.038	0.021	0.039	0.051	0.039
山西	0.066	0.010	0.022	0.072	0.092	0.026	0.110	0.094	0.097	0.105	0.039
广西	0.044	0.014	0.035	0.076	0.071	0.020	0.098	0.086	0.093	0.079	0.035
辽宁	0.070	0.015	0.040	0.079	0.113	0.101	0.060	0.066	0.107	0.097	0.027
内蒙古	0.056	0.043	0.039	0.065	0.077	0.053	0.073	0.106	0.080	0.081	0.025
广东	0.086	0.053	0.032	0.104	0.143	0.082	0.080	0.102	0.106	0.110	0.024
上海	0.069	0.051	0.051	0.067	0.098	0.093	0.082	0.086	0.092	0.092	0.023

续表

省市	2010 年	2011 年	2012 年	2013 年	2014 年	2015 年	2016 年	2017 年	2018 年	2019 年	十年增加值
宁夏	0.067	0.046	0.012	0.045	0.091	0.076	0.087	0.092	0.078	0.083	0.016
四川	0.069	0.043	0.040	0.096	0.074	0.054	0.058	0.109	0.077	0.082	0.014
天津	0.038	0.074	0.086	0.090	0.086	0.024	0.021	0.010	0.074	0.046	0.008
云南	0.043	0.019	0.022	0.071	0.067	0.059	0.061	0.089	0.095	0.048	0.004
北京	0.041	0.040	0.026	0.045	0.123	0.100	0.060	0.033	0.047	0.044	0.002
甘肃	0.088	0.200	0.082	0.089	0.090	0.082	0.088	0.104	0.089	0.081	−0.007
福建	0.091	0.042	0.026	0.048	0.044	0.115	0.066	0.070	0.088	0.082	−0.009
吉林	0.039	0.041	0.049	0.009	0.064	0.075	0.048	0.107	0.030	0.029	−0.010
浙江	0.072	0.043	0.037	0.095	0.080	0.011	0.018	0.033	0.047	0.033	−0.039
均值	0.050	0.047	0.043	0.077	0.094	0.070	0.071	0.082	0.095	0.096	0.044

注：表中 2010—2019 年数据均为小数点后保留三位之后的结果，所以"十年增加值"所在列对应的数据也为四舍五入后的结果。由于未获得西藏和新疆 2010—2012 年的数据，故上述两地文化产业驱动力指数变异系数十年增加值无法计算。

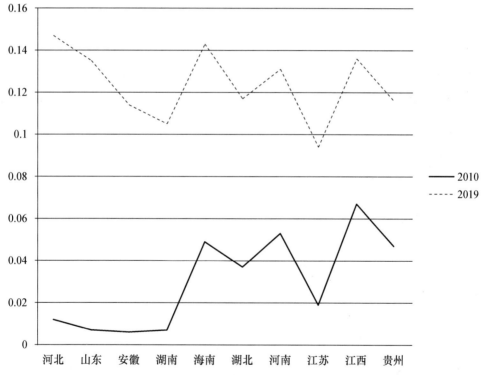

图 3-25　2010 年、2019 年中国部分省市文化产业驱动力指数变异系数变动情况图

（二）中国省市文化产业驱动力指数变动原因分析

产业驱动力指数涉及各地区文化产业的外部环境，我们用其来评价政府在市场体系、公共服务、创新机制三个方面所做的努力，进而为政府制定后续政策提供借

鉴与数据支持。产业驱动力指数反映各地区发展文化产业的环境与态度，本部分拟用市场环境、公共环境和创新环境三个指标来分析文化产业驱动力指数。

由表3-15中的数据可以看出，2010—2019年驱动力指数的三个评价指标均处于上升状态，其中公共环境、市场环境指数明显上升，分别增加了26.98和20.61，上升幅度分别为43.94％和32.51％，创新环境指数小幅上升，增加了7.26，增长幅度为10.98％，三个分指标的同步上升共同推动了驱动力指数的稳步增加。

表3-15　2010—2019年中国省市文化产业驱动力指数二级指标平均值对比表

二级指标	2010年	2011年	2012年	2013年	2014年	2015年	2016年	2017年	2018年	2019年	十年变动值
市场环境	63.4	71.3	74.80	78.39	78.20	76.44	78.32	80.81	82.59	84.01	20.61
公共环境	61.4	69.9	75.02	75.46	76.42	78.19	80.47	83.82	88.58	88.38	26.98
创新环境	66.1	69.2	71.75	68.23	66.93	69.77	70.79	71.73	73.51	73.36	7.26

1. 市场环境分析

市场环境指企业生产经营活动所处的社会经济环境中的不可控制的因素，主要有法律、市场需求、市场供给、产品流通等方面的因素。下面我们将通过典型指标进行具体分析。

前文已经提到驱动力指标的三个分指标中，2010—2019年市场环境指数上升了32.51％，增速较快。下面通过几个重要测度变量来分析一下市场环境指数变动的具体原因。

（1）文化消费支出。

2019年文化消费支出指数前20名的省市均呈上升趋势（见图3-26）。2010年文化消费支出指数的平均值为70.31，2019年上升为73.98，上升幅度为5.22％，十年间总体上呈现小幅上升态势。其中，山东省文化产业文化消费支出指数上升幅度最大，从2010年的60.84增长至2019年的82.2，增加了21.36，远超全国平均增幅（3.38）。

（2）行业协会所起作用。

2010—2019年各省市行业协会所起作用指数均有不同程度的上升（见图3-27）。2010年行业协会作用指数平均值为56.80，2019年上升至86.86，增幅为52.93％，上升幅度非常明显。2019年行业协会所起作用指数上升幅度最大的是河南，由2010年的49.70增加到2019年的92.96，增幅为87.04％。此外，青海、上海、江西、北京、河北等13个省市行业协会所起作用指数上涨超过30，福建行业协会所起作用指数增加最少，但也增长了23.47，表明各省市行业协会所起的作用普遍上升。

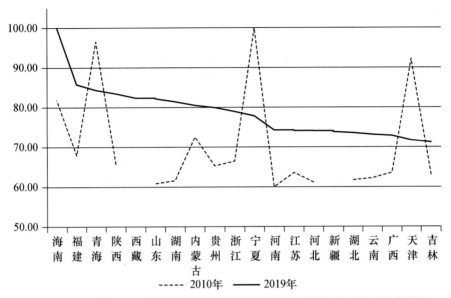

图 3 - 26　2010 年、2019 年中国部分省市文化产业文化消费支出指数对比折线图

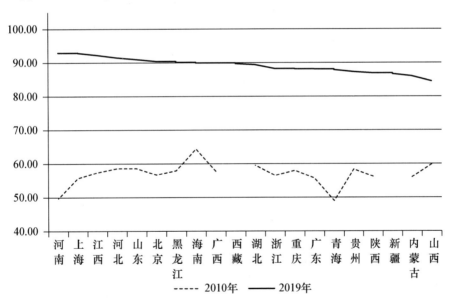

图 3 - 27　2010 年、2019 年中国部分省市文化产业行业协会所起作用指数对比折线图

文化产业的发展离不开行业协会的统筹协调。文化产业的各类行业协会作为连接政府和行业的自律性组织，在推动产业优化、规范行业发展方面发挥的作用越来越明显。应鼓励各省市建设文化产业行业协会，进一步加大支持文化产业各类行业协会发展的力度，通过行业协会有效培育文化市场主体，发挥行业协会在扩大市场规模、推动产业链延伸、培育市场品牌、提升人员素质等方面的重要作用，进而加快整个文化产业的健康、规范、有序发展。

（3）知识产权保护满意度。

从图 3-28 可以看出，2010—2019 年各省市居民对知识产权保护的满意度呈上升态势。2010 年知识产权保护满意度指数平均值为 63.05，2019 年这个数值上升至 86.17，增长了 23.12，上升幅度为 36.67%，可见增长幅度较大。相比 2010 年，2019 年 29 个省市居民对知识产权保护的满意度均有不同程度的上升。其中，河南增长幅度最大，知识产权保护满意度指数由 2010 年的 58.50 增加到 2019 年的 93.36，增长了 34.86，增幅达到 59.59%，显著高于其他省市。此外，青海、江西的知识产权保护满意度指数增长超过 30，黑龙江、浙江、广东、重庆、山东、北京等 18 个省市增长超过 20，这些省市的知识产权保护满意度指数上升幅度较大，也体现出居民对文化产业知识产权保护的满意度大大提高。

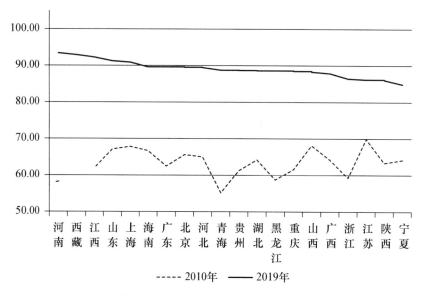

图 3-28 2010 年、2019 年中国部分省市文化产业知识产权保护满意度指数对比折线图

（4）市场需求。

从总体来看，2010—2019 年各省市文化产业市场需求指数呈上升趋势。2010 年文化产业市场需求指数平均值为 68.47，2019 年这个数值上升至 84.89，增加了 16.42，上升幅度为 23.98%。2010—2019 年 29 个省市文化产业市场需求指数均有不同程度的增加。其中，河北的上升幅度较明显，市场需求指数由 2010 年的 67.38 上升至 2019 年的 91.53（见图 3-29），增加了 24.15，增幅达到 35.84%，远远超过了全国平均上升幅度。江西、上海、广东、湖北、山东、河南、重庆、湖南、北京等 14 个省市上升幅度也较大，增幅至少达 25%。此外，四川、海南、内蒙古、广西、安徽等 9 个省市增长幅度在 15%～25% 之间，天津、宁夏、吉林、浙江、云南 5 个省市上涨幅度较小，增幅低于 15％，但都保持了上升趋势。

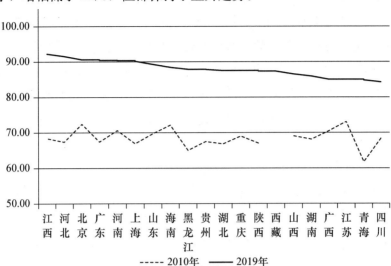

图 3 - 29　2010 年、2019 年中国部分省市文化产业市场需求指数对比折线图

（5）融资渠道。

如图 3 - 30 所示，2010—2019 年各省市文化产业融资渠道指数整体有较大幅度的上升。2010 年文化产业融资渠道指数平均值为 58.48 分，2019 年这个数值增加到 88.17，增加了 29.69，上升幅度为 50.77％，增长非常明显，同时所有省市的文化产业融资渠道指数均实现了正增长。其中，河南的融资渠道指数增幅最大，由 2010 年的 56.90 上升为 2019 年的 94.65，增长了 37.75，增幅高达 66.34％。黑龙江、青海、江西、河北、浙江 5 个省市融资渠道指数增幅均超过了 60％，增长也

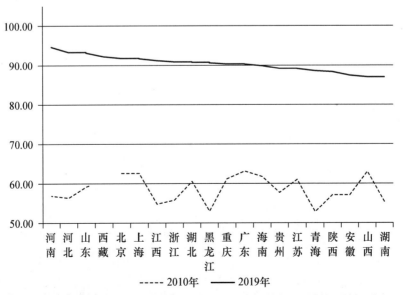

图 3 - 30　2010 年、2019 年中国部分省市文化产业融资渠道指数对比折线图

非常明显；四川、山东、湖南、甘肃、陕西、贵州、安徽、湖北等 20 个省市增幅超过 40%，其他省市增幅也在 30% 以上。由此可见，过去十年间各省市的文化产业融资渠道普遍都得到了明显的拓宽和改善，文化产业融资渠道的拓宽为文化企业融资提供了便利。发展文化产业，资本和创意同样重要，通过开辟多种融资渠道，为文化产业发展提供资金支持，实现文化产业投资主体多元化，吸引社会资本进入文化产业投资领域，有助于有效解决文化企业普遍存在的融资难的瓶颈问题，缓解文化企业的融资难题。

（6）市场环境小结。

根据以上对市场环境五个变量的分析，我们可以发现：2010—2019 年各项指标均有所上升，尤其是行业协会所起作用、融资渠道两个指数的增幅均超过了 50%，行业协会所起作用的大大增加以及融资渠道的明显拓宽有力地推动了文化产业发展的市场环境不断优化。市场需求和知识产权保护满意度两个指数的增长幅度都在 20% 以上。

其中，河南的市场环境指数增长幅度最大，由 2010 年的 59.14 增加到 2019 年的 89.12，十年间的增幅高达 50.70%；河北、黑龙江、江西、山东 4 个省市的市场环境指数增长幅度也超过了 40%。增长幅度最大的 5 个省市中有 3 个位于中西部地区。此外，在市场环境指数增幅超过 30% 的 18 个省市中，13 个省市为中西部地区，可见在政府的大力支持下，中西部地区的文化产业市场环境得到了有效改善（见图 3 - 31）。通过改善市场环境提高当地文化产业发展的驱动力水平，进而推进文化产业发展，对于中西部地区加快文化产业发展、增强文化产业竞争力具有十分重要的作用。

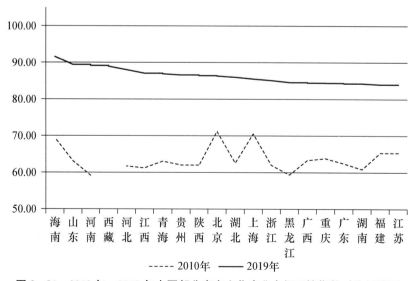

图 3 - 31　2010 年、2019 年中国部分省市文化产业市场环境指数对比折线图

2. 公共环境分析

公共环境主要指公共管理部门和公共服务部门为整个产业提供的发展环境。

前文已经提到驱动力指数的三个分指标中，2010—2019 年公共环境指数上升 43.94％，在三个分指标中增幅最大。下面通过几个重要测度变量来分析一下公共环境指数变动的具体原因。

（1）专项资金支持力度。

2010—2019 年中国省市文化产业专项资金支持力度指数有较大幅度的提升（见图 3-32）。2010 年专项资金支持力度指数的平均值为 56.04，2019 年这个数值上升为 89.72，上升了 33.68 分，上升幅度高达 61.00％，29 个省市文化产业专项资金支持力度指数均实现了不同程度的增长。相比于 2010 年，2019 年省市文化产业专项资金支持力度指数上升幅度最大的省市为河南，专项资金支持力度指数由 2010 年的 46.30 增长到 2019 年的 92.96，上升幅度高达 100.78％。上升幅度超过 60％但低于河南的有黑龙江、青海、辽宁、河北、湖北等 10 个省市。另外，贵州、广西、吉林、江苏、宁夏、安徽等 8 个省市上升幅度超过 50％，福建、云南、浙江、海南等 7 个省市上升的幅度超过 40％，只有重庆、北京、天津 3 个直辖市上升的幅度相对较小，为 30％～40％。文化产业专项资金的设立对于充分发挥政府在文化产业发展中的引导、扶持、推动、调控和服务作用起着举足轻重的作用，各省市文化产业专项资金支持力度指数的大幅提高，也表明各省市从专项资金角度对文化产业发展的支持力度在加大。

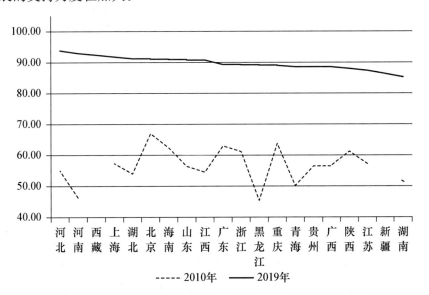

图 3-32　2010 年、2019 年中国部分省市文化产业专项资金支持力度指数对比折线图

自 2003 年云南省政府率先设立每年 1 500 万元的专项资金后,国家和其他地方政府纷纷设立文化产业发展专项基金。截至目前,全国大部分省市都设立了文化产业发展专项资金,一些经济发达地区的二、三线城市乃至一些县级市也设立了文化产业专项资金。这些资金以一次性补助、贷款贴息、陪同投入、配套投入、奖励等多种形式,通过项目带动,对演艺业、娱乐业、文化会展业、网络文化产业等新兴文化产业以及独具地方特色的文化产业进行了重点资助,有力地推动了当地文化产业的发展。2010 年财政部印发了《文化产业发展专项资金管理暂行办法》,以推进各地规范、有效地使用日益增加的文化产业专项资金,优化资金投向,更好地发挥引导示范和带动作用。2015 年财政部下拨文化产业专项资金 50 亿元,共支持文化产业项目 850 个,项目数较 2014 年增长 6.25%,文化产业专项资金支持力度越来越大。2016 年,文化部配合财政部组织中央财政文化产业发展专项资金等重大项目申报评审,共推荐 385 个项目,支持金额 7.17 亿元,有力地推动了文化体制改革和文化产业发展。2017 年财政部下拨了文化产业发展专项资金总计约 32.56 亿元,其中重大项目方面 18.65 亿元,市场化配置方面 13.90 亿元。重大项目方面,北京获得 14.86 亿元,居全国首位,浙江、江苏、上海紧随其后,也获得了过亿元资金。2018 年,中央财政通过继续实施"三馆一站"免费开放、非物质文化遗产保护、公共数字文化建设等文化项目,共落实中央补助地方文化专项资金 50.51 亿元。

(2) 政策支持。

从总体来看,2010—2019 年中国各省市文化产业政策支持指数呈上升趋势(见图 3-33)。2010 年文化产业政策支持指数平均值为 61.85,2019 年这个数值上升至 87.56,上升幅度为 41.57%。其中,河南上升幅度最大,文化产业政策支持指数由 2010 年的 55.20 上升为 2019 年的 94.01,增加了 38.81,增幅达到 70.31%;另外,河南、黑龙江、河北、江西等 7 个省市增幅超了 50%。此外,山东、辽宁、贵州、内蒙古、甘肃、浙江等 11 个省市增幅在 35%～50% 之间;陕西、吉林、山西、北京、湖南、天津等 11 个省市增幅在 10% 左右。29 个省市文化产业政策支持指数均呈现正增长态势。

政策支持为文化产业生存和发展提供了重要的保障,是文化产业成长和壮大的强大推动力。2014 年以来,我国支持文化产业发展的政策频出,力度空前,发布了《国务院关于推进文化创意和设计服务与相关产业融合发展的若干意见》《关于大力支持小微文化企业发展的实施意见》《关于加快构建现代公共文化服务体系的意见》等政策,文化产业迎来了新的发展机遇。在政策支持下,文化产业与相关产

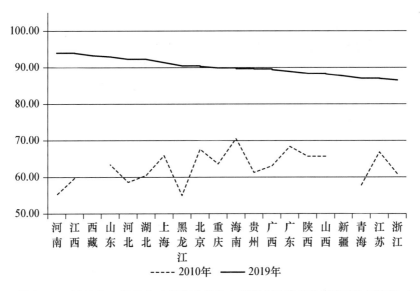

图 3 - 33 2010 年、2019 年中国部分省市文化产业政策支持指数对比折线图

业融合发展的趋势凸显；以资本为纽带，文化产业并购重组风起云涌，以整合资源、突出主业、做大做强为重点，国有文化企业实力和控制力不断增强，涌现出了一批总资产和总收入超过或接近百亿元的大型骨干文化企业。与此同时，文旅主导部门通过积极的政策导向来提振文旅产业发展，通过鼓励以地方政府为主体创建一批国家级品牌来进一步推动文旅产业发展，目前文化和旅游产业方面的国家级品牌有文化产业示范园区、国家级旅游度假区、文化科技融合基地、文化金融合作示范区、夜间文旅消费集聚区、文旅产业融合示范区、全国乡村旅游重点村等。

（3）公共服务满意度。

公共服务满意度主要指对公共服务环境的满意度。公共服务环境是为文化产业提供支持的重要主体，是文化产业发展的主要后备力量。公共服务环境包含的要素较多，如基础设施（交通、通信、空间等）、行政服务、产业协会服务等。

从总体来看，2010—2019 年各省市文化产业公共服务满意度指数呈上升趋势（见图 3 - 34）。2010 年文化产业公共服务满意度指数平均值为 66.43，2019 年这个数值上升至 90.28，增加了 23.85，上升幅度为 35.90%。2010—2019 年 29 个省市的文化产业公共服务满意度指数均实现了正增长，其中上升最多的是青海，由 2010 年的 59.71 增加到 2019 年的 90.66，增加了 30.95 分，增幅高达 51.83%；四川的文化产业公共服务满意度指数增幅也超过了 50%；河南、北京、江西、内蒙古、黑龙江、浙江、上海等 19 个省市增幅超过了 30%；甘肃、湖南、海南、吉林等 7 个省市增幅超过 25%，宁夏的公共服务满意度指数增长幅度最小，但十年间也达到了 20.5%。

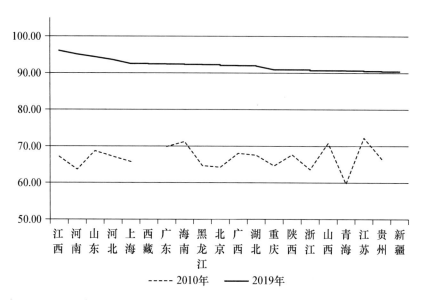

图 3 - 34   2010 年、2019 年中国部分省市文化产业公共服务满意度指数对比折线图

（4）公共环境小结。

通过上述对公共环境三个指标变量的分析，可以得出文化产业公共环境变化的原因。如图 3 - 35 所示，2010—2019 年中国各省市文化产业公共环境指数有所上升，由 2010 年的 61.40 增加到 2019 年的 88.38，增幅为 43.94%，这是文化产业公共环境的三个指标共同作用的结果。三个指标当中，文化产业专项资金支持力度增幅最为明显，超过了 60%，而政策支持、公共服务满意度增幅均在 35% 以上，所以专项资金支持力度的加大对公共环境的优化起到的作用更为突出。黑龙江和河南在这三个变量的评价中，三项指标均在前列，公共环境指标指数增幅明显，增幅均超过了

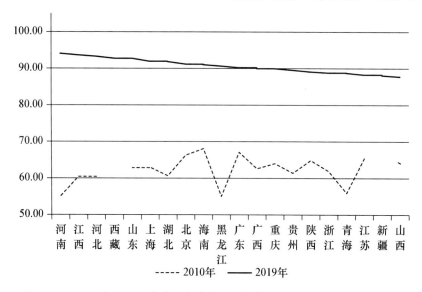

图 3 - 35   2010 年、2019 年中国部分省市文化产业公共环境指数对比折线图

60％。青海、江西、河北、湖北、辽宁、四川等 15 个省市增长也较多，增幅均在 40％以上。此外，湖南、吉林、北京、陕西、山西等 12 个省市增幅超过 30％。

3. 创新环境分析

文化产业的快速发展与传播高度依赖相关科学技术的发展水平，其中文化科技、科研单位人均科研经费，文化部门科研机构高级职称就业人员每百万人拥有量以及国际交流水平是创新环境方面三个重要的指标。

前面已经提到，在驱动力指数的三个分指标中，2010—2019 年创新环境指数平均值上升了 10.98％，上涨幅度不明显，是三个指标中涨幅最小的指标。下面通过三个重要测度变量来分析一下创新环境指数变化的具体原因。

（1）文化科技、科研单位人均科研经费。

从总体来看，2010—2019 年各省市文化科技、科研单位人均科研经费指数平均值仅微弱上涨。2010 年文化科技、科研单位人均科研经费指数平均值为 69.01，2019 年这个数值小幅上升至 69.35，仅增加了 0.34，增幅为 0.49％。其中，2010—2019 年 29 个省市文化科技、科研单位人均科研经费指数增加最多的是重庆（见图 3-36），增幅为 57.63％，表明重庆文化科技、科研单位人均科研经费有了大幅提高；天津、北京、浙江增幅也较大，增长幅度均超过 20％；此外，吉林、黑龙江、贵州、江苏、山东、河北等 13 个省市也都有不同程度的增长。安徽、辽宁、河南、广西、四川、福建等 12 个省市下降，福建、江西、广东 3 个省的下降幅度最大，均超过了 20％，下降幅度较明显，这些省市的文化科技、科研单位人均科研经费还需进一步提升。

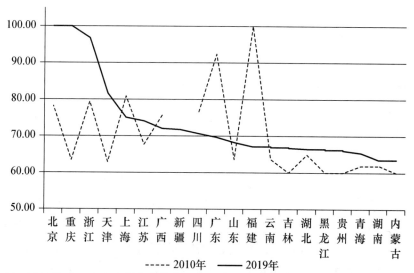

图 3-36　2010 年、2019 年中国部分省市文化科技、科研单位人均科研经费指数对比折线图

（2）文化部门科研机构高级职称就业人员每百万人拥有量。

从总体来看，2010—2019年各省市文化部门科研机构高级职称就业人员每百万人拥有量指数平均值呈现下降趋势。2010年各省市文化部门科研机构高级职称就业人员每百万人拥有量指数平均值为76.01，2019年下降为66.28，降低了9.73，下降幅度达到12.80%。2010—2019年各省市文化部门科研机构高级职称就业人员每百万人拥有量指数上升的省市仅有吉林和海南，上升幅度分别为8.24%和4.63%；其他省市都有所下降，下降幅度较大的为陕西和甘肃，下降幅度均超过30%（见图3-37），河南、云南、浙江、河北等9个省市下降幅度也较大，降幅超过15%。总体而言，2019年各省市文化部门科研机构高级职称就业人员每百万人拥有量指数总体呈现下降趋势，下降幅度较为明显。从全国范围来看，绝大部分省市还需要进一步培养、增加文化部门科研机构高级职称就业人员，壮大文化部门科研机构高级职称人员队伍，提高文化产业就业人员的整体素质，为文化产业发展提供有力的智力支撑和人才保障。

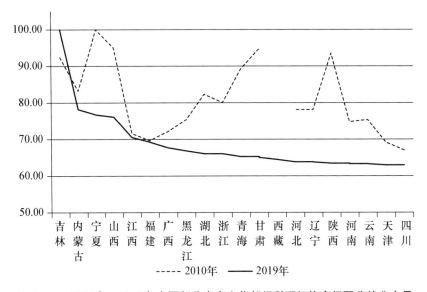

图3-37 2010年、2019年中国部分省市文化部门科研机构高级职称就业人员每百万人拥有量指数对比折线图

（3）国际交流水平。

从总体来看，2010—2019年各省市文化产业国际交流水平指数有明显的上升，上升幅度较大（见图3-38）。2010年各省市文化产业国际交流水平指数平均值为53.36，2019年为84.43，增加了31.07，增幅为58.23%，增长迅速。其中，河南增长幅度最大，由2010年的44.00上升为2019年的92.96，翻了一番多；贵州、河北、青海、江西4个省市增长也较快，增幅均超过80%；甘肃、湖北、浙江、吉林、宁夏、黑龙江等15个省市增幅超过50%；山西、海南、天津、山东、北京等

8 个省市的增幅超过 30%；重庆增幅最小，为 24%。

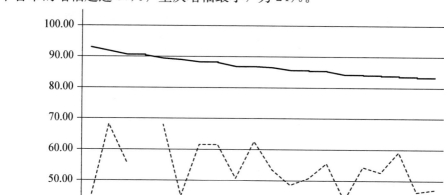

图 3-38　2010 年、2019 年中国部分省市文化产业国际交流水平指数对比折线图

（4）创新环境小结。

通过上述对创新环境三个指标变量的分析，可以得出文化产业创新环境变化的原因。如图 3-39 所示，2010—2019 年中国各省市文化产业创新环境有所优化，大部分省市创新环境指数正增长，平均增长了 11.11%，这是文化产业创新环境指数的三个指标共同作用的结果。三个指标当中，国际交流水平指数增幅明显，达到了58.23%，文化科技、科研单位人均科研经费指数稍有增加，而文化部门科研机构高级职称就业人员每百万人拥有量指数出现了一定程度的下降，所以需要在研发经费和人才方面加大投入。

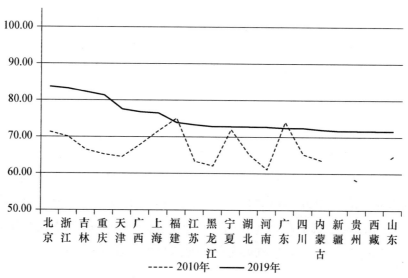

图 3-39　2010 年、2019 年中国部分省市文化产业创新环境指数对比折线图

贵州由于国际交流水平指数增幅明显，创新环境指数增幅达到 26.07%；重庆、吉林和天津增幅也超过了 20%，河南、浙江、黑龙江、北京、湖南、江苏等 14 个省市创新环境指数增幅也超过了 10%。云南、青海、上海、辽宁等 7 个省市都实现了个位数增长。其他省市都有不同程度的下降，广东和陕西两个省市下降超过 2%。陕西由于文化科技、科研单位人均科研经费指数以及文化部门科研机构高级职称就业人员每百万人拥有量指数下降幅度明显，从而导致创新环境名次下降较多。

4. 驱动力指数影响因素分析

前文分别对驱动力指数的三个分指标市场环境指数、公共环境指数以及创新环境指数进行了详细的分析，由此可以对各省市驱动力指数的变动原因做出分析。2010—2019 年北京、上海、浙江等省市由于政府在市场需求、融资渠道、政策、行业协会等方面的大力支持，因此文化产业市场环境、公共环境和创新环境三个指数都涨幅明显，进而进入驱动力指数前 10 名的行列，其他省市在政府支持上还需进一步加大力度。

四、中国省市文化产业综合指数变动特征及其原因分析

2010—2019 年中国省市文化产业发展指数的变动情况反映了我国文化产业发展的变动状况，以及不同要素对各省市文化产业发展的影响，据此可以发现各省市文化产业发展的优势与短板，为全面了解中国省市文化产业发展特征提供依据。

(一) 中国省市文化产业综合指数变动特征

中国省市文化产业综合指数从整体上反映了一个省市文化产业发展的综合水平。近年来，我国文化产业综合发展水平稳定上升，2010—2019 年中国省市文化产业发展指数连续十年保持了正增长的态势。

1. 综合指数数值变动特征

(1) 总体变动情况。

由表 3-16 和图 3-40 可知，2010—2019 年中国各省市文化产业综合指数整体保持了持续增长，但上升的幅度较小。图 3-40 的数据显示，从总体增长幅度来看，29 个省市平均增长了 6.97，说明各省市文化产业发展的整体水平有小幅提升。相比于 2010 年，2019 年 29 个省市文化产业综合指数都有不同程度的上升。从十年

具体变化过程来看，2010—2019 年各省市文化产业综合指数逐年稳步增长。

表 3 - 16 2010—2019 年中国部分省市文化产业综合指数数值变动情况表

排名	省市	2010 年	2011 年	2012 年	2013 年	2014 年	2015 年	2016 年	2017 年	2018 年	2019 年	十年变动值
1	黑龙江	63.57	68.9	70.03	70.32	69.66	69.69	71.04	72.79	74.22	75.40	11.83
2	河南	66.44	67.9	69.59	73.04	72.24	71.98	72.92	73.48	75.56	76.92	10.48
3	河北	66.37	71.5	72.11	74.00	75.21	74.69	72.95	74.33	75.56	76.54	10.17
4	内蒙古	66.61	71.6	71.54	71.52	69.86	70.52	72.59	71.68	75.55	75.94	9.33
5	重庆	68.75	71.4	72.80	71.44	71.84	72.41	73.63	73.99	77.17	77.97	9.22
6	吉林	67.09	72.5	73.09	72.05	69.99	72.88	70.75	71.48	74.64	75.97	8.88
7	江西	66.84	72.4	71.15	72.81	74.04	73.02	74.03	71.20	74.19	75.38	8.54
8	湖北	67.05	69.4	70.64	72.51	70.77	72.09	72.15	72.41	74.55	75.36	8.31
9	山东	70.25	75.7	73.72	77.07	77.67	78.12	74.98	77.85	79.79	78.51	8.26
10	贵州	65.95	66.8	68.77	70.43	70.31	71.28	71.10	71.26	73.09	73.98	8.03
	均值	66.89	70.82	71.34	72.52	72.18	72.67	72.61	73.05	75.43	76.20	9.31

注：本表只显示了我国 2010—2019 年文化产业综合指数变动值排名前 10 位的省市的情况。

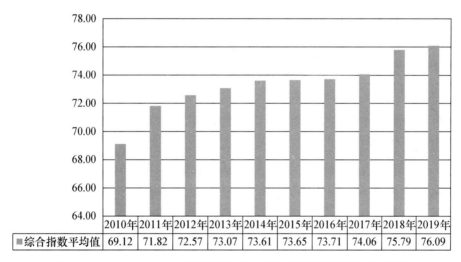

	2010年	2011年	2012年	2013年	2014年	2015年	2016年	2017年	2018年	2019年
■综合指数平均值	69.12	71.82	72.57	73.07	73.61	73.65	73.71	74.06	75.79	76.09

图 3 - 40 2010—2019 年中国部分省市文化产业综合指数平均值对比图

（2）具体变动情况。

2010—2019 年 29 个省市文化产业综合指数均实现了正增长，即这些省市文化产业总体发展水平都有所提高。其中黑龙江、河南、河北 3 个省市综合指数增加非常明显，均增加了 10 以上（参见图 3-41）。内蒙古、重庆、吉林、江西、湖北、山东、贵州、天津等 20 个省市综合指数也增加较多，均超过 5。海南、云南、北京、山西、上海、辽宁 6 个省市综合指数增加较少，不足 5，微弱上升。

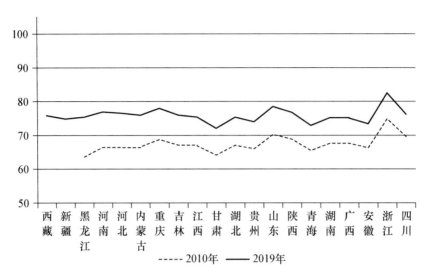

图 3－41　2010 年、2019 年中国部分省市文化产业发展综合指数变动图

（3）区域变动情况。

2010—2019 年综合指数数值增幅前 10 名中，黑龙江、河南、内蒙古、重庆、吉林、江西、湖北、贵州 8 个省市都来自中西部地区，说明经济不甚发达地区在文化产业上发展增速更加显著。可见，中西部地区文化产业相对于总体来说，呈现出较为明显的上升态势。

2. 综合指数排名变动特征

从各省市排名变化情况来看，2010—2019 年 29 个省市排名出现了一定程度的变化，多数省市变化幅度不大。具体来说，2010 年排名前 10 位的省市大多数仍在 2019 年的前 10 位当中，仅有小幅变动（见表 3－17）。其中北京、上海、广东、浙江、江苏十年间基本上稳居前 5 位，北京市除 2015 年排名仅次于上海之外，十年间有九年排名第 1 位。这 5 个省市连续十年文化产业综合指数排名基本位列前 5 位，反映了这些省市强大的文化产业发展能力以及持续稳定的文化产业发展势头。

2010—2019 年排名上升幅度最大的是河南省，2010 年排名第 23 位，在 2019 年排名进入前 10，排名上升了 15 位。此外，河北十年间排名上升了 13 位，说明这些省市在这十年间文化产业发展整体取得了显著的成绩，发展成效显著。黑龙江、内蒙古、重庆、吉林 4 个省市上升了不少于 5 个位次，这些省市的文化产业发展也取得了较大的进步。陕西、山东、江西等 6 个省市排名至少上升了 2 位，排名变动较小的是湖北、北京、广东、四川 4 个省市，这些省市的综合指数排名基本没有发生变化，上升或下降均在 1 个位次以内。甘肃、云南、山西、辽宁等 7 个省市 排 名

表3-17 2010—2019年中国部分省市文化产业综合指数对比表

2010年 排名	省市	2011年 排名	省市	2012年 排名	省市	2013年 排名	省市	2014年 排名	省市	2015年 排名	省市	2016年 排名	省市	2017年 排名	省市	2018年 排名	省市	2019年 排名	省市	十年变动
1	北京	1	北京	1	北京	1	北京	1	北京	1	上海	1	北京	1	北京	1	北京	1	北京	0
2	上海	2	广东	2	上海	2	广东	2	江苏	2	北京	2	上海	2	上海	2	浙江	2	浙江	2
3	广东	3	上海	3	天津	3	上海	3	浙江	3	江苏	3	江苏	3	江苏	3	江苏	3	江苏	2
4	浙江	4	浙江	4	广东	4	浙江	4	广东	4	浙江	4	浙江	4	浙江	4	上海	4	广东	-1
5	江苏	5	江苏	5	浙江	5	江苏	5	上海	5	广东	5	广东	5	山东	5	广东	5	上海	-3
6	辽宁	6	山东	6	江苏	6	山东	6	山东	6	山东	6	山东	6	广东	6	山东	6	山东	3
7	福建	7	天津	7	四川	7	天津	7	辽宁	7	福建	7	四川	7	湖南	7	湖南	7	重庆	7
8	天津	8	四川	8	山东	8	福建	8	河北	8	四川	8	天津	8	四川	8	重庆	8	河南	15
9	山东	9	辽宁	9	福建	9	四川	9	湖南	9	湖南	9	江西	9	天津	9	福建	9	陕西	4
10	山西	10	福建	10	辽宁	10	辽宁	10	江西	10	河北	10	辽宁	10	河北	10	天津	10	福建	-3
11	四川	11	山西	11	吉林	11	河北	11	四川	11	辽宁	11	重庆	11	海南	11	四川	11	河北	13
12	海南	12	吉林	12	重庆	12	陕西	12	山西	12	安徽	12	湖南	12	陕西	12	河北	12	四川	-1
13	陕西	13	陕西	13	山西	13	安徽	13	福建	13	江西	13	福建	13	重庆	13	河南	13	吉林	6
14	重庆	14	江西	14	河北	14	河南	14	青海	14	吉林	14	河北	14	辽宁	14	内蒙古	14	内蒙古	8
15	宁夏	15	湖南	15	陕西	15	江西	15	安徽	15	云南	15	河南	15	河南	15	广西	15	西藏	—

下降较多，下降了不少于5个位次。其中，辽宁排名下降幅度最大，十年间下降了22个位次。

3. 综合指数增长速度变动特征

2010—2019年中国省市文化产业综合指数全部呈现正增长，29个省市的综合指数增长率基本可以分为四个梯队。第一梯队为黑龙江、河南、河北3个省市，这3个省市的文化产业发展水平增长速度非常快，增长幅度均在15%以上，其中，黑龙江增幅最大，综合指数由2010年的63.57上升到2019年的75.40，增幅为18.61%（参见表3-18和图3-42）；第二梯队为内蒙古、重庆、吉林、江西、甘肃、

表3-18　2010—2019年中国部分省市文化产业综合指数增速表

增速排名	省市	2010年	2011年	2012年	2013年	2014年	2015年	2016年	2017年	2018年	2019年	十年增速
1	黑龙江	63.57	68.9	70.03	70.32	69.66	69.69	71.04	72.79	74.22	75.40	18.61%
2	河南	66.44	67.9	69.59	73.04	72.24	71.98	72.92	73.48	75.56	76.92	15.77%
3	河北	66.37	71.5	72.11	74.00	75.21	74.69	72.95	74.33	75.56	76.54	15.32%
4	内蒙古	66.61	71.6	71.54	71.52	69.86	70.52	72.59	71.68	75.55	75.94	14.01%
5	重庆	68.75	71.4	72.80	71.44	71.84	72.41	73.63	73.99	77.17	77.97	13.41%
6	吉林	67.09	72.5	73.09	72.05	69.99	72.88	70.75	71.48	74.64	75.97	13.24%
7	江西	66.84	72.4	71.15	72.81	74.22	73.02	74.03	71.20	74.19	75.38	12.78%
8	甘肃	64.09	61.3	65.76	68.70	68.77	68.83	70.10	69.65	71.48	72.06	12.44%
9	湖北	67.05	69.4	70.64	72.51	70.77	72.09	72.15	72.41	74.55	75.36	12.39%
10	贵州	65.95	66.8	68.77	70.43	70.31	71.28	71.10	71.26	73.09	73.98	12.18%

注：本表只显示了我国2010—2019年文化产业综合指数增速排名前10位的省市的情况。

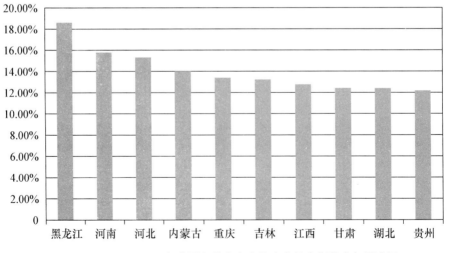

图3-42　2010—2019年中国部分省市文化产业综合指数十年增速图

湖北、贵州等 14 个省市，这些省市增长速度略逊于第一梯队，均超过了 10%，增长幅度也非常可观；第三梯队为四川、江苏、福建、宁夏、天津等 10 个省市，这些省市增长速度较快，增长幅度不低于 5%；第四梯队为上海、辽宁 2 个省市，这 2 个省市的增长幅度低于 5%，文化产业发展有小幅进步。

4. 综合指数变异系数变动特征

（1）总体变动情况。

如表 3 - 19 和图 3 - 43 所示，从总体来看，2010—2019 年大部分省市综合指数变异系数有所下降。2019 年各省市综合指数变异系数均值比 2010 年降低了 0.039，降幅高达 43.68%。可见，各省市之间文化产业发展的均衡性显著提高。

（2）具体变动情况。

由表 3 - 19 可知，2010—2019 年山西、湖南、四川、河南、河北、浙江等 11 个省市综合指数变异系数大幅减小，下降幅度超过 50%，说明这些省市十年间文化产业发展均衡性显著提升。其中，广西、江苏、上海 3 个省市的变异系数下降幅度超过 80%，均衡性大幅增强。重庆、北京、天津、云南等 9 个省市变异系数也明显降低，降低幅度在 20%～50% 之间，均衡性明显增强。海南、福建、宁夏、吉林、陕西的变异系数增大，海南变异系数由 2010 年的 0.048 增加到 2019 年的 0.081，增幅接近 70%，均衡性问题有所加剧，文化产业发展的不均衡性需要重点改善。

表 3 - 19　2010—2019 年中国各省市文化产业综合指数变异系数变动情况表

省市	2010 年	2011 年	2012 年	2013 年	2014 年	2015 年	2016 年	2017 年	2018 年	2019 年	十年增加值
海南	0.048	0.108	0.034	0.031	0.044	0.088	0.083	0.052	0.092	0.081	0.033
福建	0.062	0.037	0.032	0.036	0.028	0.059	0.015	0.109	0.096	0.088	0.026
吉林	0.057	0.036	0.053	0.043	0.007	0.062	0.028	0.038	0.058	0.070	0.013
陕西	0.043	0.047	0.032	0.017	0.012	0.023	0.026	0.032	0.058	0.050	0.007
宁夏	0.019	0.042	0.067	0.068	0.094	0.061	0.041	0.046	0.048	0.026	0.007
湖北	0.073	0.055	0.033	0.018	0.012	0.015	0.003	0.015	0.023	0.067	−0.006
江西	0.065	0.058	0.039	0.034	0.045	0.026	0.024	0.020	0.026	0.056	−0.009
青海	0.076	0.016	0.024	0.012	0.088	0.099	0.078	0.037	0.069	0.064	−0.012
内蒙古	0.079	0.049	0.070	0.045	0.021	0.017	0.032	0.036	0.033	0.065	−0.014
重庆	0.077	0.037	0.050	0.028	0.047	0.046	0.059	0.075	0.071	0.059	−0.018
天津	0.074	0.031	0.020	0.073	0.023	0.026	0.051	0.056	0.078	0.050	−0.024
甘肃	0.064	0.137	0.036	0.012	0.005	0.028	0.020	0.053	0.061	0.039	−0.025
北京	0.095	0.094	0.023	0.012	0.031	0.091	0.094	0.071	0.111	0.069	−0.026
云南	0.106	0.045	0.023	0.014	0.011	0.029	0.026	0.032	0.098	0.071	−0.035

续表

省市	2010年	2011年	2012年	2013年	2014年	2015年	2016年	2017年	2018年	2019年	十年增加值
广东	0.089	0.081	0.070	0.074	0.056	0.039	0.032	0.017	0.025	0.051	−0.038
山西	0.070	0.046	0.054	0.050	0.040	0.003	0.033	0.028	0.047	0.031	−0.039
黑龙江	0.088	0.030	0.038	0.044	0.009	0.013	0.032	0.016	0.009	0.045	−0.043
山东	0.104	0.020	0.007	0.038	0.043	0.069	0.069	0.017	0.053	0.056	−0.048
贵州	0.109	0.040	0.058	0.046	0.046	0.088	0.037	0.053	0.077	0.059	−0.050
湖南	0.103	0.069	0.031	0.018	0.045	0.021	0.020	0.049	0.073	0.045	−0.058
河北	0.086	0.050	0.042	0.016	0.021	0.006	0.017	0.053	0.042	0.028	−0.058
广西	0.078	0.068	0.056	0.054	0.014	0.007	0.030	0.041	0.045	0.015	−0.063
四川	0.119	0.019	0.045	0.050	0.049	0.012	0.028	0.030	0.026	0.050	−0.069
安徽	0.098	0.078	0.055	0.029	0.034	0.028	0.016	0.019	0.019	0.024	−0.074
河南	0.140	0.050	0.037	0.018	0.034	0.035	0.013	0.014	0.030	0.055	−0.085
上海	0.097	0.096	0.057	0.064	0.066	0.082	0.052	0.057	0.082	0.010	−0.087
浙江	0.127	0.088	0.036	0.035	0.044	0.044	0.009	0.120	0.078	0.040	−0.087
辽宁	0.131	0.040	0.024	0.018	0.051	0.070	0.023	0.040	0.026	0.039	−0.092
江苏	0.142	0.069	0.025	0.021	0.040	0.038	0.018	0.014	0.017	0.026	−0.116
西藏	—	—	—	0.024	0.087	0.028	0.051	0.051	0.072	0.022	—
新疆	—	—	—	0.032	0.058	0.022	0.050	0.083	0.067	0.050	—
均值	0.087	0.027	0.040	0.035	0.039	0.041	0.036	0.044	0.055	0.048	−0.039

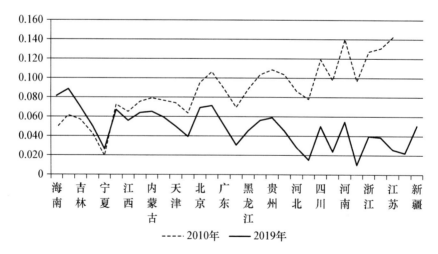

图 3-43　2010 年、2019 年中国部分省市文化产业综合指数变异系数变动情况图

（二）中国省市文化产业综合指数变动原因分析

1. 综合指数变动原因分析

文化产业综合指数是由三个文化子要素（产业生产力、产业影响力、产业驱动力）等权平均得出的，它系统地反映了一个省市文化产业发展的综合水平。文化产业综合指数的变动特征是三个子要素变动综合作用的结果。根据本章前三节对文化产业三个分指标的变动特征及其原因的分析，不难解释综合指数的变动特征。

2010—2019 年，河南文化产业生产力和驱动力指数快速增长，综合指数排名上升最快，并在 2019 年排名进入前 10 名。河北文化产业生产力、驱动力和影响力指数大幅提升，进步名次仅次于河南。黑龙江文化产业影响力大幅提升，由 2010 年的第 27 名上升至 2019 年的第 11 名，综合指数也有较大幅度的提升；黑龙江文化产业驱动力也大幅提升，名次也实现了较大提升，综合指数排名在十年间上升了 8 位。北京、上海、浙江等省市综合指数排名变化较小。辽宁生产力、影响力指数大幅下降，山西生产力、驱动力指数大幅下降，导致这两个省的综合指数排名下降幅度较大，其中辽宁排名下降了 22 位。

2. 变异系数变动原因分析

文化产业发展不均衡始终是我国文化产业发展面临的一个严峻问题，综合指数排名靠前的几个省市，变异系数较大，存在较严重的短板因素。以文化产业综合指数排名第 1 的北京市为例，综合指数近六年在 81 以上，属于文化产业发展的领军省市，但是存在如下制约因素：

（1）文化氛围有待进一步改善。

2019 年北京市文化氛围指数在全国位于第 11 位，处于中等偏上水平。文化氛围的改善对于营造良好的文化产业发展环境、调动文化产业参与主体的积极性、激发文化消费、提升文化产业发展水平都具有重要的指导作用，因此，北京市还需在文化氛围的营造方面加大力度。

（2）文化资本投入力度有待提升。

文化产业的发展离不开文化资本的加持，为文化产业发展营造良好的营商和成长空间离不开文化资本的大力投入，要注重提升文化资本投入的总量，拓宽文化资本投资的渠道。2019 年北京市文化资本指数在全国位列第 19 位，文化资本指数相对较低，与北京文化产业综合指数排名第 1 的水平不相符。因此，北京还需要在文化资本投入方面进一步加大促进力度，打造多元的投融资渠道，降低文化产业投融资的门槛。

（3）公共服务提供需进一步加强。

2019年北京市的公共服务满意度位于全国第10名，公共服务的数量和质量还需要进一步提高。文化产业的发展需要通过提供质高量多的公共服务来进行支撑，当前北京市发展文化产业的公共服务水平还不够高，在提供公共服务方面还需要进一步加强，为文化产业发展打好基础。

（4）市场环境仍有提升空间。

尽管从综合指数来看北京市排名第1，但北京市的市场环境有进一步的提高空间。2019年北京市综合指数位居全国第1名，但是市场环境中的文化消费支出指数仅为全国第21名，市场环境指数排第10名，与其综合指数排名靠前的位次不符，因而需要在提升文化消费、改善市场环境方面进一步努力。

第四章 2019 年中国文化产业发展区域分析

近年来，在党的十九大强调坚定文化自信的指引下，在国家一系列文化产业相关政策措施和文化体制机制改革等的推动下，各省市积极推动文化产业持续健康发展，完善现代文化产业体系，向着实现使文化产业成为国民经济支柱性产业的目标不断奋进。本章将通过分析 2018—2019 年各省市文化产业发展综合指数以及其一级和二级指数来阐述我国文化产业发展的区域特征，并对发展强势地区和弱势地区的特征、决定要素和典型省市进行重点分析。

一、中国文化产业发展区域特征

由于不同省市资源禀赋、产业要素、发展环境等的差异，文化产业发展也呈现出了不同的区域特征。本节通过深入研究生产力指数、影响力指数和驱动力指数及其细分指标数据，对我国各省市文化产业的特征进行总结分析。

（一）中国文化产业发展区域现状

从 2018 年和 2019 年文化产业发展综合指数来看（见图 4-1、图 4-2），区域发展指数呈阶梯状分布，其中北京、浙江、江苏、广东、上海、山东连续两年的综合指数都在 78 分以上，这些省市是我国近两年内文化产业比较发达的区域；贵州、海南、山西、安徽、青海、云南、甘肃等的综合指数在 74 分以下，属于我国文化产业比较落后的区域；而重庆、河南、陕西、福建、河北、四川、吉林、内蒙古等是我国文化产业处于中间水平的区域。从图 4-1、图 4-2 中可以看出，文化产业综合指数排名靠前的省市大多位于经济发展水平比较高的地区，如排名靠前的 10 个省市中，2018 年和 2019 年分别有 8 个和 7 个来自经济相对发达的东部地区。文化产业综合指数排名靠后的省市有相当一部分位于经济发展水平比较低的地区，如排名靠后的 10 个省市中，2018 年和 2019 年分别有 7 个和 6 个来自经济欠发达的西部地区。

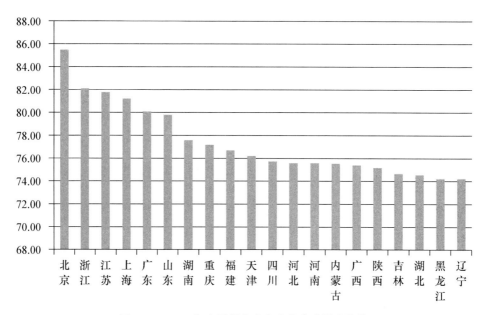

图 4-1　2018 年中国部分省市文化产业综合指数

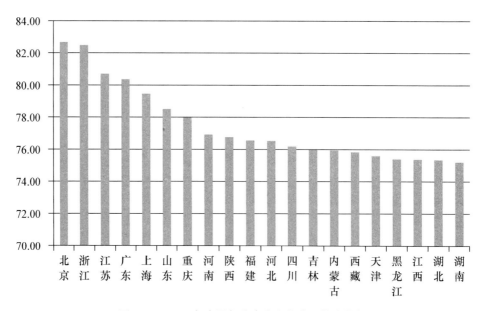

图 4-2　2019 年中国部分省市文化产业综合指数

从第二章第一节阐述的理论模型可知，文化产业综合指数是文化产业生产力指数、影响力指数、驱动力指数三个一级要素指标等权重平均得到的。图 4-3 和图 4-4 展示了 2018 年和 2019 年三个一级指标指数的折线图。

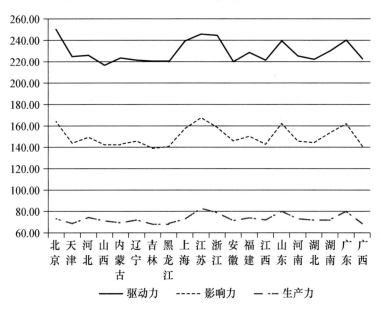

图 4-3　2018 年中国部分省市一级指标指数堆积折线图

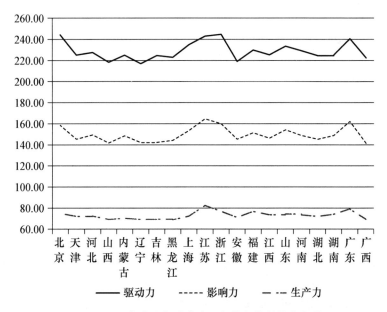

图 4-4　2019 年中国部分省市一级指标指数堆积折线图

从总体上来看，各个一级指标指数和综合指数的变动方向大体一致，但各个指标内部也存在不同程度的波动，且呈现出不同的特征。

1. 生产力指数

生产力指数主要衡量的是文化产业生产要素的投入情况。

从整体来看，2019 年生产力指数数值主要分布于 70～83 之间。江苏、广东、浙江连续两年生产力指数高于 76，说明这三个省在文化投入方面具有明显的优势，其中江苏两年均为最高，2018 年和 2019 年分别为 82.80 和 82.44（见图 4 - 5 和图 4 - 6）。黑龙江、新疆、海南、青海、甘肃生产力指数两年均低于 69，说明这五个省市文化投入相对不足。生产力指数的排名和综合指数的排名大体一致，2019 年生产力指数排名前 10 位的省市中，有 8 个进入了综合指数前 10 名之列，这充分说明了生产力投入对文化产业发展的影响作用，文化产业发达的地区大多有雄厚的资源条件。值得注意的是，生产力指数和综合指数在某些省市也存在着较大的差异。部分省市综合指数排名很靠前，但生产力指数排名居中甚至靠后，例如 2019 年上海综合指数位居第 5 位，但生产力指数排在第 14 位，吉林综合指数排在第 13 位，但生产力指数排在第 24 位，说明这些省市文化产业发展总体较好，但生产力表现不足，需要补齐短板。此外，也有部分省市生产力指数排名靠前，但综合指数排名相对靠后，其中差异最大的是湖南。湖南的生产力指数排名为第 9 位，但综合指数却排在第 20 位，这说明湖南省在发展文化产业的过程中，具有充足的可投入资源，各类文化产业生产要素投入力度较大，但却没有把握好资源优势，也可能是影响综合

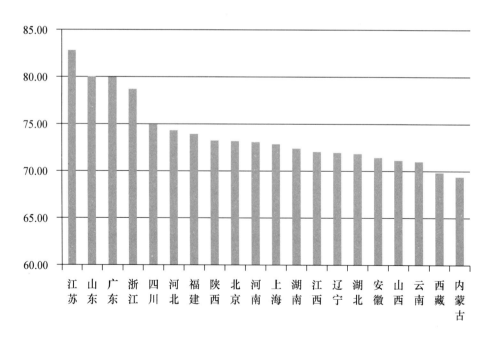

图 4 - 5　2018 年中国部分省市生产力指数

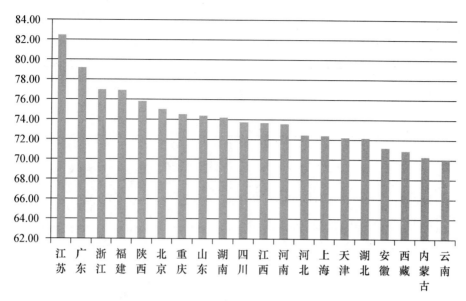

图 4-6 2019 年中国部分省市生产力指数

指数的其他因素过低而导致的。下面根据生产力指数的三个分指标对各省市的特征进行进一步的分析。

（1）文化资源。

文化资源是各种有形资源和无形资源的集合。有形资源主要包括物质文化遗产，如图书馆、博物馆、电影院及档案馆等；无形资源主要包括非物质文化遗产等。文化资源丰富与否的衡量指标是各种文化资源的数量。从图 4-7、图 4-8 可以看出，江苏、浙江、四川三个省市的文化资源指数连续两年超过了 73。其中，江苏在文化娱乐场所数量和艺术表演场馆座席数量上均遥遥领先于其他省市，浙江在艺术表演场馆座席数量上表现突出，四川则在艺术馆、文化馆、文化站数量和文化娱乐场所数量上有明显优势。2018 年和 2019 年文化资源指数在 70～78 之间的省市均有 9 个。北京在大学数量上具有绝对优势，同时在博物馆藏品数量上也有较好表现；陕西在博物馆文物藏品数量上位居全国第 1；西藏、广东在文化娱乐场所数量上排在全国前列，且西藏在非物质文化遗产名录数量（省级以上）上位居全国第 1。福建在艺术表演场馆座席数量上表现突出，上海在图书馆馆藏数量上遥遥领先。文化资源指数值在 70 以下的省市有 22 个，其中重庆、新疆、广西、青海、海南排名靠后。海南在博物馆文物藏品数量和艺术馆、文化馆、文化站数量上劣势明显，广西、重庆、青海、新疆在博物馆文物藏品数量上均排名靠后，青海在文化娱乐场所数量上排名倒数第 1。

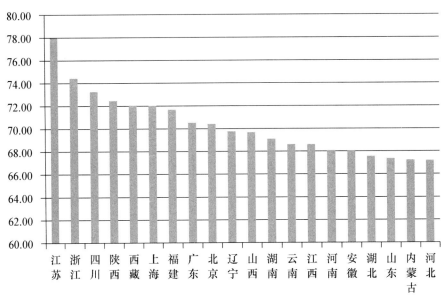

图 4-7 2018 年中国部分省市文化资源指数

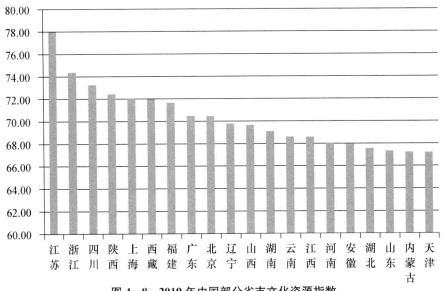

图 4-8 2019 年中国部分省市文化资源指数

（2）文化资本。

文化资本从各省市文化产业人均固定资产投资的角度来衡量产业生产力水平，进而评价各地文化产业发展水平。从图 4-9、图 4-10 中可以看出，2019 年重庆以 100 的指数值高居榜首，从 2018 年的第 24 名跃升至第 1 名且远高于其他省市，说明重庆文化资本投入力度猛增。从整体上来看，2019 年各省市的文化资本指数均有所提升，文化资本指数在 80 以上的省市由 2018 年的 4 个增加到 2019 年的 19 个。重庆、陕西、福建跃居文化资本的强势省市，文化资本指数超过 90。江西、天津、河北、江苏、山东、湖南、宁夏、河南、浙江、湖北、海南、贵州、内蒙古、广西、吉林、北京 16 个省市的文化资本指数在 80～90 之间,其他省市均低于 80。从实际的人均文化产业投资来看,各省市文化产业投资差异较大,在文化产业人均固定资产投资上,重庆最多,为 6 380.65 元;陕西次之,为 4 632.85 元;福建、江西分别为 4 540.25 元、4 054.52 元;其余省市人均固定资产投资都在 4 000 元以下,且有 8 个省市的人均投资在 2 000 元以下,辽宁最少,仅为 371.48 元。从数据上可以看出,我国文化产业的人均固定资产投资差异较大,而且投资水平整体较低,在很大程度上制约了我国文化产业的发展。因此,文化产业的固定资产投资力度有待加大。

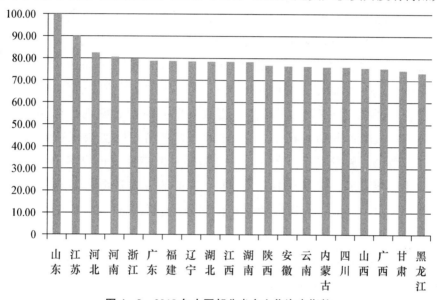

图 4-9 2018 年中国部分省市文化资本指数

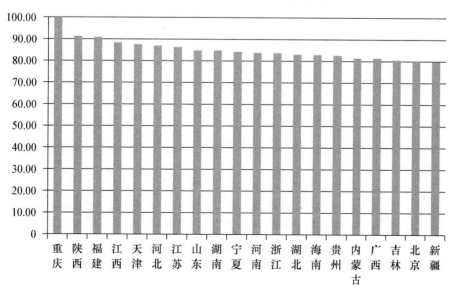

图 4-10 2019 年中国部分省市文化资本指数

（3）人力资源。

人力资源指数从所在地区文化产业就业人员数量方面来衡量产业生产力，由于文化产业属于智力密集型产业，因此相关专业人才的数量对各地区文化产业的发展有着举足轻重的作用。从图4-11、图4-12中可以看出，2018年、2019年两年广东在人力资源指数方面表现突出，和其他省市相比优势非常明显。而且从历年的数据可知，自2011年开始广东已经连续九年在这个指标上排名第1。这一方面是因为广东的文化产业规模比较大，可以提供更多的文化产业就业机会，相应地就需要更多的文化产业人才；另一方面是因为广东经济发展水平一直在全国名列前茅，可以为人才提供更好的物质生活条件和职业发展机会，因此对文化产业人才有较大的吸引力，其他省市尤其是周边省市的优秀人才可能会流向广东。2019年紧随其后的分别为江苏、北京、山东、浙江，均为东部省市，人力资源指数也都超过了75，它们也是文化人才大省。人力资源指数除前5名在75以上之外，其余省市都在65～75之间，相对比较集中。河南、湖南、福建、上海、湖北5个省市的人力资源指数在70～75之间，这些省市既需要保持对当地文化人才的培养与激励，激发文化人才活力，又需要采取措施引进更多的优秀人才，以此促进文化产业发展。除此之外，有21个省市的人力资源指数在65～70之间，其中新疆、宁夏、西藏、青海连续五年位列最后五名，这与它们的经济发展水平和文化产业发展水平有密切关系。

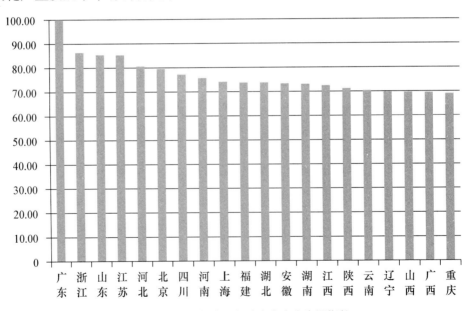

图4-11　2018年中国部分省市人力资源指数

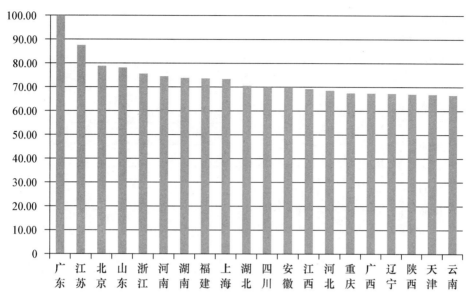

图 4 - 12　2019 年中国部分省市人力资源指数

2. 影响力指数

文化产业影响力指数衡量的是文化产业的产出状况，主要包括经济影响和社会影响两个方面。如图 4 - 13、图 4 - 14 所示，在文化产业影响力方面，2019 年指数值整体较 2018 年有所提升，所有省市指数值均跨过 70 分大关。北京、浙江、广东、江苏、上海 5 省市属于强势地区，指数值均超过 80，其中北京最高，2019 年影响力指数值为 83.48，但相对于 2018 年的 91.14 有所下降。同时，这 5 个省市的影响力指数与综合指数排名基本一致，这充分体现了产业影响力与文化产业发展的一致性。值得一提的是，新疆的影响力指数由 2018 年的 67.46 上升到 75.66，影响力指数上升幅度排名第 1。指数在 75～80 之间的省市有 8 个，包括山东、内蒙古、陕西、四川、河北、新疆、黑龙江、河南。广西、海南、贵州、青海指数位列最后四位，均低于 72，青海以 70.83 排名最后。虽然影响力指数与综合指数的排名大体相同，但需要指出的是，在某些省市中也存在很大的差异。部分省市综合指数排名靠前，但影响力指数排名居中甚至靠后，例如重庆综合指数排在第 7 位，但影响力指数排在第 18 位，说明影响力是重庆文化产业发展的劣势因素。此外，也有部分省市影响力指数排名靠前，但综合指数排名相对靠后，其中差异最大的是新疆，新疆的影响力指数排名为第 11 位，但综合指数排在第 22 位，这说明产业影响力是新疆发展文化产业的优势因素。由于产业影响力是通过经济影响和社会影响两个方面来衡量的，因此下文将针对这两个二级指标进行进一步分析。

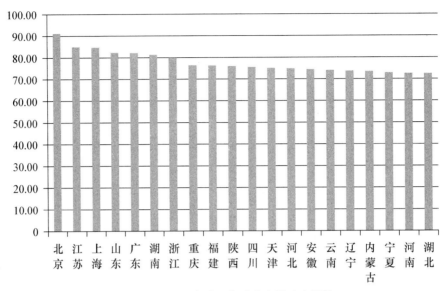

图 4－13　2018 年中国部分省市影响力指数

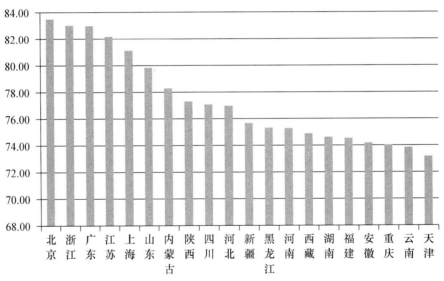

图 4－14　2019 年中国部分省市影响力指数

（1）经济影响。

文化产业经济影响指数主要考察文化产业总产出、文化产业人均收入和文化产业集聚效应的情况。如图 4－15、图 4－16 所示，2019 年，广东、北京、浙江、江苏、山东、内蒙古、上海的经济影响指数值均超过 75，依次位列前 7 名。2019 年，广东凭借文化产业总产出和文化产业基地数量的领先优势高居影响力榜首；北京的文化产业总产出指数和文化产业人均收入指数较 2018 年有所下降，但文化产业基地数量仍具优势，紧随其后；内蒙古凭借文化产业人均收入的突出表现位列第 6；

浙江、江苏、山东、上海在文化产业总产出、文化产业人均收入和文化产业基地数量三个方面表现比较均衡，分列第 3、4、5、7 名。四川、黑龙江、陕西、河北、辽宁、河南、湖南等 20 个省市的经济影响指数在 65～75 之间。海南、青海、广西、贵州的指数低于 65，位列最后 4 名，主要是文化产业总产出和人均收入均排名靠后，说明这些省市在文化产业经济效益方面处于劣势。

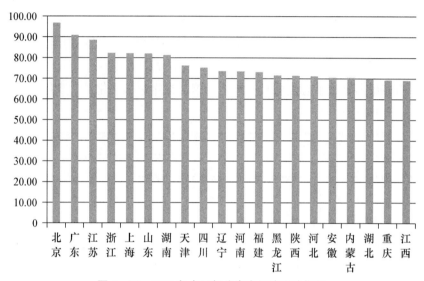

图 4－15　2018 年中国部分省市经济影响指数

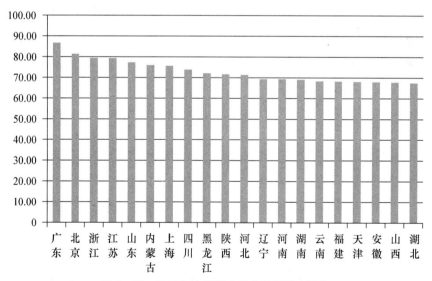

图 4－16　2019 年中国部分省市经济影响指数

（2）社会影响。

社会影响主要衡量的是文化产品与服务对消费者的影响，主要表现在影响人次、文化氛围、文化包容度、文化形象等方面。如图 4－17、图 4－18 所示，2019

年上海以 86.69 的指数值位居榜首，在各地区艺术馆、文化馆、文化站活动量上居首位，而且在各地区公共图书馆书刊文献总流通人次、文化氛围、文化包容度、文化形象方面均有较好表现，但在艺术表演观众人次方面排名靠后。浙江和北京紧随其后，浙江在各地区公共图书馆书刊文献总流通人次方面位列第 1，北京则在文化氛围、文化包容度、文化形象方面均表现较好。2019 年各省市社会影响指数值均超过 75，整体较 2018 年有所提升。在 80～85 之间的省市有 13 个，说明全国大部分省市文化产业的社会影响比较均衡。辽宁、青海、山西、甘肃、天津、黑龙江、吉林等 14 个省市的社会影响指数值在 75～79 之间，其中，多数省市是因为在艺术表演观众人次，公共图书馆书刊文献总流通人次，艺术馆、文化馆、文化站活动量上排名靠后。

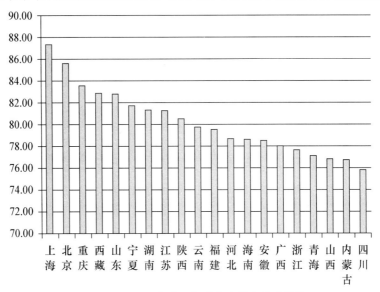

图 4-17　2018 年中国部分省市社会影响指数

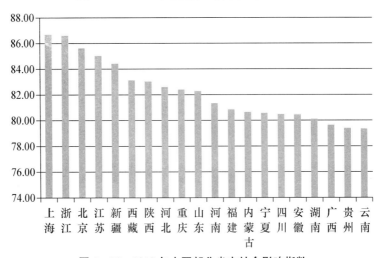

图 4-18　2019 年中国部分省市社会影响指数

3. 驱动力指数

驱动力指数主要衡量的是外部环境对文化产业发展所起到的推动作用，主要包括市场环境、公共环境、创新环境三个方面。从图 4－19、图 4－20 中可知，2019 年驱动力指数值整体变动不大，北京、浙江、重庆、吉林、上海、广西 6 个省市指数连续两年在 80 以上。天津、西藏、山东、湖北、江西、海南、黑龙江等 20 个省市的驱动力指数值在 75～80 之间，说明大多数省市文化产业驱动力比较均衡。云南、安徽、甘肃、辽宁驱动力指数值低于 75，排名靠后。将驱动力指数和综合指数

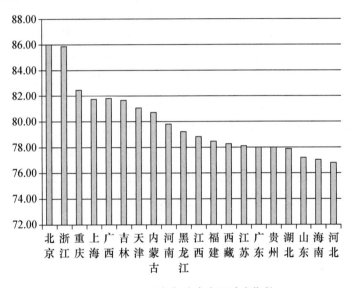

图 4－19 2018 年部分省市驱动力指数

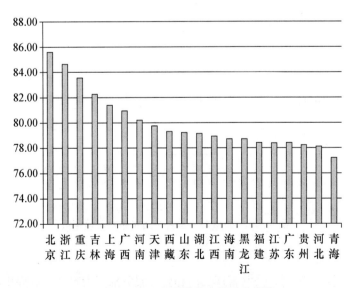

图 4－20 2019 年部分省市驱动力指数

比较可知，驱动力指数排名和综合指数排名之间的一致性较弱。值得一提的是，部分省市虽然文化产业发展程度普遍不高，但驱动力指数却位居前列，比如广西、海南综合指数仅分别排在第 21、25 位，但驱动力指数分别排在第 6、13 位，从中可以看出这些省市的政府为发展文化产业做出的努力。此外，也有部分省市综合指数较高，但驱动力指数排名靠后，比如江苏和广东综合指数分别高居第 3、4 位，但驱动力指数分别排在第 16、17 位，这些省市需要在提升文化产业驱动力上加大努力。

（1）市场环境。

市场环境指数反映了文化企业所处的社会经济环境的优劣程度，主要通过文化消费支出、行业协会所起作用、知识产权保护满意度、市场需求、融资渠道五个方面来衡量。如图 4 - 21、图 4 - 22 所示，2019 年海南、山东、河南、西藏、河北、江西、青海、贵州、陕西等 13 个省市的市场环境指数均在 85 以上，其中海南以 91.56 位居榜首。海南在文化消费支出方面实现了跨越式增长，跃居首位，直接带动了市场环境指数从 2018 年的第 14 位上升至 2019 年的第 1 位。山东、河南、西藏在行业协会所起作用、知识产权保护满意度、市场需求、融资渠道等方面均有较好的表现。同时需要注意的是，山东、青海、陕西凭借在文化消费支出方面的明显改善，分别从 2018 年的第 13 位、19 位、22 位上升到 2019 年的第 2 位、7 位、9 位。其余 18 个省市的市场环境指数均在 73~85 之间，说明这些省市的市场环境指数差别不大。

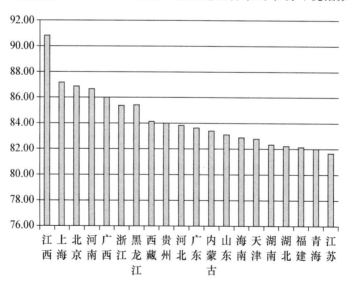

图 4 - 21　2018 年中国部分省市市场环境指数

（2）公共环境。

公共环境主要反映的是公共管理部门和公共服务部门为整个产业提供的发展环境，

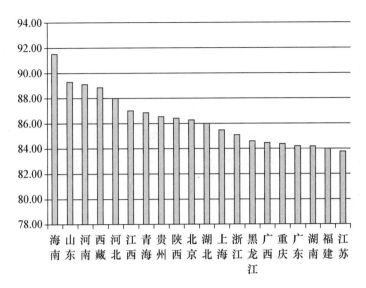

图 4 - 22　2019 年中国部分省市市场环境指数

主要通过专项资金支持力度、政策支持、公共服务满意度三个方面来衡量。从图 4 - 23、图 4 - 24 可知，2019 年河南、江西、河北、西藏、山东、上海、湖北、北京等 11 个省市的公共环境指数超过了 90，说明众多省市的公共环境状况良好。其中，河南以 94.01 的指数值排名第 1，该省在政策支持方面排名第 1，在专项资金支持力度、公共服务满意度方面均排名第 2。江西因在专项资金支持力度、政策支持、公共服务满意度三方面表现均衡，且在公共服务满意度方面排名第 1，从而在公共环境指数排名上紧随其后。值得一提的是，山东和新疆凭借在公共服务满意度、专项

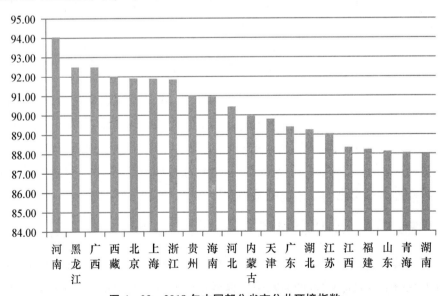

图 4 - 23　2018 年中国部分省市公共环境指数

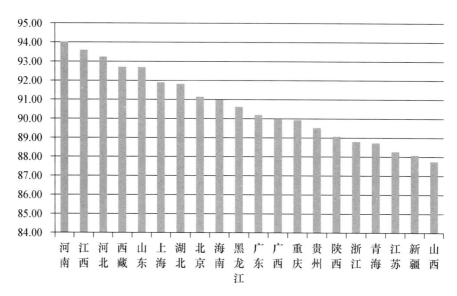

图 4-24　2019 年中国部分省市公共环境指数

资金支持力度和政策支持方面的显著改善和均衡发展，分别从 2018 年的第 18 位、31 位，上升到 2019 年的第 5 位、19 位。云南以 76.76 分位列最后一名，广西、重庆、贵州、陕西、浙江、青海等 19 个省市公共环境指数在 80～90 之间，说明这些省市公共环境差别不大。

（3）创新环境。

创新环境主要衡量区域文化产业的科研技术投入水平和创新能力，主要表现在文化科技、科研单位人均科研经费，文化部门科研机构高级职称就业人员每百万人拥有量，国际交流水平等方面。从图 4-25、图 4-26 可知，北京市 2019 年的创新环境指数为 83.67，继续保持领先优势，位列第 1 名，整体与 2018 年持平。浙江、吉林、重庆 3 个省市创新环境指数值均在 80 以上，分列第 2、3、4 名。天津、广西、上海、福建、江苏、黑龙江、宁夏、湖北等 23 个省市创新环境指数值在 70～80 之间，分布比较集中，发展相对均衡。安徽、陕西、云南、河北 4 个省市创新环境指数值均低于 70，创新环境有待进一步提升。其中，内蒙古的创新环境指数排名下降较多，从 2018 年的第 8 位下降到 2019 年的第 16 位，主要是因为国际交流水平下滑，需要提高对文化创新环境的重视程度。

（二）中国文化产业发展区域特征

从上节具体指数的分析中可以看出，中国文化产业总体发展尚不平衡，各区域驱动力水平普遍较高，但生产力水平普遍较低。

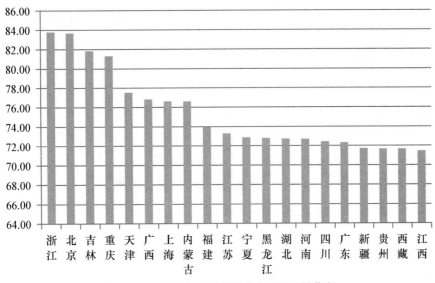

图 4 - 25　2018 年中国部分省市创新环境指数

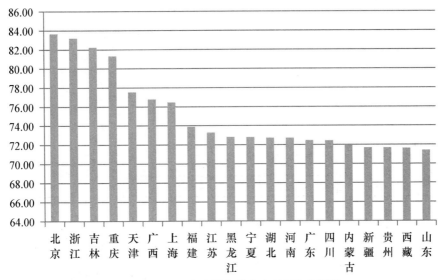

图 4 - 26　2019 年中国部分省市创新环境指数

1. 中国文化产业总体发展不平衡

我国文化产业总体水平呈现出东部发展较快、中西部偏弱的特征，这一现象也与中国的经济发展分布特征一致，也说明了经济对文化产业的影响，经济能够从根本上支持文化产业的发展。

从 2019 年文化产业发展综合指数可以看出，排名前 10 的省市中有 7 个来自东部地区，分别为北京、浙江、江苏、广东、上海、山东、福建，且排名前 6 位均被东部省市包揽；中部地区只有河南进入前 10，排名第 8 位；西部地区只有重庆、陕西进入前 10，分列第 7、9 位。从排名靠后的 10 个省市的情况看，东部地区中只有海南、辽宁位列其中；中部地区有两个省市位列其中，分别为山西、安徽；其他 6 个省市都来自西部地区。

从指数平均值的角度出发，表 4-1 反映的是东、中、西部各省市文化产业综合指数和各个一级指标的平均情况。由表 4-1 的数据来看，在综合指数方面，2019 年东部地区的指数为 78.16，较 2018 年略有下降，中部、西部地区数值差异较小，分别为 75.14 和 74.83，均较 2018 年略有上升；在生产力指数方面，2019 年东部地区平均值为 74.51，较 2018 年略有下降，远高于西部地区的 70.77，中部、西部地区指数值差异较小；在影响力指数方面，2019 年东部为 78.38，西部为 74.21，差距较 2018 年有所缩小，中部为 73.83，略低于西部地区；在驱动力指数方面，2019 年东部地区仍排名第 1，但地区差异较小。从总体上看，东部地区得益于其较为丰富的资源禀赋和较好的投入产出效益，在文化产业方面比较发达，但中部、西部地区发展势头良好，地区差距在逐步缩小。

表 4-1 2018—2019 年各地区综合指数及一级指标指数平均值

地区	年份	综合指数	生产力指数	影响力指数	驱动力指数
东部地区	2018	78.70	74.75	79.75	79.63
	2019	78.16	74.51	78.38	79.78
中部地区	2018	74.62	71.09	73.20	77.80
	2019	75.14	71.54	73.83	78.24
西部地区	2018	73.90	69.26	72.62	77.51
	2019	74.83	70.77	74.21	77.48

2. 总体上各区域影响力和驱动力水平较高，而生产力水平偏低

从前述文化产业发展一级指标的情况来看，东部地区影响力指数普遍较高，中部、西部地区驱动力指数普遍较高，三个地区生产力指数均相对较低。表 4-2 反映的是各个一级指标的平均值，从表中可以看出，2019 年的驱动力指数最高，为 78.49；影响力指数略低于驱动力指数，为 75.59；生产力指数的平均值为 72.30，在三个指数值中排名最后一位，三个指数平均值均略高于 2018 年。

在我国目前的文化产业发展水平下，在文化产业外部环境持续优化的推动下，文化产业的投入产出效益有所好转，文化产业投入在驱动力的作用下有效地转化为文化产出，文化产业的经济影响和社会影响较为显著。值得注意的是，近年来我国的文化产业生产要素投入一直相对不足，需要进一步加大文化产业的生产要素投入，有力促进文化产业更好更快发展。此外，对于经济不够发达的西部地区来讲，

虽然文化产业驱动力在持续提升，但仅仅靠本地区的投入是远远不够的，还需要得到各级政府的资金扶持和政策倾斜，在更优良的文化产业发展环境的催化下，西部的文化产业才有可能与东中部地区逐步缩小差距进而实现均衡发展。

表 4-2 2018 年、2019 年一级指标全国平均值

项目	生产力指数	影响力指数	驱动力指数
2018 年全国平均值	71.68	75.30	78.34
2019 年全国平均值	72.30	75.59	78.49

二、中国文化产业发展强势地区特征及决定要素

本章第一节以文化产业发展指数为基准，对我国各个省市的文化发展特征进行了详细的介绍。由此可知，我国各省市间文化产业发展不平衡，一般来说，东部沿海地区文化产业比较发达，西部地区文化产业相对落后。在此后两节中，本书通过综合分析和对比分析，把 2019 年文化产业综合指数较高的北京、浙江、江苏、广东和上海 5 个省市作为文化产业发展的强势地区，把 2019 年文化产业综合指数较低的安徽、辽宁、青海、云南和甘肃 5 个省作为文化产业发展的弱势地区，通过对两个区域内部文化产业发展特征的深入分析，揭示其产业发展现状的深层次原因。

（一）中国文化产业发展强势地区特征

作为 2019 年中国文化产业发展的领先地区，北京、浙江、江苏、广东和上海在文化产业生产力、影响力和驱动力三方面均展现出一定的优势，和 2018 年保持一致。本节将通过分析这 5 个省市文化产业发展的各细分指数、指数增速和指数变异系数来评述强势地区的文化产业发展特征。

1. 强势地区综合指数分析

产业生产力、产业影响力和产业驱动力三个指标共同构成了文化产业发展综合指数。表 4-3 是 5 个省市的综合指数、综合指数增速和综合指数变异系数数值以及 5 省市相关数据的平均值和全国相关数据的平均值。

表 4-3 2019 年强势地区文化产业综合指数

项目	综合指数	综合指数增速	综合指数变异系数
北京	82.67	−3.28%	0.069

续表

项目	综合指数	综合指数增速	综合指数变异系数
浙江	82.48	0.46%	0.050
江苏	80.71	−1.29%	0.028
广东	80.37	0.37%	0.031
上海	79.47	−2.11%	0.065
地区均值	81.14	−1.17%	0.049
全国均值	76.09	0.45%	0.048

注：因为小数位数和四舍五入的原因，表中数据与前文可能有细微差异。

（1）数值比较。

在强势地区中，北京综合指数最高，为82.67；上海最低，为79.47，可见这5个省市综合指数相差不大。强势地区的平均值为81.14，总体均衡。全国均值为76.09，比强势地区低5.05，较2018年的6.33略有降低，可见强势地区的文化产业整体发展水平仍高出全国平均发展水平，但差距有所减小（见图4-27）。

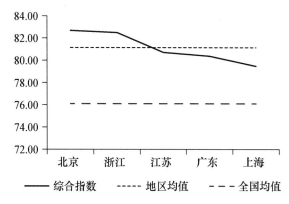

图 4-27　2019 年强势地区文化产业综合指数

（2）增速比较。

由图4-28可知，强势地区中，2019年文化产业综合指数增速呈现出较大差异。浙江、广东文化产业综合指数呈现正增长，但上升幅度较小，仅为0.46%和0.37%。北京、江苏、上海综合指数均为负增长，其中北京降幅达到3.28%。从整体来看，2019年区域增速均值为−1.17%，呈现负增长，强势地区保持领先但优势有所下降。全国增速均值为0.45%，略有上升，全国文化产业整体稳中向前发展。

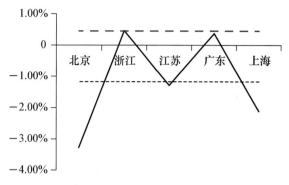

图4-28 2019年强势地区文化产业综合指数增速

（3）变异系数比较。

由图4-29可知，强势地区中，北京、上海变异系数高于剩下的三个省，可见北京、上海虽然文化产业发展综合指数很高，但是文化产业发展的均衡性相对较弱。整体而言，强势地区2019年的变异系数均值为0.049，略高于全国均值0.048，两者差距明显缩小，说明我国文化产业发展强势地区不均衡程度仍高于全国平均水平，但是二者正在逐步接近。

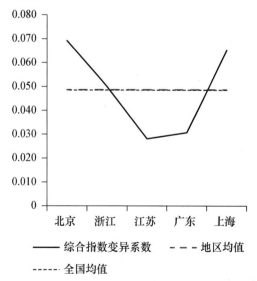

图4-29 2019年强势地区文化产业综合指数变异系数

2. 强势地区一级指标指数分析

本节将通过对2019年强势地区文化产业生产力指数、影响力指数、驱动力指数，以及各指数增速和变异系数的分析，评述强势地区各省市文化产业发展的特征。

（1）文化产业生产力指数。

表 4 - 4 显示的是 2019 年强势地区文化产业生产力指数的相关数据。

表 4 - 4　2019 年强势地区文化产业生产力指数

项目	生产力指数	生产力指数增速	生产力指数变异系数
北京	75.02	2.52%	0.070
浙江	76.96	−2.21%	0.065
江苏	82.44	−0.44%	0.062
广东	79.18	−0.97%	0.192
上海	72.40	−0.61%	0.010
地区均值	77.20	−0.34%	0.080
全国均值	72.30	0.96%	0.109

1）数值比较。

如图 4 - 30 所示，在文化产业生产力指数方面，强势地区中江苏省最高，达到了 82.44；上海市最低，为 72.40；强势地区平均指数值为 77.20，比全国平均值高出 4.90，二者差距比上年有所降低。这说明强势地区产业生产力状况依旧较好，可供投入文化产业的要素资源比较丰富，这是该区域文化产业的优势要素，促进了该区域文化产业的快速发展。例如，2019 年江苏省全年实现旅游业总收入 14 321.6 亿元，增长 8.1%；接待国内游客 8.8 亿人次，增长 7.6%，实现国内旅游收入 13 902.2 亿元，增长 8.2%[①]。江苏省的旅游人数和旅游收入之所以如此之高，主要是因为江苏省拥有良好的社会、经济环境和丰富的旅游资源。江苏拥有丰富的旅游资源，自然与人文景观交相辉映，有小桥流水人家的古镇水乡、众口颂传的千年名刹、精巧雅

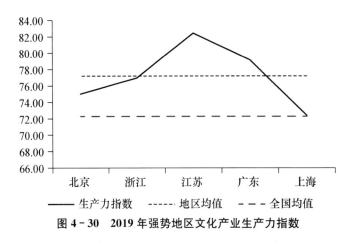

图 4 - 30　2019 年强势地区文化产业生产力指数

---

① 数据来源于《2019 年江苏省国民经济和社会发展统计公报》。

致的古典园林、烟波浩渺的湖光山色、规模宏大的帝王陵寝以及雄伟壮观的都城遗址。江苏十三座城市均有其极具代表性的旅游资源：南京有六朝胜迹，徐州有两汉遗韵，苏州有园林古镇，无锡有太湖风光，常州有主题公园，镇江有寺院山林，扬州有汉唐文化，泰州有国粹风采，盐城有珍禽灵兽，南通有江涛海潮，淮安有伟人故居，宿迁有田园风景，连云港有海域仙境。

2）增速比较。

如图4-31所示，在生产力指数增速方面，2019年强势地区文化产业生产力指数增速出现负增长，只有北京增速保持为正值且较2018年有所回升，为2.52%；其余4个省市均为负值，其中浙江生产力指数降幅为2.21%，其余降幅均在1%以下。总体来看，2019年强势地区平均增速均值为-0.34%，较2018年的-1.91%降速减缓，强势地区文化产业生产力总体仍呈下降趋势但趋于平稳。全国增速均值为0.96%，扭转了2018年的负增长，全国文化产业总体投入力度有所加大。

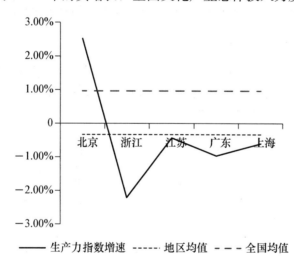

图4-31　2019年强势地区文化产业生产力指数增速

3）变异系数比较。

由图4-32可知，在生产力指数变异系数方面，2019年强势地区文化产业生产力变异系数相差较大，其中广东文化产业生产力指数变异系数最大，显著高于其他省市，达到0.192，高于2018年变异系数，且比强势地区均值（0.080）大1倍多，说明广东生产力指数不均衡程度较高，并且在持续增大；而上海产业生产力变异系数最小，为0.010，但略低于2018年变异系数，说明上海生产力指数均衡程度持续提高。从整体来看，强势地区文化产业生产力变异系数均值为0.080，略低于全国均值（0.109），可见强势地区文化产业生产力发展均衡性逐渐转好。

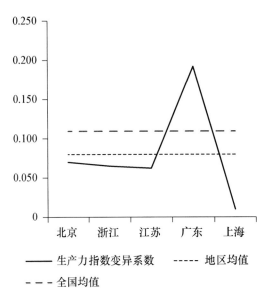

图 4-32　2019 年强势地区文化产业生产力指数变异系数

（2）文化产业影响力指数。

表 4-5 显示的是 2019 年强势地区文化产业影响力指数的相关数据。

表 4-5　2019 年强势地区文化产业影响力指数

项目	影响力指数	影响力指数增速	影响力指数变异系数
北京	83.48	−8.41%	0.036
浙江	83.02	3.80%	0.061
江苏	82.17	−3.20%	0.049
广东	82.97	0.95%	0.063
上海	81.12	−4.28%	0.097
地区均值	82.55	−2.23%	0.061
全国均值	75.59	0.58%	0.104

1）数值比较。

如表 4-5 和图 4-33 所示，在文化产业影响力方面，强势地区中，北京的指数值最高，高达 83.48；上海的指数值最低，为 81.12。从整体来看，强势地区指数均值较高，达到 82.55，远高于全国均值（75.59），5 个省市的均值比全国均值高出 6.96，说明强势地区文化产业影响力发展状况良好，有很好的投入产出效益，这一因素是导致其文化产业发展水平较高的关键因素。例如，北京市 2019 年 1—11 月，规模以上创意设计服务业实现收入 2 490.9 亿元，已成为九大行业中仅次于新闻信息服务的第二大支柱①。北京市拥有一批发展较好的文化产业园区和基地，如

---

①　数据来源于北京市文化产业高质量发展三年行动计划（2020—2022 年）新闻发布会。

国家文化产业创新实验区、北京数字娱乐产业示范基地、琉璃厂历史文化集聚区等
26 家国家级文化产业园区和基地，以及郎园、莱锦文化创意产业园区、798 艺术区、
国家新媒体产业基地、中关村创意产业先导基地等 30 家市级文化产业园区。与其他
省市相比，北京市文化产业园区和基地起步较早，数量较多，已经形成了一定的规模
效应和集群效应，对带动北京市文化产业整体发展、提高文化产业产出水平起到了积
极作用，对其他地区文化产业园区建设发展具有积极的示范作用。

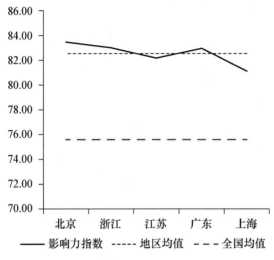

图 4 - 33　2019 年强势地区文化产业影响力指数

2）增速比较。

如表 4 - 5 和图 4 - 34 所示，强势地区中浙江、广东文化产业影响力指数增速为
正值，浙江省影响力指数增幅较大，达到 3.80％，继 2018 年增长 2.10％后持续增长。

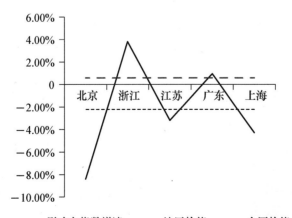

图 4 - 34　2019 年强势地区文化产业影响力指数增速

其余三地均为负值，尤其北京市文化产业影响力指数降低了8.41％，继2018年增长3.02％后明显回落，降幅最为明显，可见北京市文化产业影响力波动较大。从整体来看，强势地区文化产业影响力增速平均值为－2.23％，全国的均值为0.58％，说明强势地区文化产业影响力下滑明显，而全国范围内的文化产业影响力总体情况稳中有升。

3）变异系数比较。

如表4-5和图4-35所示，强势地区中，文化产业影响力指数变异系数同样存在较大差异。其中，北京、江苏变异系数较小，分别为0.036和0.049，上海、广东和浙江变异系数较大，分别为0.097、0.063和0.061，上海变异系数在强势地区中最高，主要是因为其文化产业的社会影响显著高于经济影响，而北京和江苏文化产业的经济影响和社会影响比较均衡。从整体来看，强势地区影响力指数变异系数均值为0.061，而全国文化产业影响力指数变异系数均值为0.104，可见强势地区文化产业影响力的均衡发展程度比全国稍好。

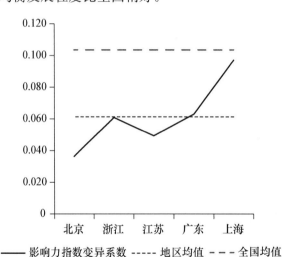

图4-35 2019年强势地区文化产业影响力指数变异系数

（3）文化产业驱动力指数。

表4-6显示的是2019年强势地区文化产业驱动力指数的相关数据。

表4-6 2019年强势地区文化产业驱动力指数

项目	驱动力指数	驱动力指数增速	驱动力指数变异系数
北京	85.69	－0.32％	0.044
浙江	84.70	－1.42％	0.033
江苏	78.37	0.33％	0.094
广东	78.36	0.44％	0.110
上海	81.36	－0.54％	0.092
地区均值	81.70	－0.30％	0.074
全国均值	78.49	0.22％	0.096

1）数值比较。

如表 4-6 和图 4-36 所示，强势地区中，文化产业驱动力指数相差较大，北京市驱动力指数最高，为 85.69，浙江紧随其后，为 84.70。上海、江苏、广东相差不大，处于同一梯队；广东驱动力指数最低，为 78.36，与北京相差 7.33 分。这表明强势地区内部各省市在文化产业驱动力方面存在差距。从整体来看，强势地区文化产业驱动力指数均值为 81.70，高于全国文化产业驱动力指数均值（78.49），说明强势地区在市场环境、公共环境和创新环境方面具有整体或部分比较优势。

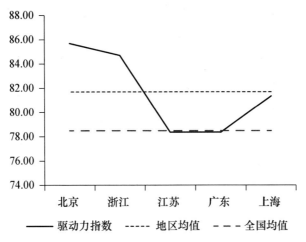

图 4-36 2019 年强势地区文化产业驱动力指数

2）增速比较。

由表 4-6 和图 4-37 可知，强势地区文化产业驱动力指数增速差异较小，江苏

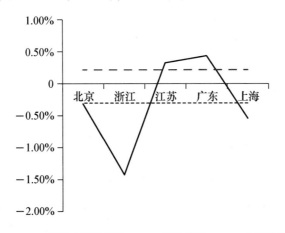

图 4-37 2019 年强势地区文化产业驱动力指数增速

和广东文化产业驱动力指数增速略有提高，分别为 0.33％ 和 0.44％；其他三省市增速均为负。浙江驱动力指数降幅最大，增速为－1.42％。从整体来看，强势地区的文化产业驱动力指数增速均值为－0.30％，略有下降，而全国均值为 0.22％，稳中有升，可见强势地区驱动力指数优势逐渐降低，区域差距有所缩小。

3）变异系数比较。

如表 4-6 和图 4-38 所示，强势地区中，文化产业驱动力指数变异系数最小的是浙江，仅为 0.033，说明浙江的市场环境、公共环境、创新环境发展较为均衡。其次为北京，为 0.044，较 2018 年的 0.047 略有下降。其他三省市文化产业驱动力指数比较集中，均为 0.100 左右。从整体来看，强势地区文化产业驱动力指数变异系数均值为 0.074，而全国文化产业驱动力指数变异系数均值为 0.096，强势地区文化产业驱动力的均衡程度略高于全国平均水平。

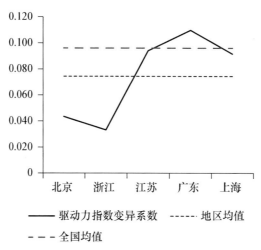

图 4-38　2019 年强势地区文化产业驱动力指数变异系数

3. 强势地区二级指标指数分析

根据本书第二章的介绍，文化产业发展指数体系的二级指标一共有 8 个，分别是文化资源、文化资本、人力资源、经济影响、社会影响、市场环境、公共环境、创新环境。强势地区二级指标指数值及地区平均值和全国平均值如表 4-7 所示。

表 4-7　2019 年强势地区二级指标指数值及区域平均值和全国平均值

项目	文化资源	文化资本	人力资源	经济影响	社会影响	市场环境	公共环境	创新环境
北京	70.44	80.33	78.86	81.33	85.62	86.29	91.14	83.67
浙江	74.37	83.61	75.49	79.45	86.60	85.10	88.80	83.20
江苏	77.96	86.30	87.54	79.31	85.04	83.77	88.26	73.28
广东	70.48	75.76	100.00	86.67	79.27	84.26	90.19	72.45

续表

项目	文化资源	文化资本	人力资源	经济影响	社会影响	市场环境	公共环境	创新环境
上海	72.04	72.15	73.35	75.55	86.69	85.50	91.89	76.46
地区均值	73.06	79.63	83.05	80.46	84.64	84.98	90.06	77.81
全国均值	68.52	81.62	70.52	70.36	80.82	84.01	88.38	73.36

（1）文化资源。

表4-8显示的是2019年强势地区文化资源指数的相关数据。

表4-8　2019年强势地区文化资源指数

项目	文化资源指数	文化资源指数增速
北京	70.44	0.03%
浙江	74.37	-0.08%
江苏	77.96	-0.01%
广东	70.48	-0.07%
上海	72.04	0.04%
地区均值	73.06	-0.02%
全国均值	68.52	-0.02%

1）数值比较。

如表4-8和图4-39所示，强势地区文化资源指数较为集中，内部相差不大。江苏最高，为77.96；北京最低，为70.44，和第一名相差不多。从整体来看，强势地区文化资源指数均值为73.06，高于全国均值（68.52），且强势地区内部各省市指

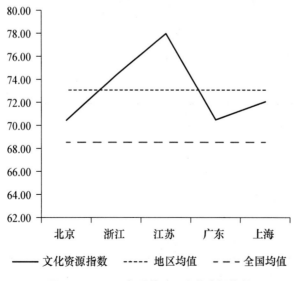

图4-39　2019年强势地区文化资源指数

数值均在全国平均水平之上。这说明强势地区的文化资源要素非常丰富，对本区域的文化产业发展做出了较大贡献，其他省市在文化资源投入方面还需继续努力。

2）增速比较。

由表4-8和图4-40可知，2019年强势地区北京、上海文化资源指数值略有增长，增速分别为0.03％和0.04％。浙江、广东和江苏呈现负增长，但降幅较小，均小于0.1％。从整体来看，强势地区的文化资源指数增速均值为−0.02％，与全国文化资源指数平均增速（−0.02％）保持一致，可以看出强势地区文化资源投入与全国基本相当，均略有减少。

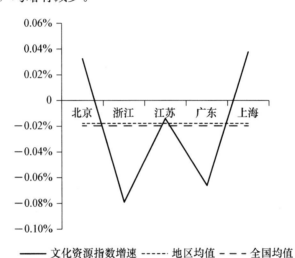

图4-40 2019年强势地区文化资源指数增速

（2）文化资本。

表4-9显示的是2019年强势地区文化资本指数的相关数据。

表4-9 2019年强势地区文化资本指数

项目	文化资本指数	文化资本指数增速
北京	80.33	10.97％
浙江	83.61	4.99％
江苏	86.30	−4.15％
广东	75.76	−3.81％
上海	72.15	−1.50％
地区均值	79.63	1.30％
全国均值	81.62	7.00％

1）数值比较。

如表4-9和图4-41所示，强势地区中，江苏文化资本指数最高，高达

86.30，远高于其他四个省市；最低的是上海，为 72.15，可见强势地区内部文化资本表现差异明显。从整体来看，强势地区文化资本指数均值为 79.63，低于全国文化资本指数均值（81.62），可见，强势地区文化资本相对全国平均水平优势不再，已被反超。

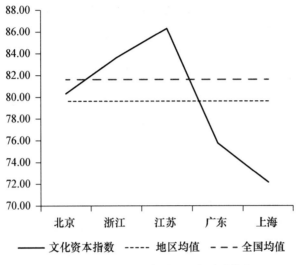

图 4 - 41　2019 年强势地区文化资本指数

2）增速比较。

由表 4 - 9 和图 4 - 42 可知，强势地区中，北京、浙江的文化资本指数仍保持较高增速，北京增速达到 10.97％，浙江增速为 4.99％；其他三个省份均为负增长，其中降幅最为明显的江苏，为 −4.15％。从整体来看，强势地区文化资本

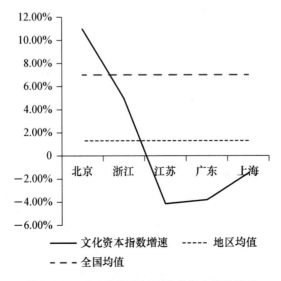

图 4 - 42　2019 年强势地区文化资本指数增速

指数增速平均值为 1.30%，增速明显放缓，远低于全国平均水平（7.00%），可见强势地区文化资本投入内部差异较大，整体节奏放缓，已被全国其他地区赶超。

（3）人力资源。

表 4-10 显示的是 2019 年强势地区人力资源指数的相关数据。

表 4-10 2019 年强势地区人力资源指数

项目	人力资源指数	人力资源指数增速
北京	78.86	−0.77%
浙江	75.49	−12.52%
江苏	87.54	2.72%
广东	100.00	0
上海	73.35	−0.97%
地区均值	83.05	−2.31%
全国均值	70.52	−3.37%

1）数值比较。

如表 4-10 和图 4-43 所示，强势地区中，广东人力资源指数仍然最高，为100.00；上海最低，为 73.35，两者相差较大，可见强势地区人力资源指数内部差异较大。从整体来看，强势地区人力资源指数均值高达 83.05，显著高于全国平均水平（70.52），这表明强势地区文化产业从业人员众多，人力资源非常丰富，对区域文化产业发展起到了很大的促进作用。

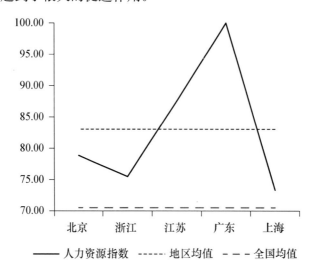

图 4-43 2019 年强势地区人力资源指数

2）增速比较。

由表 4-10 和图 4-44 可知，强势地区中，江苏人力资源指数增速最高，为

2.72%；广东人力资源指数与 2018 年基本持平，其他三省市均呈现负增长，其中浙江降幅最大，达到－12.52%。从整体来看，强势地区人力资源指数平均增速为－2.31%，在整体呈现负增长态势的情况下，降幅略低于全国平均值（－3.37%），可见强势地区人力资源呈现下降态势，与全国人力资源指数走势一致。

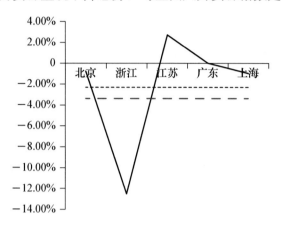

图 4－44　2019 年强势地区人力资源指数增速

（4）经济影响。

表 4－11 显示的是 2019 年强势地区经济影响指数的相关数据。

表 4－11　2019 年强势地区经济影响指数

项目	经济影响指数	经济影响指数增速
北京	81.33	－15.95%
浙江	79.45	－3.43%
江苏	79.31	－10.36%
广东	86.67	－4.68%
上海	75.55	－8.02%
地区均值	80.46	－8.49%
全国均值	70.36	－2.79%

1）数值比较。

如表 4－11 和图 4－45 所示，在经济影响方面，强势地区中，广东经济影响指数高达 86.67，高居第 1 位；北京次之，为 81.33。浙江和江苏均在 79 左右，上海最低，为 75.55。从整体来看，强势地区经济影响指数均值达 80.46，明显高于全国经济影响均值（70.36），高出 10.10，可见强势地区经济影响显著高于全国平均水平，强势地区与全国其他地区相比在文化产业产出和收入方面具有较大优势。

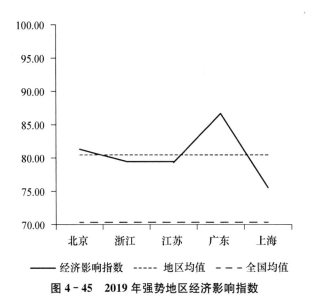

图 4 - 45　2019 年强势地区经济影响指数

2）增速比较。

由表 4 - 11 和图 4 - 46 可知，强势地区内部不同省市的经济影响增速整体呈现出负增长，降幅最大的是北京，增速为－15.95％，其次是江苏，增速为－10.36％。从整体来看，强势地区经济影响指数的平均增速为－8.49％，而全国经济影响指数平均增速为－2.79％，可见强势地区文化产业经济影响指数平均增速为负，降幅比全国平均水平更加明显，地区差距逐渐缩小。

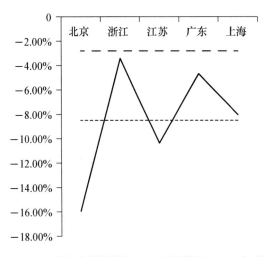

图 4 - 46　2019 年强势地区经济影响指数增速

（5）社会影响。

表 4 - 12 显示的是 2019 年强势地区社会影响指数的相关数据。

表 4 - 12 2019 年强势地区社会影响指数

项目	社会影响指数	社会影响指数增速
北京	85.62	0.12%
浙江	86.60	11.46%
江苏	85.04	4.61%
广东	79.27	7.93%
上海	86.69	−0.76%
地区均值	84.64	4.67%
全国均值	80.82	4.01%

1）数值比较。

如表 4 - 12 和图 4 - 47 所示，强势地区中，上海的社会影响指数最高，为 86.69；广东的社会影响指数最低，为 79.27，强势地区内部各省市社会影响指数相差较小。从整体来看，强势地区文化产业社会影响指数的平均值为 84.64，高出全国均值（80.82）3.82 个点，可见强势地区的文化产业社会影响力与全国平均水平差距不大，差距明显小于经济影响。

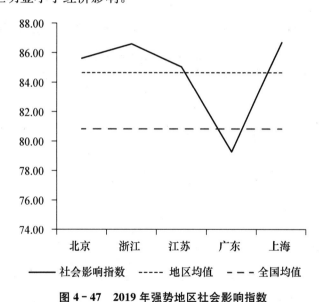

图 4 - 47 2019 年强势地区社会影响指数

2）增速比较。

由表 4 - 12 和图 4 - 48 可知，强势地区中各省市社会影响指数除上海下降 0.76% 以外，均呈现正增长，其中浙江的社会影响指数涨幅最大，为 11.46%，其次是广东，涨幅为 7.93%。从整体来看，强势地区社会影响指数平均增速为 4.67%，和全国社会影响指数平均增速（4.01%）基本持平，可见强势地区社会影响与全国平均水平发展步调基本一致。

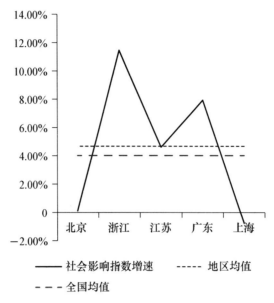

图 4-48 2019 年强势地区社会影响指数增速

（6）市场环境。

表 4-13 显示的是 2019 年强势地区市场环境指数的相关数据。

表 4-13 2019 年强势地区市场环境指数

项目	市场环境指数	市场环境指数增速
北京	86.29	−0.68％
浙江	85.10	−0.45％
江苏	83.77	2.54％
广东	84.26	0.64％
上海	85.50	−2.02％
地区均值	84.98	0.01％
全国均值	84.01	1.75％

1）数值比较。

如表 4-13 和图 4-49 所示，强势地区中，北京的市场环境指数最高，为 86.29，上海次之；各省市的市场环境指数相差无几，其中江苏最低，为 83.77。从整体来看，强势地区市场环境指数均值为 84.98，略高于全国市场环境指数均值（84.01），基本持平。

2）增速比较。

由表 4-13 和图 4-50 可见，强势地区内部各省市的市场环境指数增速相差不大，其中，江苏最高，达 2.54％；上海最低，为 −2.02％，在强势地区中降幅最大；此外，广东、北京和浙江市场环境指数变动较小。从整体来看，强势地区市场环境指数增速均值为 0.01％，基本保持稳定，且低于全国平均增幅（1.75％）。这说明，强势地区市场环境趋于平稳，全国其他省市的市场环境略有改善。

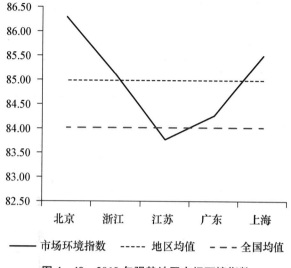

图 4－49 2019 年强势地区市场环境指数

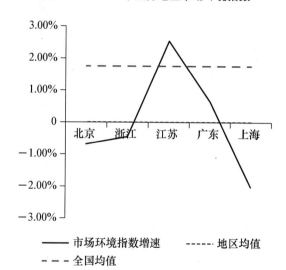

图 4－50 2019 年强势地区市场环境指数增速

（7）公共环境。

表 4－14 显示的是 2019 年强势地区公共环境指数的相关数据。

表 4－14 2019 年强势地区公共环境指数

项目	公共环境指数	公共环境指数增速
北京	91.14	－0.84％

续表

项目	公共环境指数	公共环境指数增速
浙江	88.80	−3.31%
江苏	88.26	−0.87%
广东	90.19	0.89%
上海	91.89	0
地区均值	90.06	−0.83%
全国均值	88.38	−0.21%

1）数值比较。

如表4-14和图4-51所示，强势地区中，上海的公共环境指数最高，为91.89；江苏最低，为88.26。强势地区中各个省市公共环境指数值差异较小。从整体来看，强势地区公共环境指数均值为90.06，略高于全国公共环境指数均值（88.38），强势地区的公共环境略微领先于全国平均水平。

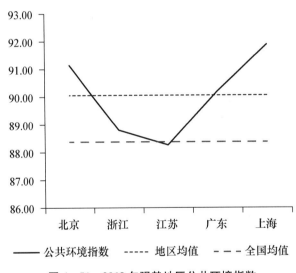

图4-51　2019年强势地区公共环境指数

2）增速比较。

由表4-14和图4-52可知，强势地区内部各省市公共环境指数增速存在一定差异。2019年，上海与2018年基本持平，广东指数值略有增加，北京、浙江和江苏三省市公共环境指数呈现负增长，但降幅较小。从整体来看，强势地区公共环境指数增速均值为−0.83%，降幅略高于全国平均水平（−0.21%），可见强势地区的公共环境优势不再明显。

（8）创新环境。

表4-15显示的是2019年强势地区创新环境指数的相关数据。

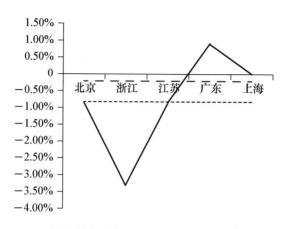

图 4－52 2019 年强势地区公共环境指数增速

表 4－15 2019 年强势地区创新环境指数

项目	创新环境指数	创新环境指数增速
北京	83.67	0
浙江	83.20	−1.07％
江苏	73.28	−0.01％
广东	72.45	0.17％
上海	76.46	−0.20％
地区均值	77.81	−0.22％
全国均值	73.36	−0.19％

1）数值比较。

如表 4－15 和图 4－53 所示，强势地区中，北京的创新环境指数为 83.67，高于其他四省市；广东最低，为 72.45，可见强势地区内部各省市创新环境相差较大。从整体来看，强势地区创新环境均值为 77.81，高于全国创新环境均值（73.36），高出 4.45，可见强势地区的创新环境和全国平均水平相比存在比较明显的优势。

2）增速比较。

由表 4－15 和图 4－54 可知，强势地区多数省市创新环境指数出现了负增长，但降幅较小。降幅最大的是浙江，为 1.07％，上海、江苏创新环境指数降幅较小，在 0.5％以内；广东增速为正，但增幅也较小，仅为 0.17％；北京市创新环境指数仍高居第 1，与 2018 年指数值基本持平。强势地区中各省市的创新环境指数仍存在一定差距。从整体来看，强势地区创新指数增速均值为−0.22％，降幅略高于全国平均水平（−0.19％），说明强势地区创新环境发展情况与全国一般情况基本一致。

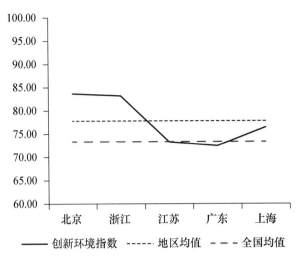

图 4 - 53　2019 年强势地区创新环境指数

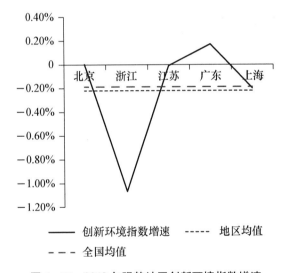

图 4 - 54　2019 年强势地区创新环境指数增速

(二) 中国文化产业发展强势地区决定要素

通过前一节对强势地区文化产业发展二级评价指标的分析，可以看出丰富的人力资源、不断优化的创新环境和雄厚的文化资源是促进强势地区文化产业发展的关键因素。

1. 丰富的人力资源

在发展文化产业的过程中，人力资源要素至关重要，它在很大程度上影响着文化产业的发展程度和发展结构。强势地区文化产业的人力资源相对丰富，覆盖文化产业各个领域，使得文化产业发展结构比较合理、发展空间比较广阔。以江苏省为例，在人力资源方面，截至2018年年底，江苏全省有文化及相关行业机构24 928个，从业人员159 814人[①]。而北京、上海、广州等一线发达城市的文化产业人才质量较为突出，这些城市凭借较高的薪资、较大的职业发展空间、丰富的教育医疗资源、完善的生活配套设施，对全国乃至全球范围内优秀的文化产业人才起到了吸纳和激励作用，成为我国文化产业的人才高地。以北京市为例，《北京市统计年鉴2019》数据显示，2018年北京市文化、体育和娱乐业从业人员的年平均工资高达14.91万元，比北京市全部行业平均工资高12%，在全国范围内具有较强的竞争力。此外，浙江、山东、江苏等东部沿海省份的文化产业人才总量也较高。各地政府也积极制定政策引进和培养文化产业领域的专业人才，为文化产业的发展打下了良好基础。

2. 不断优化的创新环境

良好的创新环境是文化产业健康快速发展的土壤。随着我国经济进入新常态发展时期，尤其是十八届五中全会确立以创新为首的五大发展理念以来，从要素驱动转向创新驱动，推进文化内容和形式、文化产品和服务、文化业态、载体渠道、体制机制、政策法规、运营模式等各方面创新，激发各方主体参与文化产业发展的积极性和创造性，成为文化产业发展的重要方向。一方面，要大力发展新兴文化产业，推动文化和科技融合发展，促进新技术和新模式不断涌现，使得新兴文化业态尽快成为新的增长点；另一方面，要通过高新技术的运用加快传统文化产业转型升级，推动传统文化业态焕发新动力。强势地区凭借高新技术的研发和转化以及浓厚的创新氛围，在文化产业领域的创新方面走在了全国前列。创新投入方面，强势地区的创新投入明显高于其他区域，比如浙江省积极推动文化与科技协作重大项目落地，加强文化科技重点实验室培育建设。创新人才方面，强势地区文化部门科研机构高级职称就业人员每百万人拥有量在全国处于明显的领先水平。此外，强势地区拥有优良的国际交流环境，经常开展各级各类的行业交流会、博览交易会、学术研讨会等活动，有效促进了文化产业的创新发展。

3. 雄厚的文化资源

文化资源代表一个地区发展文化产业可投入的资源量，是发展文化产业的主要根基。中国是文化资源大国，拥有五千年的文明史，历史文化积淀十分深厚，中华

---

① 江苏省文化和旅游厅. 2018年度全省文化发展相关统计报表［EB/OL］.（2019-08-06）［2020-02-19］. http://wlt.jiangsu.gov.cn/art/2019/8/6/art_48960_8660210.html.

文化源远流长且博大精深，文化资源禀赋独特、丰厚，发展文化产业具有得天独厚的资源优势。随着推动文化产业成为国民经济支柱性产业目标的确立，社会各界对我国文化资源蕴含的多层次价值的认知逐渐深入，对其需求也显得更为迫切和直接。非物质文化遗产资源方面，第五批浙江省非物质文化遗产旅游景区中有非遗主题小镇 20 个，民俗文化村 30 个，共计 50 个[①]。博物馆文物藏品量方面，强势地区各省市藏品均超过 100 万件，例如上海市的博物馆拥有多达 210 万件藏品，北京市的博物馆也拥有多达 194 万件藏品[②]。高校资源方面，我国许多著名高校坐落于文化产业发展的强势地区，如北京有北京大学、清华大学、中国人民大学等，上海有复旦大学、上海交通大学、同济大学等，广东有中山大学、暨南大学、华南理工大学等，江苏有南京大学、东南大学，浙江有浙江大学等，这些重点高校都是所在地区发展文化产业的宝贵资源。

(三) 中国文化产业发展强势地区典型省市分析

在整体评述强势地区文化产业发展特征的基础上，本节将依照综合指数的排名详细分析北京、浙江、江苏、广东和上海文化产业发展的现状与瓶颈，并找出促进各地区发展的关键因素。

1. 北京市

（1）北京市文化产业发展现状与瓶颈。

近几年，北京市的文化产业发展状况良好，人力资源、经济影响、社会影响和创新环境均远超全国平均水平（见图 4-55）。2019 年，在经济下行压力下，北京市文化产业仍然保持了良好发展态势[③]，北京市规模以上文化产业实现增加值12 849.7 亿元，比上年增长了 8.3%；其中文化核心领域实现收入 9 921.4 亿元，同比增长达 10.1%。文化产业已经成为北京市经济发展的支柱性产业，在推动北京市经济高速高质量发展以及增强全市人民幸福感、获得感方面发挥了重要作用，是打造"高精尖"经济结构的重要组成部分，进一步推进了北京市全国文化中心建设进程。

文化资源方面，根据《北京市 2019 年国民经济和社会发展统计公报》，2019 年年末共有公共图书馆 24 个，总藏量 7 000 万册；档案馆 18 个，馆藏案卷 930 万

---

① 浙江省文化和旅游厅. 浙江公布第五批浙江省非物质文化遗产旅游景区单位［EB/OL］.（2020-01-10）
［2020-02-19］. http://www.ce.cn/culture/gd/202001/10/t20200110_34091716.shtml.

② 数据来源于《2019 年中国文化产业统计年鉴》。

③《北京市文化产业高质量发展三年行动计划（2020—2022 年）》新闻发布会（北京市人民政府，2019）。

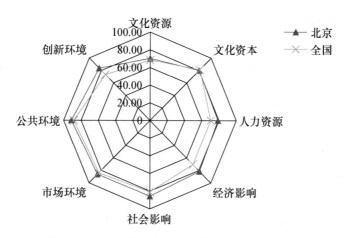

图 4－55 2019 年北京市文化产业二级指标雷达图

卷（件）；博物馆 183 个，其中免费开放 84 个；群众艺术馆、文化馆 20 个。北京地区登记在册的报刊总量 3 491 种，出版社 239 家，出版物发行单位 9 623 家；全年引进出版物版权 9 216 件，版权（著作权）登记 9 300 万件。年末有线电视注册用户为 598.7 万户，其中高清交互数字电视用户 544.5 万户，4K 超高清用户 110.4 万户。人力资源方面，2019 年北京文化产业从业人员 54.14 万人，同比增长 66.18%。

经济影响方面，北京市文化产业经济效益显著。2019 年，北京市规模以上文化产业收入合计 12 849.7 亿元，同比增长 8.2%[1]。北京地区 30 条院线 256 家影院共放映电影 356.2 万场，观众 7 634.1 万人次，票房收入 36.1 亿元。全年制作电视剧 65 部 2 762 集，电视动画片 32 部 7 275 分钟，电影 310 部，网络剧 944 部，网络影视类动画片 72 部，网络电影 3 397 部[2]。2019 年北京动漫游戏产业总产值约 806 亿元，同比增长约 14%；出口额约 352.52 亿元，同比增长约 93%[3]。

社会影响方面，2019 年北京市社会影响指数高达 85.62，在全国排名第 3。根据"北京市庆祝中华人民共和国成立 70 周年"系列主题新闻发布会——文化建设专场公布的数据，2018 年，全市 139 家营业性演出场所全年演出达到 24 684 场，平均每天上演近 70 场，吸引观众 1 120 万人次，演出收入 17.76 亿元。昆曲《红楼梦》、评剧《母亲》、舞剧《天路》等在中国艺术节上大放异彩，获得重量级的"文

① 规模以上文化产业情况［EB/OL］．（2020－02－17）［2020－04－12］．http://tjj. beijing. gov. cn/tjsj_ 31433/yjdsj_31440/wh/2019/202002/t20200217_1645957. html.
② 北京市 2019 年国民经济和社会发展统计公报［EB/OL］．（2020－03－02）［2020－03－03］．http://tjj. bei- jing. gov. cn/tjsj_31433/tjgb_31445/ndgb_31446/202003/t20200302_1673343. html.
③ 2019 年北京市文化和旅游局工作总结［EB/OL］．（2020－02－17）［2020－01－12］．http://whlyj. beijing. gov. cn/zfxxgkpt/zdgk/ghjh/202002/t20200217_1647523. html.

华大奖"。北京国际音乐节、北京新年音乐会、"北京故事"优秀小剧场剧目展演、"春苗行动"优秀少儿题材剧目展演、"北京金秋优秀剧目展演"等品牌形成了广泛的影响力。在电视剧制作方面，北京也取得了亮眼的成绩，2018 年全年，央视及北京卫视等一线卫视频道共播出了 21 部京产电视剧，2019 年上半年就达到了 18 部，其中《启航》《破冰行动》等作品受众广泛、深受好评。此外，北京市不断加大对影视剧创作生产的扶持力度，设立了广播电视网络视听基金等多项专项基金，发布了多种奖励扶持办法，保障了文化精品持续产出。

创新环境方面，北京市创新环境指数高居全国首位，在文化科研人才、资金投入和国际交流方面均有突出表现，创新能力不断提升。文化科研资金投入方面，数据显示，2019 年北京在全年固定资产投资（不含农户）比上年下降 2.4％的情况下，文化、体育和娱乐业固定资产投资实现了 77.0％的增长①。文化科研人才方面，北京市 2019 年规模以上文化产业从业人员合计 59.4 万人②。对外交流方面，圆满完成了"一带一路"国际高峰论坛、亚太经合组织领导人非正式会议、亚洲文明对话大会、北京世界园艺博览会等活动，北京海外"欢乐春节"、"北京之夜"文化交流、"魅力北京"海外推广等活动持续举办，对外文化交流影响力不断加强。新兴文化企业方面，北京市培育或吸引了创意设计、网络文化、动漫游戏领域的一大批有影响力的龙头企业，爱奇艺、优酷网、字节跳动、快手、新浪微博等影响广泛的头部企业不断丰富创新内容。2018 年共有 2 300 余部（档）各类网络原创视听节目上线，《独家记忆》《乐队的夏天》等优秀网络原创视听节目深受网民喜爱③。

（2）北京市文化产业发展成功的关键因素。

1）"文化＋"新业态、新产品、新模式蓬勃发展。北京市充分利用科技、体育、旅游等方面的资源，在文化与其他领域融合发展方面持续发力，发掘经济发展新动能。在强化科技对文化的支撑作用，加快文化与旅游深度融合，推进文化与体育互融互促，推动文化与其他产业融合发展四个方面重点发力。当前，北京平均每天增加科技型企业 200 多家，创业投资额位居全国第 1；独角兽企业占全国近一半；全市国家级高新技术企业累计达 2.5 万家④。北京以 2022 年冬奥会、冬残奥会为契机，建设国家体育产业示范区，融合滑雪、滑冰等冬季项目与文化表演，研究创新

① 北京市 2019 年国民经济和社会发展统计公报 ［EB/OL］. （2020-03-02）［2020-03-03］. http://tjj. beijing. gov. cn/tjsj_31433/tjgb_31445/ndgb_31446/202003/t20200302_1673343. html.

② 规模以上文化产业情况 ［EB/OL］. （2020-02-17）［2020-04-12］. http://tjj. beijing. gov. cn/tjsj_31433/yjdsj_31440/wh/2019/202002/t20200217_1645957. html.

③ 源于"北京市庆祝中华人民共和国成立 70 周年"系列主题新闻发布会——文化建设专场发布的数据。

④ 源于《北京市文化产业高质量发展三年行动计划（2020—2022 年)》新闻发布会发布的数据。

5G＋8K超高清体育赛事转播，推动国际传播力和影响力持续提升，同时开展"文化商圈"计划，着力打造时尚之都，连续推出精品项目，推进文化与健康、养老、养生、医疗等多业态融合，全面促进文化产业高质量发展①。

2）着力推动传统文化创新性发展。北京市不断探索优秀传统文化创造性转化新路径，在戏曲传承发展方面成果突出，创办了"中国戏曲文化周"品牌活动，打造了"全国地方戏演出中心"，制定了支持吸取传承发展的政策和民族艺术进校园的相关管理办法等，进一步推动优秀传统文化焕发新生机。非遗条例的发布推动了非物质文化遗产保护进入法治化轨道，同时注重非遗活态传承，建立了15个非遗生产性保护示范基地，推动认定了126个国家级非遗代表性项目、273个市级非遗代表性项目②。在2008年北京奥运会，2014年APEC会议，2018年平昌冬奥会"中国之家"活动、中非合作论坛北京峰会，2019年世园会、"一带一路"国际合作高峰论坛等国家重大活动中，非物质文化遗产展现风采，绽放魅力，发挥了独特作用。

2. 浙江省

（1）浙江省文化产业发展现状与瓶颈。

如图4-56所示，浙江省在文化资源、文化资本、人力资源、经济影响、社会影响、市场环境、公共环境、创新环境方面均超过全国平均水平，经济影响、创新环境方面表现尤为突出。

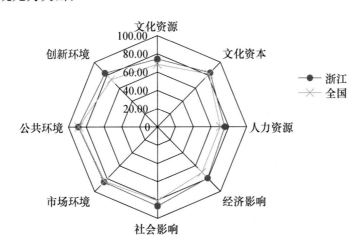

图4-56 2019年浙江省文化产业二级指标雷达图

① 源于"北京市庆祝中华人民共和国成立70周年"系列主题新闻发布会——文化建设专场发布的数据。

② 见人见物见生活！北京市非物质文化遗产保护成效显著［N］．北京日报，2018-06-08.

　　文化资源方面，浙江省是吴越文化的重要发祥地，拥有越剧、丝绸、瓷器、木雕、根雕等一大批特色传统文化资源①。根据《2019 年浙江省国民经济和社会发展统计公报》，2019 年年末全省共有公共图书馆 103 个，文化馆 101 个，文化站 1 375 个，博物馆 360 个，隶属文化部门艺术表演团体 58 个；广播综合人口覆盖率为 99.73%，电视综合人口覆盖率为 99.82%；有影视制作机构 3 291 家，其中上市公司 26 家；制作电视剧 45 部 1 928 集，制作动画片 70 部 23 405 分钟，制作影片 87 部，电影票房收入 50.2 亿元，比上年增长 2.5%；有图书出版社 15 家；公开发行报纸 107 种，出版期刊 235 种。

　　文化资本方面，近年来，浙江省政府不断加大对文化主要领域的投入力度。浙江省统计局数据显示，2017 年，各级财政对文化产业的投入总额达 80.4 亿元，相比 2002 年增长了 8.5 倍。投入文化产业的民营资本总量也逐年加大，并涌现了一批龙头民营文化企业。在 2019 年深圳文博会上发布的"全国文化企业 30 强"名单中，浙江省有浙报传媒、浙江出版联合集团、宋城演艺、华策影视 4 家企业入选，入选数量排名全国第 2，仅次于北京。2018 年至 2020 年 1 月，共有 440.02 亿元资金通过新三板、上市再融资、信托债券等多种渠道流入浙江省文化产业。其中，私募股权融资渠道流入资金占比达 46.84%，成为浙江省文化产业资金流入的主要渠道，共 123 起且总资金高达 206.09 亿元。分年度来看，2018 年、2019 年浙江省文化产业分别流入资金 222.70 亿元、214.78 亿元，分别占同期全国文化产业资金流入总额的 6.16%、7.52%，浙江省文化产业资金流入总额的全国占比不断提高②。

　　人力资源方面，2019 年浙江省在全国以指数 75.49 排名第 5。2019 年，浙江省文化人才队伍建设进一步加强：抢占人才制高点，开展文化领域领军人物遴选培养工作，推出浙江省舞台艺术"1111"（名编、名导、名角、名匠）人才计划；培养中青年骨干，实施青年艺术人才培养"新松计划"、文博人才"新鼎计划"；深化人才培育模式改革，推动浙江音乐学院开展"3+4"，浙江艺术职业学院开展"3+2"五年一贯制艺术人才培养；浙江音乐学院 2 个专业入选国家级一流本科专业，浙江艺术职业学院入选国家"双高"职业院校行列；实施"浙江省文化和旅游创新团队""浙江省文化和旅游厅优秀专家"培育项目③。

---

　　①② 浙江省文化创意产业政策［EB/OL］.（2014-02-25）［2020-02-24］. http://www. zgsxzs. com/a/news/zhaoshangdongtai/shengquzhengce/2014/0225/594544. html.

　　③ 浙江省文化和旅游厅 2019 年度政府信息公开工作报告［EB/OL］.（2020-01-22）［2020-02-11］. http://ct. zj. gov. cn/art/2020/1/22/art_1653937_41809476. html.

经济影响方面，2018年浙江全省文化产业增加值占其生产总值的比重为7.5%左右，增长12%①。浙江省文化及相关特色产业增加值一路走高，文化产业已成为浙江省地区经济支柱性产业之一，是经济社会发展的新亮点。2018年，浙江省文化服务业营业收入5 696亿元，占规模以上文化及相关特色产业营业收入的56.4%，比上年增长17.0%，拉动规模以上文化及相关特色产业营业收入增长9.2个百分点。文化制造业、文化批发零售业和文化建筑业营业收入分别为3 077亿元、1 301亿元和17亿元，分别增长了6.4%、7.4%和52.9%，合计拉动规模以上文化及相关特色产业营业收入增长3.1个百分点。2018年浙江省扎实推进公共文化服务"十百千"工程建设，全年累计增加投入28.67亿元，完成重点县的47个提升项目和63个重点乡镇、991个重点村建设任务。浙江还努力创新文化消费形式，进一步扩大文化消费范围，组织举办了浙江省暨杭州市文化消费季活动，文化和旅游部对杭州市文化消费指数研究给予了奖励资助，宁波市入选了国家文化消费试点城市奖励计划第一档城市。中国（义乌）文化产品交易会进一步转型升级，第13届交易会实现洽谈交易额53.21亿元。此外，浙江还联合其他省市举办了长三角国际文化产业博览会②。2018年，《之江文化产业带建设规划》发布会现场签约7个文化产业项目，涉及总金额约180.5亿元③。

社会影响方面，2019年浙江省社会影响指数高达86.60，在强势地区中排名第2。2019年，浙江文化产业建设方面取得新的成绩。文化遗产保护方面，15个县（市）被列入全国第一批革命文物保护利用片区分县名单，组织实施考古发掘项目69项、考古调查勘探项目72项，实施了传统戏剧发展"五个一"计划。现代公共文化服务体系建设方面，87个县（市、区）通过了基本公共文化服务标准化认定，占总量的97.8%；全省公共图书馆和公共文化馆全部建立理事会制度；新建农村文化礼堂3 282家；评定"浙江省文化强镇"30个、"浙江省文化示范村（社区）"94个；小品《父与子》获第十八届全国"群星奖"。艺术创作方面，创排了大型舞台艺术作品52部，入选国家级各类奖项及扶持项目13部，68个项目获国家艺术资金资助，位居全国第2，命名"文艺创作采风基地"10个、越剧之乡10个，评定美丽乡村育村（社区）试点单位94个。对外和对港澳台文化交流方面，实施对外和对港澳台交流项目1 746个，开展推介活动41场；中国丝绸博物馆牵头启动了12

①② 浙江省文化和旅游厅2018年工作总结．[EB/OL]．（2019-04-03）[2020-01-05]．http://zjct.tourzj.gov.cn/Newsinfo.aspx? CID=350280．

③ 浙江打造万亿级文化产业 之江文化产业带正驶入加速发展的快车道[EB/OL]．（2018-06-26）[2020-02-03]．http://zjnews.china.com.cn/yuanchuan/2018-06-26/142366.html．

国"世界丝绸互动地图"科技合作，承办了内地与港澳台文化旅游界大型交流活动"艺海流金"，赴台举办了第十三届"台湾·浙江文化旅游节"等活动①。

（2）浙江省文化产业发展成功的关键因素。

1）长三角文化和旅游一体化为浙江文化产业发展赋能。2019 年长三角农旅合作协议签订，为充分发挥长三角农业和旅游资源的集聚功能，共同打造长三角区域农旅一体化发展示范区提供了保障；通过政府推动、市场运作、资源整合及互利合作等方式，形成了优势互补、共建共享、统一开放的新格局，推进了农旅一体化，以农业产业对接、品种交流和技术共享等方式方法，进一步丰富了农旅节庆平台功能，扩大了农旅节庆平台发展规模。在产业经济一体化、旅游资源一体化的基础上，进一步实现了社会治理一体化、生态环境一体化、交通网络一体化的全面发展。

2）文旅融合 IP 工程建设，进一步扩大品牌影响力。2019 年 7 月，浙江省文化和旅游厅正式印发了《关于加快推进文旅融合 IP 工程建设的实施意见》。浙江以文旅融合 IP 建设为切入点和着力点，推动文化和旅游"双万亿"产业高质量发展，助推本省建设全国文化高地、中国最佳旅游目的地、全国文化和旅游融合发展样板地，从"突出重点领域，鼓励先行先试""构建评价体系，推动全面发展""强化数字化运用，实现智能化管理""发挥行会作用，促进健康发展""开展共享互鉴，加大市场宣传"等方面落实各项工作。

3. 江苏省

（1）江苏省文化产业发展现状与瓶颈。

2019 年，江苏省在文化资源、文化资本、人力资源、经济影响、社会影响方面表现突出，均超过全国平均水平（见图 4-57）。

文化资源方面，江苏省公共文化服务水平稳步提高，在文化场馆类资源方面优势尤其明显。根据《2019 年江苏省国民经济和社会发展统计公报》，2019 年公共文化服务水平稳步提升，城乡公共文化服务体系不断完善；全省共有综合档案馆 113 个，向社会开放档案 98.9 万件；共有广播电台 8 座，中短波广播发射台和转播台 21 座，电视台 8 座，广播综合人口覆盖率和电视综合人口覆盖率均达 100%；全省有线电视用户 1 543.2 万户；全年生产故事电影院片 48 部，出版报纸 20.2 亿份，出版杂志 1.1 亿册，出版图书 7.4 亿册。

---

① 浙江省文化和旅游厅 2018 年工作总结. ［EB/OL］. （2019-04-03）［2020-01-05］. http://zjct. tourzj. gov. cn/Newsinfo. aspx？CID＝350280.

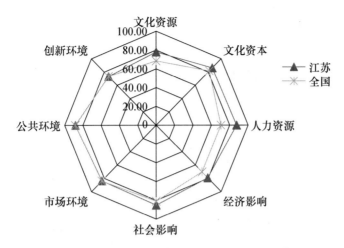

图 4 - 57 2019 年江苏省文化产业二级指标雷达图

文化资本方面，2019 年江苏省财政加大了公共文化投入，全面推进城乡基本公共文化服务均等化。2019 年江苏省财政统筹中央财政专项资金，累计下达市县各类基本公共文化服务建设专项资金 9.5 亿元，其中包括：各类公共博物馆、纪念馆、爱国主义教育、公共图书馆、美术馆、文化馆（站）等公益性文化设施免费开放补助资金 4.49 亿元；全省广播电视覆盖专项经费 9 400 万元；农家书屋建设经费 2 800 万元；免费送电影经费 3 000 万元，免费放映数字电影 14.5 万场；送戏下乡经费 1 120 万元，免费送戏 2 800 场；村级文化服务中心补助经费 2 057 万元，累计补助村级文化服务中心 2 057 家；创新示范乡镇文化站、公共图书馆、文化馆等补助经费 1 457 万元；另外，通过因素分配法下达各市县公共文化服务体系建设奖补资金 2.2 亿元，由各市县财政结合当地文化事业发展情况，专项用于文化事业建设[①]。

人力资源方面，江苏省指数为 87.54，远远超过了全国平均水平，表现非常突出。截至 2018 年年底，江苏省有文化及相关行业机构 24 928 个，从业人员 159 814 人，其中专业技术人才 24 840 人，在专业技术人才中，正高级职称 1 029 人，副高级职称 2 762 人，中级职称 7 220 人。2018 年年末从业人员较 2011 年增加了 41 687 人[②]。作为教育大省，江苏在充分利用教育资源，发挥教育优势培养专业的文化产业从业人员，举办以文化产业发展为主题的国际学术交流活动，促进人才的交流互

---

① 2019 年省财政累计下达各类公共文化服务体系建设专项资金 9.5 亿元 ［EB/OL］.（2019-12-12）［2020-01-12］. http://czt. jiangsu. gov. cn/art/2019/12/art_8065_8843339. html.

② 2018 年度全省文化发展相关统计报表 ［EB/OL］.（2019-08-06）［2020-02-19］. http://wlt. jiangsu. gov. cn/art/2019/8/6/art_48960_8660210. html.

动等方面做出了积极努力。

经济影响方面，2018 年江苏省各地区文化产业总产出 187.98 亿元，文化产业增加值合计 91.10 亿元。全省现有各级各类文化产业园区（基地）200 多家[①]。江苏成功创建了国家级文化产业试验园区南京秦淮特色文化产业园，无锡国家数字电影产业园等国家文化产业示范基地，南京、无锡、常州 3 个国家文化和科技融合示范基地以及无锡国家文化出口基地[②]。以南京秦淮特色文化产业园为例，现已入驻企业 2 800 余家，其中文化企业占近八成，文化类生产经营及其配套设施面积占园区总建设面积的比例超过 80％，文化产业增加值连续三年增幅达到 20％以上[③]。

社会影响方面，江苏省在创作艺术精品、塑造文化艺术活动品牌、建立健全服务标准、实施文化惠民工程、提升公共服务效能等举措的引领下，文化产业社会影响力不断提升：围绕新中国成立 70 周年、全面建成小康社会、建党 100 周年等重大时间节点，组织推进重大历史题材、革命题材和现实题材创作，推出了一批艺术精品；精心组织作品参演了第十二届中国艺术节，参评了第十六届文华奖和第十八届群星奖，开展了第四届江苏省文华奖评选；策划举办了一批庆祝新中国成立 70 周年艺术展演展览活动，举办了 2019 戏曲百戏（昆山）盛典，配合举办了紫金文化艺术节，组织举办了第三批江苏省优秀美术家系列展和老中青油画家作品展；围绕实施乡村振兴战略，继续推进省级文博场馆、基层文化站点建设；完善公共文化服务运行机制，扩大了公共文化馆、图书馆、博物馆、美术馆等理事会试点；开展了第四批国家公共文化服务体系示范区、示范项目创建；评选了江苏省特色文化之乡；实现了县级图书馆乡镇（街道）分馆建设全覆盖、县级文化馆总分馆建设率达 80％以上；推进了村（社区）综合性文化服务中心建设，确保全省建成率达 98％[④]。

2019 年江苏省文化产业在诸多方面表现优异，但在一些方面仍存在问题。在市场环境方面，2019 年江苏文化产业市场环境排名全国第 20 名，远远落后于其他指标。在公共环境方面，2019 年江苏文化产业公共环境排名全国第 18 名，也落后较多。在创新环境方面，2019 年江苏文化科技、科研单位人均科研经费指数值为

①　2018 年度全省文化发展相关统计报表 ［EB/OL］.（2019－08－06）［2020－02－19］. http：//wlt. jiangsu. gov. cn/art/2019/8/6/art_48960_8660210. html.

②　全省文化产业发展情况的报告 ［EB/OL］.（2018－11－19）［2020－02－13］. http：//www. jsrd. gov. cn/cwhzt/201806/hywj201806/201811/t20181119_508267. shtml.

③　走访江苏唯一"国字号"文化产业试验园 水韵秦淮亮风采 ［EB/OL］.（2020－05－09）［2020－05－09］. https：//baijiahao. baidu. com/s？id=1666309877832950052&wfr=spider&for=pc.

④　2019 年工作要点全发布，30 项重点任务助力"强富美高"新江苏 ［EB/OL］.（2019－02－25）［2020－02－23］. https：//www. sohu. com/a/297608834_677067.

74.03，文化部门科研机构高级职称就业人员每百万人拥有量指数值只有 62.56，仍有很大的进步空间。针对上述问题，江苏省应继续加大文化科研经费投入力度，设立文化产业创新基金，鼓励文化产业领域创新，充分利用南京大学、东南大学等知名高校的高素质创新人才资源，吸引国内外文化领军人才，培养创新型人才队伍，打造文化产业人才高地。

（2）江苏省文化产业发展成功的关键因素。

1）扎实推进公共服务体系建设。江苏省不断建立健全服务标准，围绕实施乡村振兴战略，继续推进省级文博场馆、基层文化站点建设和旅游厕所革命，全年新建和改扩建旅游厕所 1 165 座。落实《江苏旅游厕所建设管理指南》，推动旅游厕所建设管理规范化、标准化。实施文化旅游惠民工程，实施服务效能提升"十百千"示范工程，重点扶持 10 个县级文化馆、100 个乡镇综合性文化服务中心、1 000 个村级综合性文化服务中心。实施"好戏进万村"行动，完成"送戏下乡"2 800 场。组织"倡导移风易俗、弘扬时代新风"主题性群众文艺巡演巡展 1 000 场[①]。不断提升公共服务效能，启动"江苏公共文化云"服务平台及旅游监管与服务平台建设。加强数字文化馆、数字图书馆和全省公共图书馆服务大数据平台建设。

2）大力发展数字化新兴业态。推动"文化＋""旅游＋"与其他相关产业融合，引导各类旅游业态持续发展。首届江苏智慧文旅高峰论坛于 2019 年 9 月举办，论坛以"文旅'核聚变'：5G 遇上智慧文旅"为主题，搭建数字信息技术产业与文旅产业的交流平台，深入探讨"文化＋旅游＋科技"的融合发展路径，展现 5G 和智慧文旅在提升旅游体验、保护与传播优秀传统文化、提升服务水平方面的创新应用，为江苏智慧文旅产业的创新发展、"增产增效"提供新方法、新思路、新途径。论坛就 5G 商用背景下的智慧文旅发展趋势、数字背景下的文化和旅游消费提升、新文旅时代下的产业融合和创新发展、5G 技术在文旅行业的应用、数字技术助推文旅产业创新发展、数字科技赋能用户美好旅程等方面展开了讨论。

4．广东省

（1）广东省文化产业发展现状与瓶颈。

如图 4-58 所示，2019 年广东省在文化资源、人力资源、经济影响、市场环境和公共环境方面的表现都超过了全国平均水平，其在人力资源、经济影响方面表现尤为突出。

---

① 江苏省文化和旅游厅 2019 年工作要点 [EB/OL]．（2019-02-14）[2020-01-12]．http://wlt.jiangsu.gov.cn/art_699_8114918.html.

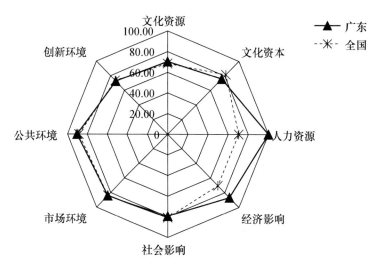

图 4－58　2019 年广东省文化产业二级指标雷达图

文化资源方面，《2019 年广东省国民经济和社会发展统计公报》显示，2019 年年末全省共有各类专业艺术表演团体（公有制）74 个，群众艺术馆、文化馆 146 个，县级以上公共图书馆 143 个，博物馆 197 个。全省有广播电台 22 座，电视台 24 座。广播综合人口覆盖率和电视综合人口覆盖率均为 99.9％。年末有线广播电视用户 1 630 万户，比上年年末增长 0.2％；有线数字电视用户 1 546 万户，下降 0.1％；IPTV 用户数 1 823 万户，增长 17.6％；OTT 用户数 4 807 万户，增长 70.5％；全年生产电视剧 20 部。全年出版报纸 17.68 亿份，各类期刊 1.05 亿册，图书（总印数）3.52 亿册，人均图书拥有量 3.06 册。全省共有综合档案馆 143 个。2018 年，文化及相关产业增加值 5 787.81 亿元，占地区生产总值的比重为 5.79％。

人力资源方面，广东省持续表现突出，连续 9 年都位列第 1，且指数达到了 100。作为全国人口最多的省份，广东在人才方面具有得天独厚的优势。据广东统计信息网数据，截至 2019 年第三季度，广东省"四上"企业单位从业人员达 2 235.76 万人，在岗职工 2 157.48 万人。

经济影响方面，2017 年广东全省文化及相关产业法人单位超过 13 万家，占全国文化企业总数的 10％以上，其中规模以上文化企业 8 060 家，主营业务收入、资产总量分别达到 1.72 万亿元、2.27 万亿元，从业人员达 342 万人，居全国第 1。

制约广东省文化产业发展的因素主要是文化资本相对薄弱，社会影响力较差。

（2）广东省文化产业发展的关键因素。

1）打造"文旅融合"新模式，发掘经济发展增长点。2019 年是广东省文化和旅游融合的第一年，广东在文旅融合上做了很多探索：打造了 5 条粤港澳大湾区文化遗产旅游路径，要求全省各市各建 3 条历史文化主题线路，各县各建 3 条乡村旅游精品线路，建立了一批工业旅游线路和商贸旅游线路，形成了全域旅游的新态势。公共文化服务、文化事业健康发展，全省的图书馆、文化馆、博物馆基本实现了全覆盖，乡村文化站、社区文化中心实现了全覆盖，达到了全面小康水平，文化产业持续保持全国第 1 的地位，文化产业和旅游产业的增加值位居全国前列，成为全省经济发展新的增长点，成为广东地区经济重要的支柱性产业，特别是文化旅游消费对于拉动经济增长起到了巨大作用。

2）粤港澳大湾区为广东省文化产业增添新动力。在《粤港澳大湾区发展规划纲要》中，文化和旅游发展在多个章节均被提及，包括共建人文湾区，构筑休闲湾区，并将"建设宜居宜业宜游的优质生活圈"确定为五大战略定位之一，规划纲要为新时代粤港澳大湾区文化和旅游发展带来了巨大机遇，进一步促进了粤港澳大湾区世界级旅游目的地建设。这预示着大湾区旅游发展进入了新一轮黄金期、整合融合期和深度合作期。

3）旅游服务质量和信用体系建设保障文化产业健康发展。2019 年《广东省文化和旅游厅关于印发〈推进旅游服务质量提升计划行动方案〉的通知》发布，进一步提升了文化旅游服务质量水平，提升了人民群众的幸福感和获得感。2019 年 4 月，广州市制定了《广州市文化旅游服务质量提升"1＋9"计划》，包括《广州市文化旅游服务质量提升计划总体方案》，以及旅游景区、星级酒店、旅行社、在线旅游经营、公共文化旅游服务场所、文化演艺场所、文物保护单位、文化旅游市场、博物馆 9 个服务质量提升计划，整体推进各项服务质量提升计划落实。广州公共文化服务设施不断完善，旅游行业营商环境不断优化，番禺区成功创建国家全域旅游示范区，夜间文化旅游体验更加丰富，文化艺术精品不断涌现。

5. 上海市

（1）上海市文化产业发展现状与瓶颈。

2019 年，上海的文化资源、人力资源、经济影响、社会影响、市场环境、公共环境、创新环境方面发展情况良好，均超过了全国平均水平（见图 4-59）。

文化资源方面，根据《2018 年上海市国民经济和社会发展统计公报》，截至 2018 年年末，上海全市有市、区级文化馆、群众艺术馆 25 个，艺术表演团体 329 个，市、区级公共图书馆 23 个，档案馆 49 个，博物馆 131 个。全市共有公共广播节目 22 套、公共电视节目 25 套。全市共有有线电视用户 804 万户，有线数字电视用户 736 万户。全年生产电视剧 51 部 2 190 集、动画电视 8 388 分钟。全年共出版

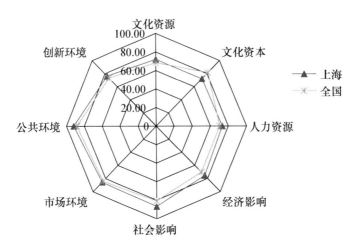

图4-59　2019年上海市文化产业二级指标雷达图

报纸8.17亿份、各类期刊0.85亿册、图书4.80亿册，摄制完成86部影片。

经济影响方面，上海作为金融中心，文创产业发展充分发挥了金融杠杆优势。2018年上海市设立了上海文化产业发展投资基金，加快推动文化产业创新发展。信贷支持政策进一步落实，银行业金融机构继续加大对中小微文创企业的信贷投放。为进一步提高上海文创金融专业服务水平、搭建金融服务平台，上海银监局联合上海市委宣传部、上海市经信委、上海市金融办制定专项工作方案，共同推进设立上海银行业文化创意特色支行，首批5家支行已获得上海市银行同业公会授牌，截至2018年上半年，上海辖区内商业银行文化产业贷款余额达456.59亿元，其中，首批5家授牌支行授信余额近90亿元，占全部文化产业贷款余额的近20%[①]。新元新经济智库发布的《上海文化产业投融资态势分析》显示，2017年至2019年6月，社会资本渠道为上海文化产业提供资金1 009.28亿元。第二届长三角国际文化产业博览会顺利举办，主会场设在国家会展中心（上海），展览场地总面积为5.4万平方米，是首届总规模的两倍以上。

社会影响方面，随着上海市多维度地在文化领域不断耕耘，其文化产业社会影响力日益增强。2019年上海成功举办第十二届中国艺术节、第二十二届国际电影节等重大文化活动。第二十一届中国上海国际艺术节推出了7大板块350余项活动，42台96场参演剧目中全球首演7台、亚洲首演6台、上海原创8台；500余个演艺项目达成交易意向。上海市现代公共文化服务体系率先基本建成，"文化进地铁"推出19列地铁文化列车、20余场文化长廊、100场音乐角演出；"文化进机

---

① 上海银监局推进文创金融深度合作，首批文创特色支行授牌［EB/OL］.（2019-01-17）［2020-02-26］. http://www.shanghai.gov.cn/nw2/nw2314/nw2315/nw18454/u21aw1357693.html.

场"在浦东和虹桥机场艺术馆推出 4 场展览。深化"建筑可阅读"等品牌，黄浦、静安等 6 个中心城区开放历史建筑 1 237 处，设置建筑二维码 1 827 处，推出 327 种建筑可阅读文创产品和 87 条建筑微旅行线路，全年接待游客 1 830 万人次。建成程十发美术馆、上音歌剧院等文化设施，完成隧道调频广播工程、市级广播电视发射塔基础设施运维工程。全年共出版报纸 7.84 亿份、各类期刊 0.74 亿册、图书 5.33 亿册，摄制完成 102 部影片[①]。

创新环境方面，近年来上海市积极推进文化产业创新，逐渐取得成效。2019 年，首届艺术与设计创新未来教育博览会顺利举办，吸引了来自海内外的 30 多家艺术设计知名院校参与。上海出版产业聚焦打响出版"文化品牌"，深入推进出版创新驱动、转型发展，破除制约发展的瓶颈问题。自贸区（新片区）建设推动文化市场有序开放，2019 年自贸区文化产业保持增长，全年文化贸易额达 400 亿元，艺术品进出境额达 85 亿元，进出境艺术品数量近 4 500 件（套），版权快速登记量 22 000 余件[②]。此外，全国首座中国近现代新闻出版博物馆和产学研协同数字传媒创新基地确定落户上海杨浦滨江区域，预计将于 2021 年建成。

市场环境方面，2019 年全市文化创意产业园区、楼宇和空间评估及认定工作顺利开展，正式认定 137 个园区为市级文化创意产业园区（其中 20 个园区被认定为示范园区），10 个楼宇被认定为示范楼宇，20 个空间被认定为示范空间。目前，137 家市级文创园区的总建设面积超过 700 万平方米，入驻文创企业 2 万余家，入驻企业总营收近 5 500 亿元。一批园区运营主体积极打造自身的品牌价值和影响力，德必集团形成了德必易园、德必 we、运动 LOFT 等不同特色的连锁园区类型；上海纺织集团围绕园区产业特色建立了以文化艺术为核心的 M50、以生活时尚为核心的尚街 LOFT 等园区品牌；锦和集团通过建设"越界"商标，拓展了园区标准化服务[③]。

但是，上海在文化产业发展中也面临问题。文化资本方面，2019 年上海文化产业人均固定资产投资仍低于全国平均水平，需要政府文化产业相关部门给予更多的重视。值得一提的是，上海市文化产业市场环境指数由 2018 年的第 2 名下降到 2019 年的第 12 名，说明这两年上海市公共环境水平有所下滑。

（2）上海市文化产业发展成功的关键因素。

1）产业结构持续优化。近年来，随着以数字技术为载体的新兴文化产业形态

---

① 2019 年上海市国民经济和社会发展统计公报 [R/OL].（2020-03-29）[2020-04-01]. http://tjj. sh. gov. cn/tjgb/20200329/05f0f4abb2d448a69e4517f6a6448819. html.

②③ 2019 年上海文化产业发展报告 [R/OL].（2019-04-23）[2020-01-16]. http://baijiahao. baidu. com/s? id=1664732651472807359&wfr=spider&for=pc.

的迅猛发展，上海市文化产业向内容化、移动化、智能化、深融合的方向发展，进一步推动了全市文化产业内容创作生产能力的稳步提升，同时产出了非常多优质的文化内容，出版、影视、新闻等传统产业进一步转型升级，全球影视创制中心建设同步开展，巩固强化了在网络视听内容、网络文化等数字化内容生产方面的国内产业高地地位。同时，以创意设计、时尚产业为代表的新兴文化领域呈现出创新、融合、开放的产业特征，互联网文化娱乐平台等新型传播渠道和文化内容平台成为助推新兴文化产业发展的重要动力。

2）文化产业金融生态建设不断完善。上海积极推动文化与金融融合，持续拓展文化金融合作渠道，进一步完善多元文化金融服务体系，切实落实信贷支持政策，银行业金融机构继续加大对中小微文创企业的信贷投放力度。推进文化投融资服务平台建设，提高"上海文创金融服务平台"的服务效能。

3）国家战略引领产业高质量发展。一是自贸区（新片区）建设推动文化市场有序开放。在自贸区的引领带动下，上海文化产业以自贸区临港新片区揭牌为契机，进一步推动文化市场开放，创新文化产业制度，提升发展能级。二是长三角文化产业合作向纵深发展。上海全面落实长三角一体化发展规划纲要，积极推动区域协调发展，以产业合作为抓手，推进长三角文化产业实现更高质量的一体化发展。三是"一带一路"文化出海加快推进。上海积极参与"一带一路"建设，持续推进"一带一路"对外文化合作、交流和贸易。四是主场外交助力中华文化对外传播。借助进博会等主场外交平台渠道，积极传播中国理念、中国声音，打响"上海文化"品牌。

三、中国文化产业发展弱势地区特征及决定要素

本书把文化产业发展指数较低的安徽、辽宁、青海、云南、甘肃5省作为文化发展弱势地区，从文化产业发展指数体系角度出发，对上述5省的各级指标逐一进行分析，探究其文化发展水平的决定因素，并对典型省份进行具体分析。

（一）中国文化产业发展弱势地区特征

1. 弱势地区综合指数分析

表4-16显示了弱势地区的文化产业综合指数、文化产业综合指数增速和文化产业综合指数变异系数数值，以及前述五省相关数据的平均值和全国相关数据的平均值。

表 4－16　2019 年弱势地区文化产业综合指数

项目	综合指数	综合指数增速	综合指数变异系数
安徽	73.39	−0.50％	0.022
辽宁	72.94	−1.70％	0.039
青海	72.91	0.97％	0.064
云南	72.36	−1.54％	0.026
甘肃	72.06	0.81％	0.050
地区均值	72.73	−0.39％	0.040
全国均值	76.09	0.45％	0.048

（1）数值比较。

由表 4－16 和图 4－60 可知，从整体来看，2019 年弱势地区的文化产业综合指数平均值为 72.73，低于全国平均水平（76.09）。在弱势地区内部，安徽的综合指数最高，其综合指数为 73.39，但仍低于全国的平均水平。其他四个地区的文化产业综合指数更是低于全国平均水平，其中，甘肃最低，为 72.06。可见，弱势地区的文化产业整体发展水平和全国平均发展水平有较大差距。

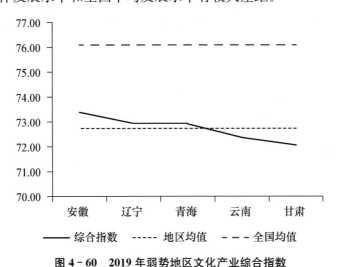

图 4－60　2019 年弱势地区文化产业综合指数

（2）增速比较。

由表 4－16 和图 4－61 可知，2019 年弱势地区内部各省的文化产业综合指数增速差异较小。其中，青海的增速最高，为 0.97％；辽宁的增速最低，为 −1.70％。此外，云南、安徽综合指数增速皆为负，分别为 −1.54％ 和 −0.50％。从整体来看，弱势地区综合指数增速均值为 −0.39％，低于全国均值（0.45％）。可见，弱势地区的文化产业发展速度略低于全国平均水平。

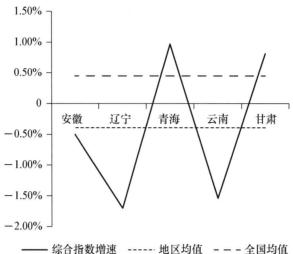

图 4－61　2019 年弱势地区文化产业综合指数增速

（3）变异系数比较。

由表 4－16 和图 4－62 可知，2019 年弱势地区各省文化产业综合指数变异系数差异同样较为明显。其中，青海的综合指数变异系数最高，为 0.064；安徽的综合指数变异系数最低，为 0.022。从整体来看，弱势地区文化产业综合指数变异系数均值为 0.040，略低于全国均值（0.048），说明弱势地区文化产业发展均衡程度和全国平均水平基本一致。

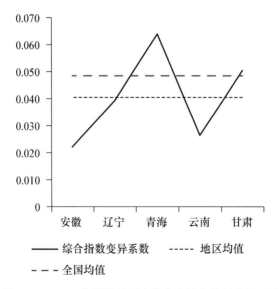

图 4－62　2019 年弱势地区文化产业综合指数变异系数

2. 弱势地区一级指标分析

总体来看,弱势地区文化产业发展在生产力、影响力和驱动力方面都与全国平均水平有一定差距。本小节将从文化产业生产力指数、影响力指数和驱动力指数及其增速和变异系数来全面评价和分析弱势地区文化产业发展特征。

(1) 文化产业生产力方面。

表 4-17 给出了 2019 年弱势地区文化产业生产力指数的相关数据。

表 4-17 2019 年弱势地区生产力指数

项目	生产力指数	生产力指数增速	生产力指数变异系数
安徽	71.18	−0.35%	0.080
辽宁	69.21	−3.80%	0.022
青海	68.34	3.51%	0.122
云南	70.05	−1.33%	0.074
甘肃	67.36	−1.39%	0.066
地区均值	69.23	−0.67%	0.073
全国均值	72.30	0.96%	0.109

1) 数值比较。

如表 4-17 和图 4-63 所示,在弱势地区当中,安徽的文化产业生产力指数最高,为 71.18;甘肃的文化产业生产力指数最低,为 67.36;均低于全国均值。从整体来看,弱势地区文化产业生产力指数均值为 69.23,低于全国均值(72.30),说明弱势地区的文化产业生产力水平比较低,文化产业投入的要素资源相对匮乏,这是弱势地区发展文化产业的一大劣势。

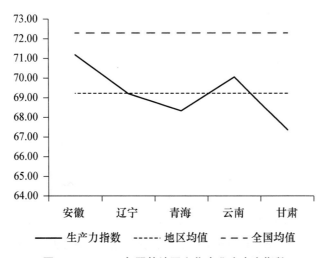

图 4-63 2019 年弱势地区文化产业生产力指数

2）增速比较。

如表4-17和图4-64所示，2019年弱势地区文化产业生产力指数增速呈现不均衡状态。其中，青海的文化产业生产力指数增速为正值，为3.51%；其他四个地区均为负增长，其中辽宁的文化产业生产力指数增速最低，为－3.80%。从整体来看，弱势地区文化产业生产力指数增速均值为－0.67%，低于全国均值（0.96%），说明弱势地区文化产业生产力提升情况相比全国平均水平仍有差距。

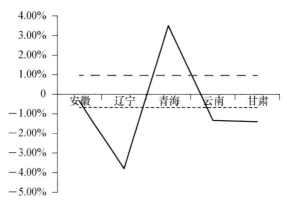

图4-64　2019年弱势地区文化产业生产力指数增速

3）变异系数比较。

如表4-17和图4-65所示，2019年弱势地区各省文化产业生产力指数变异系

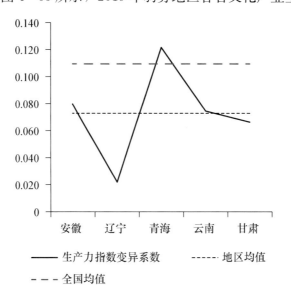

图4-65　2019年弱势地区文化产业生产力指数变异系数

数差异较大。其中，青海的生产力指数变异系数最高，为 0.122；辽宁的生产力指数变异系数最低，仅为 0.022。从整体情况来说，2019 年弱势地区文化生产力指数变异系数均值为 0.073，低于全国均值（0.109），说明弱势地区生产力发展均衡程度高于全国平均水平。

（2）文化产业影响力指数。

表 4-18 反映的是 2019 年弱势地区文化产业影响力指数的相关数据。

表 4-18 2019 年弱势地区影响力指数

项目	影响力指数	影响力指数增速	影响力指数变异系数
安徽	74.17	−0.43%	0.120
辽宁	72.96	−1.12%	0.071
青海	70.83	−0.70%	0.128
云南	73.85	−0.26%	0.105
甘肃	72.04	3.34%	0.108
地区均值	72.77	0.17%	0.107
全国均值	75.59	0.58%	0.104

1）数值比较。

如表 4-18 和图 4-66 所示，2019 年弱势地区各省文化产业影响力指数相差不大。其中，安徽的文化产业影响力指数最大，为 74.17；青海的文化产业影响力指数最小，为 70.83。从整体来看，2019 年弱势地区文化产业影响力指数均值为 72.77，低于全国均值 75.59，说明弱势地区文化产业产出效益有待提升。

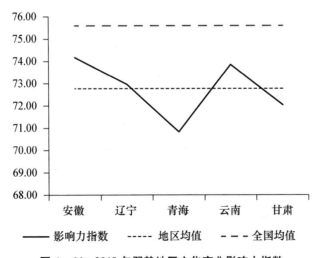

图 4-66 2019 年弱势地区文化产业影响力指数

2）增速比较。

如表 4-18 和图 4-67 所示，2019 年弱势地区文化产业影响力指数增速存在较大的差异。其中，甘肃的影响力指数增速最高，为 3.34%；其余四个省影响力指数增速均为负值，辽宁的影响力指数增速最低，为 -1.12%。从整体来看，弱势地区影响力指数增速均值为 0.17%，略低于全国均值（0.58%），可见弱势地区影响力有待进一步提升。

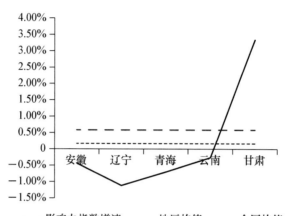

图 4-67　2019 年弱势地区文化产业影响力指数增速

3）变异系数比较。

如表 4-18 和图 4-68 所示，2019 年弱势地区内各省文化产业影响力指数变异

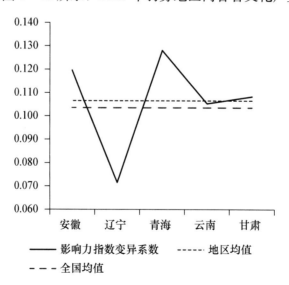

图 4-68　2019 年弱势地区文化产业影响力指数变异系数

系数差异较为明显。其中，青海的影响力指数变异系数最高，为 0.128；辽宁的影响力指数变异系数最低，为 0.071。从整体来看，弱势地区影响力指数变异系数均值为 0.107，略高于全国均值（0.104），说明弱势地区在文化产业影响力方面的均衡程度和全国平均水平基本相当。

（3）文化产业驱动力指数。

表 4-19 反映的是 2019 年弱势地区文化产业驱动力指数的相关数据。

表 4-19　2019 年弱势地区驱动力指数

项目	驱动力指数	驱动力指数增速	驱动力指数变异系数
安徽	73.71	−0.64%	0.114
辽宁	74.79	−1.28%	0.097
青海	77.28	1.43%	0.124
云南	72.03	−2.91%	0.048
甘肃	74.43	−0.54%	0.081
地区均值	74.45	−0.79%	0.093
全国均值	78.49	0.22%	0.096

1）数值比较。

如表 4-19 和图 4-69 所示，2019 年弱势地区各省的文化产业驱动力指数相差不大。其中，青海的驱动力指数最高，为 77.28；云南的驱动力指数最低，为 72.03；均低于全国平均水平。从整体来看，弱势地区的驱动力指数均值为 74.45，低于全国均值（78.49）。这说明弱势地区在文化产业驱动力方面与全国的平均水平有一定差距。

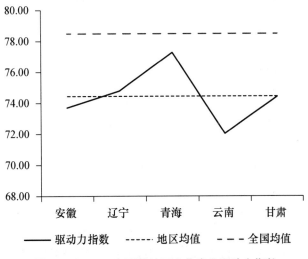

图 4-69　2019 年弱势地区文化产业驱动力指数

2）增速比较。

如表4-19和图4-70所示，2019年弱势地区文化产业驱动力指数增速相差不大。其中，青海的驱动力指数增速最高，为1.43%；其他四个省均为负增长，云南的驱动力指数增速最低，为-2.91%，降幅较大。从整体来看，弱势地区文化产业驱动力指数增速均值为-0.79%，低于全国均值（0.22%），可见，弱势地区文化产业在驱动力的发展方面尚不稳定，与全国平均水平存在一定差距。

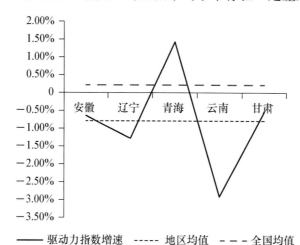

图4-70　2019年弱势地区文化产业驱动力指数增速

3）变异系数比较。

如表4-19和图4-71所示，2019年弱势地区文化产业驱动力指数变异系数差异较为明显。其中，青海和安徽的驱动力指数变异系数较高，分别为0.124和0.114；

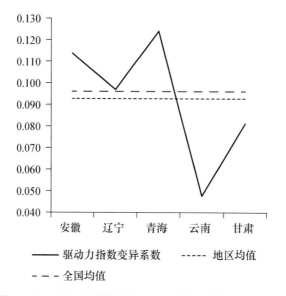

图4-71　2019年弱势地区文化产业驱动力指数变异系数

云南的驱动力指数变异系数最低，为 0.048。从整体来看，弱势地区的驱动力指数变异系数均值为 0.093，略低于全国均值（0.096），说明弱势地区的文化产业驱动力均衡程度与全国平均水平基本保持一致。

3. 弱势地区二级指标分析

本书中文化产业发展指数体系包括 8 个二级指标。表 4-20 反映的是 2019 年弱势地区二级指标指数值及地区均值和全国均值的相关数据。

表 4-20　2019 年弱势地区二级指标指数值及区域均值和全国均值

项目	文化资源	文化资本	人力资源	经济影响	社会影响	市场环境	公共环境	创新环境
安徽	67.97	78.79	69.98	67.90	80.44	79.42	85.30	67.94
辽宁	69.77	70.00	67.28	69.27	76.65	77.55	85.40	70.33
青海	64.39	79.41	65.15	64.42	77.25	86.85	88.74	70.27
云南	68.59	76.48	66.54	68.35	79.35	73.98	76.76	69.80
甘肃	65.37	73.23	65.48	66.52	77.56	77.87	82.91	70.46
地区均值	67.22	75.58	66.88	67.29	78.25	79.14	83.82	69.76
全国均值	68.52	81.62	70.52	70.36	80.82	84.01	88.38	73.36

由 2019 年的数据可知，弱势地区二级指标指数的均值均低于全国均值；而且在文化资本、人力资源、经济影响、社会影响和创新环境 5 个指标上，弱势地区内部的所有省份的指数值均低于全国均值。因此，下文将对这 8 个二级指标依次进行分析。

（1）文化资源。

表 4-21 显示的是 2019 年弱势地区文化产业文化资源指数的相关数据。

表 4-21　2019 年弱势地区文化资源指数

项目	文化资源指数	文化资源指数增速
安徽	67.97	−0.04％
辽宁	69.77	0.03％
青海	64.39	−0.02％
云南	68.59	−0.01％
甘肃	65.37	−0.02％
地区均值	67.22	−0.01％
全国均值	68.52	−0.02％

1）数值比较。

如表 4-21 和图 4-72 所示，2019 年弱势地区各省文化资源指数分布较为集中。其中，辽宁的文化资源指数最高，为 69.77；甘肃的文化资源指数最低，为

65.37，二者相差不大。从整体来看，弱势地区各省文化资源指数均值为 67.22，低于全国均值（68.52），这说明弱势地区文化资源水平落后于全国平均水平，弱势地区的文化资源匮乏是其发展文化产业的短板因素，是亟待解决的问题。

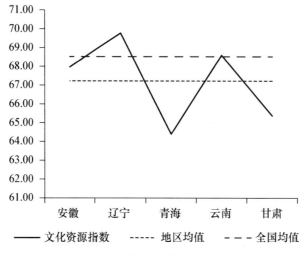

图4-72　2019年弱势地区文化资源指数

2）增速比较。

如表4-21和图4-73所示，除辽宁2019年文化资源指数增速为正值外，其他四个省的增速均为负值。其中，辽宁文化资源指数增速为0.03％；安徽最低，为－0.04％。从整体来看，2019年弱势地区的文化资源指数增速均值为－0.01％，高于全国平均增速（－0.02％），说明弱势地区在文化资源方面的发展有退步迹象，但降幅低于全国平均水平。

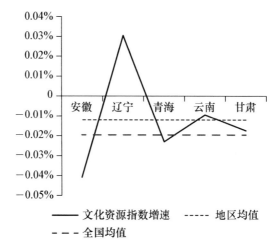

图4-73　2019年弱势地区文化资源指数增速

（2）文化资本。

表 4 - 22 显示的是 2019 年弱势地区文化产业文化资本指数的相关数据。

表 4 - 22　2019 年弱势地区文化资本指数

项目	文化资本指数	文化资本指数增速
安徽	78.79	3.06%
辽宁	70.00	−10.87%
青海	79.41	13.02%
云南	76.48	0.09%
甘肃	73.23	−1.75%
地区均值	75.58	0.71%
全国均值	81.62	7.00%

1）数值比较。

如表 4 - 22 和图 4 - 74 所示，2019 年弱势地区内部各省文化资本指数相差较大。其中，青海文化资本指数最高，为 79.41，接近全国平均发展水平；辽宁文化资本指数最低，为 70.00，和青海相差 9.41，差距较为明显。从整体来看，2019 年弱势地区内部各省文化资本指数均值为 75.58，低于全国均值（81.62），说明弱势地区文化资本投入力度较小，应增加文化资本的投入，以追赶全国平均水平，更好地发展文化产业。

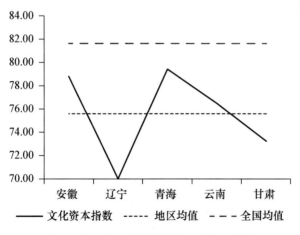

图 4 - 74　2019 年弱势地区文化资本指数

2）增速比较。

如表 4 - 22 和图 4 - 75 所示，2019 年弱势地区各省文化资本指数增速相差较大。其中，青海的文化资本指数增速最高，为 13.02%；辽宁的文化资本指数增速最低，为−10.87％。此外，甘肃的文化资本指数也呈现负增长。从整体来看，2019年弱势地区文化资本指数增速均值为0.71％，低于全国平均增速（7.00％），说明弱势地区文化资本投入低于全国整体水平，需要加大文化资本投入力度。

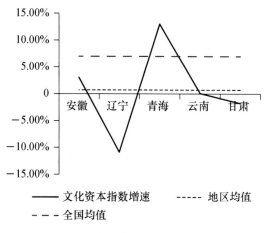

图4-75　2019年弱势地区文化资本指数增速

（3）人力资源。

表4-23显示的是2019年弱势地区文化产业人力资源指数的相关数据。

表4-23　2019年弱势地区人力资源指数

项目	人力资源指数	人力资源指数增速
安徽	69.98	−4.48％
辽宁	67.28	−3.49％
青海	65.15	0.22％
云南	66.54	−5.43％
甘肃	65.48	−3.64％
地区均值	66.88	−3.36％
全国均值	70.52	−3.37％

1）数值比较。

如表4-23和图4-76所示，2019年弱势地区各省的人力资源指数值相对较为集中，均比较低。其中，安徽的人力资源指数最高，为69.98；青海的人力资源指数最低，为65.15，均低于全国均值。从整体来看，2019年弱势地区的人力资源指数均值为66.88，明显低于全国均值（70.52）。这表明，弱势地区的文化产业人力资源水平落后于全国平均水平，该地区内各省政府应积极采取措施吸引文化产业优秀人才，为发展文化产业打好基础。

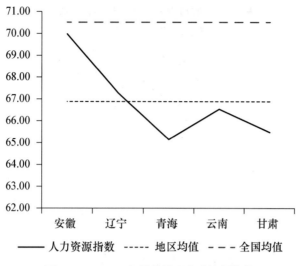

图 4 - 76　2019 年弱势地区人力资源指数

2）增速比较。

如表 4 - 23 和图 4 - 77 所示，除青海以外，2019 年弱势地区各省人力资源指数增速也较为集中。其中，只有青海的人力资源指数增速为正值，为 0.22%，其余四省均为负值。云南的人力资源指数降幅最大，下降了 5.43%。从整体来看，2019 年弱势地区人力资源指数增速均值为 −3.36%，与全国均值基本持平（−3.37%）。这说明弱势地区在人力资源增长方面发展与全国平均水平基本相当。

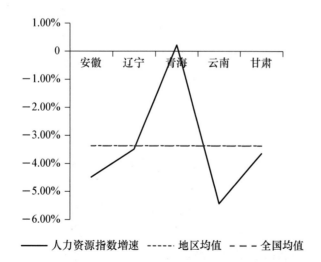

图 4 - 77　2019 年弱势地区人力资源指数增速

（4）经济影响。

表 4 - 24 显示的是 2019 年弱势地区文化产业经济影响指数的相关数据。

表 4-24　2019 年弱势地区经济影响指数

项目	经济影响指数	经济影响指数增速
安徽	67.90	−3.70％
辽宁	69.27	−5.82％
青海	64.42	−1.69％
云南	68.35	−0.01％
甘肃	66.52	2.18％
地区均值	67.29	−1.81％
全国均值	70.36	−2.79％

1）数值比较。

如表 4-24 和图 4-78 所示，2019 年弱势地区各省文化产业经济影响指数均较低。其中，辽宁的经济影响指数最高，为 69.27；青海的经济影响指数最低，只有 64.42。从整体来看，2019 年弱势地区文化产业经济影响指数均值为 67.29，低于全国均值（70.36）。可见，弱势地区在文化产业经济影响方面与全国平均水平仍有一定差距，但这种差距正在逐步缩小。

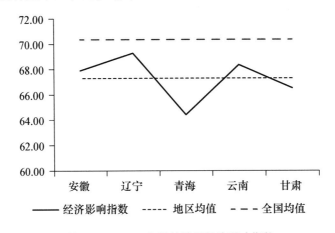

图 4-78　2019 年弱势地区经济影响指数

2）增速比较。

如表 4-24 和图 4-79 所示，2019 年弱势地区内部各省经济影响指数增速差异较大。甘肃的经济影响指数增速最高，为 2.18％，其余各省市均为负值；其中辽宁的经济影响指数增速最低，为−5.82％，降幅较为明显。从整体来看，2019 年弱势地区经济影响指数增速的均值为−1.81％，降幅略小于全国均值（−2.79％）。可见，弱势地区在经济影响方面的发展速度依旧缓慢，但其他省市经济影响方面的发展速度也在逐步放缓。

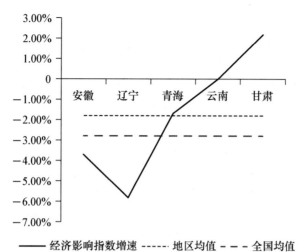

图 4 - 79 2019 年弱势地区经济影响指数增速

（5）社会影响。

表 4 - 25 显示的是 2019 年弱势地区文化产业社会影响指数的相关数据。

表 4 - 25 2019 年弱势地区社会影响指数

项目	社会影响指数	社会影响指数增速
安徽	80.44	2.50％
辽宁	76.65	3.56％
青海	77.25	0.14％
云南	79.35	−0.48％
甘肃	77.56	4.36％
地区均值	78.25	2.02％
全国均值	80.82	4.01％

1）数值比较。

如表 4 - 25 和图 4 - 80 所示，2019 年弱势地区各省社会影响指数较为集中。其中，安徽的社会影响指数最高，为 80.44；辽宁的社会影响指数最低，为 76.65。从整体来看，2019 年弱势地区社会影响指数均值为 78.25，低于全国均值（80.82）。这说明，弱势地区在社会影响方面仍落后于全国平均水平，该地区各省政府应在鼓励群众参与文化活动、营造文化氛围、塑造文化形象、提高文化包容度等方面持续开展工作。

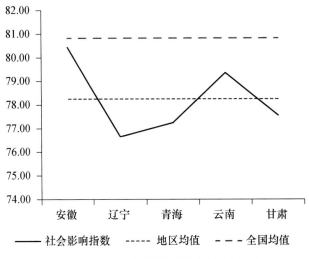

图 4-80 2019 年弱势地区社会影响指数

2）增速比较。

如表 4-25 和图 4-81 所示，2019 年弱势地区社会影响指数增速存在一定差异。其中，甘肃的社会影响指数增速最高，为 4.36%；云南的社会影响指数增速最低，为-0.48%。从整体来看，2019 年弱势地区社会影响指数增速均值为 2.02%，低于全国均值（4.01%）。可见，弱势地区在社会影响方面的发展速度低于全国的平均水平，仍需加快发展节奏。

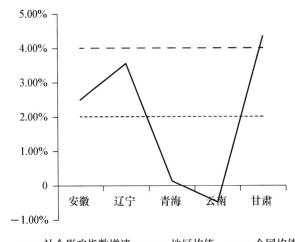

图 4-81 2019 年弱势地区社会影响指数增速

（6）市场环境。

表 4-26 显示的是 2019 年弱势地区文化产业市场环境指数的相关数据。

表4-26　2019年弱势地区市场环境指数

项目	市场环境指数	市场环境指数增速
安徽	79.42	−0.16％
辽宁	77.55	−3.90％
青海	86.85	5.90％
云南	73.98	−3.94％
甘肃	77.87	−0.80％
地区均值	79.14	−0.58％
全国均值	84.01	1.75％

1）数值比较。

如表4-26和图4-82所示，2019年弱势地区各省市场环境指数差异较大。其中，青海的市场环境指数最高，为86.85；云南的市场环境指数最低，为73.98。从整体来看，2019年弱势地区各省市场环境指数均值为79.14，低于全国均值（84.01）。这说明弱势地区市场环境相对较差，与全国平均水平有一定差距，与2018年相比，差距有所扩大，说明弱势地区整体市场环境有待进一步改善。

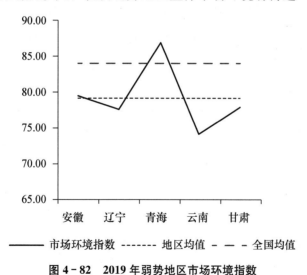

图4-82　2019年弱势地区市场环境指数

2）增速比较。

如表4-26和图4-83所示，2019年弱势地区市场环境指数增速差异较大。其中，青海的市场环境指数增速最高，为5.90％，其余各省均为负值；云南的市场环境指数增速最低，为−3.94％。从整体来看，2019年弱势地区市场环境指数增速均值为−0.58％，低于全国均值（1.75％）。可见，弱势地区各省的市场环境仍需加大改善力度。

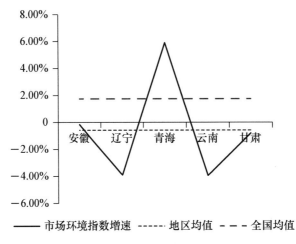

图 4 - 83　2019 年弱势地区市场环境指数增速

（7）公共环境。

表 4 - 27 显示的是 2019 年弱势地区文化产业公共环境指数的相关数据。

表 4 - 27　2019 年弱势地区公共环境指数

项目	公共环境指数	公共环境指数增速
安徽	85.30	−1.38%
辽宁	85.40	−1.94%
青海	88.74	0.78%
云南	76.76	−9.14%
甘肃	82.91	−1.57%
地区均值	83.82	−2.65%
全国均值	88.38	−0.21%

1）数值比较。

如表 4 - 27 和图 4 - 84 所示，2019 年弱势地区各省公共环境指数差异较大。其中，青海的公共环境指数最高，为 88.74；云南的公共环境指数最低，为 76.76。从整体来看，2019 年弱势地区公共环境指数均值为 83.82，低于全国均值（88.38），且弱势地区仅有青海的公共环境指数高于全国均值。可见，弱势地区在文化产业的公共环境方面与全国的平均水平有一定差距，是制约弱势地区文化产业发展的重要因素之一。该地区各省政府应加大文化产业专项资金支持力度，增强政策支持的针对性，提高文化产业公共服务满意度，为文化产业发展营造良好的公共环境。

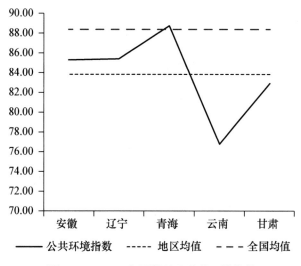

图 4 - 84　2019 年弱势地区公共环境指数

2）增速比较。

如表 4 - 27 和图 4 - 85 所示，2019 年弱势地区内部各省的公共环境指数增速差异明显。其中，只有青海公共环境指数增速为正，其余四省均为负值。云南的公共环境指数降幅最明显，下降了 9.14%。从整体来看，2019 年弱势地区公共环境指数增速均值为－2.65%，低于全国均值（－0.21%）。可见，弱势地区公共环境仍有优化空间。弱势地区各省政府应促进文化产业公共环境不断优化，以具有竞争力的扶持政策和高效的公共服务助推文化产业快速发展。

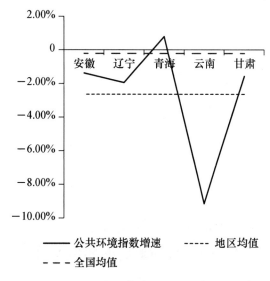

图 4 - 85　2019 年弱势地区公共环境指数增速

（8）创新环境。

表 4－28 显示的是 2019 年弱势地区创新环境指数的相关数据。

表 4－28　2019 年弱势地区创新环境指数

省份	创新环境指数	创新环境指数增速
安徽	67.94	－0.51％
辽宁	70.33	0
青海	70.27	－0.04％
云南	69.80	－0.02％
甘肃	70.46	－0.03％
地区均值	69.76	－0.12％
全国均值	73.36	－0.19％

1）数值比较。

如表 4－28 和图 4－86 所示，2019 年弱势地区内部各省的创新环境指数差异不大。其中，甘肃的创新环境指数最高，为 70.46；安徽的创新环境指数最低，为67.94。从整体来看，2019 年弱势地区创新环境指数均值为 69.76，低于全国均值（73.36）。可见，弱势地区文化产业发展的创新环境与全国平均水平有一定差距，是该地区文化产业落后的重要制约因素之一，该地区各省政府应积极采取措施增加文化领域的科研经费和科研人才投入，优化文化产业发展的创新环境。

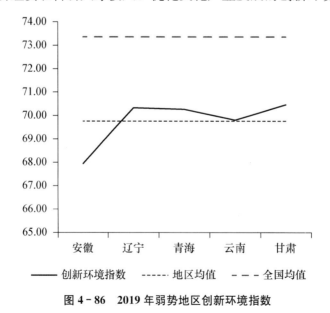

图 4－86　2019 年弱势地区创新环境指数

2）增速比较。

如表 4－28 和图 4－87 所示，2019 年弱势地区内部各省的创新环境指数增速差异较小。其中，安徽的创新环境指数增速最低，为－0.51％；青海、云南、甘肃的增速也为负值，但降幅均较小。从整体来看，2019 年弱势地区创新环境指数增速均值为－0.12％，略高于全国均值（－0.19％）。可见，弱势地区创新环境指数略微下降，与全国平均降幅基本相当。

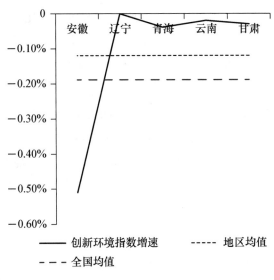

图 4－87　2019 年弱势地区创新环境指数增速

（二）中国文化产业发展弱势地区决定因素

弱势地区文化产业发展落后于全国平均水平，主要影响因素既有先天条件的不足，又有后天环境的不完善，主要体现在文化产业基础设施薄弱、文化产业人力资源匮乏和文化产业市场环境有待优化三方面。

1. 文化产业基础设施薄弱

我国文化产业发展的弱势地区经济发展水平较落后，这些地区受制于其整体经济发展状况，文化产业起步较晚，文化基础设施建设相对滞后，运营效率较低，公共文化服务缺乏，文化产业经济效益和全国平均水平相比存在明显差距。近几年，在各级政府的高度重视和引导下，虽然各地加强了文化产业基础设施建设，但是由于缺乏建设发展资金，建设进程缓慢。例如，西藏、新疆、宁夏在文化场馆、演出次数等文化产业基础要素上排名都在全国范围内垫底。这就决定了当地的文化氛围不浓厚，进一步造成了居民文化生活的单调，居民对文化消费的需求较低，难以形成文化消费的习惯，对文化市场的发展起到了制约作用。因此，弱势地区文化产业在市场环境和经济影响方面都缺乏活力，与全国平均水平差距较大。

2. 文化产业人才资源匮乏

由于弱势地区文化产业发展水平落后，文化产业从业人员的工资待遇和职业发展前景等与文化产业发达地区差距很大，文化产业人才引进机制和政策环境不健全，导致该地区对文化产业人才的吸引力较弱。文化产业发达地区的从业人员不愿到弱势地区工作，弱势地区优秀的文化产业人才流向了文化产业发达地区，使得弱势地区人力资源严重不足。一些文化产业领域尤其是新兴文化业态缺少专业人才、领军人才以及具有创新思维的高级管理人才，造成自主创新产品数量不多，具有高品质和高品牌特征的高科技含量文化产品较少，缺乏创新性和核心竞争力。如甘肃、吉林等地区虽然在有历史、自然等方面拥有独具特色的文化传统和底蕴，但由于缺乏高端人才的打造，没有形成创新的商业模式。只有用创意的方式赋予这些宝贵的文化资源新的文化商业价值，将其推广到更广阔的文化市场，才能有较大的发展前景。可见，人才资源短缺成为制约弱势地区文化产业发展的关键因素。

3. 文化产业市场环境有待优化

文化产业弱势地区由于行业协会作用发挥不充分、文化消费需求不足、知识产权保护力度不够、融资渠道不畅通等原因，文化产业发展的市场环境亟待优化。弱势地区文化产业行业协会发展较慢，没有发挥联合当地文化企业开展信息交流、市场拓展、品牌打造、人才培养、知识产权保护等活动的作用。弱势地区人均可支配收入普遍较低，文化消费能力和需求均不足，导致本地的文化消费市场空间较小。弱势地区文化产业管理和从业人员的知识产权保护和开发意识相对薄弱，不懂得很好地保护自身的知识产权，知识产权的开发、包装、交易甚至抵押融资更是无从谈起。此外，和全国大部分地区一样，文化企业融资难的问题在弱势地区更为普遍和严峻，导致很多重大的文化产业项目难以建设以及保证后续的正常运营。

(三) 中国文化产业发展弱势地区典型省份分析

1. 安徽省

(1) 文化产业发展现状与优势。

截至 2019 年年底，安徽省共有文化馆 124 个，公共图书馆 125 个，博物馆 204 个（含民营博物馆），乡镇街道综合文化站 1 438 个；有全国重点文物保护单位 175 处，合并"国保"项目 4 处，省级重点文物保护单位 915 处；有国家级非物质文化遗产名录72项，省级名录479项①。同时，安徽省的文化产业市场主体日益壮大，根据安徽省第四次全国经济普查主要数据公报，2018年年末全省共有文化、体育和娱乐业法人单位21 352个，从业人员14.03万人，分别比2013年年末增长了141.2%和50.2%，文化、体育和娱乐业企业法人单位资产总计734.53亿元。第二届长三角国际文化产业博览会期间，安徽85家企业、基地（园区）参展，成果丰硕。

在文化资源、人力资源和社会影响方面，安徽发展态势良好，排名相对靠前，与全国平均水平差距较小（见图4-88）。

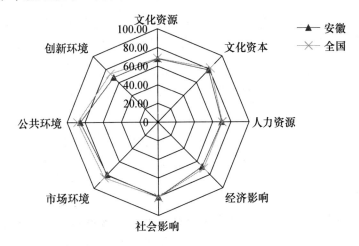

图4-88 2019年安徽省文化产业二级指标雷达图

文化资源方面，根据《安徽省2019年国民经济和社会发展统计公报》，截至2019年年末全省有广播电视台78座、中波发射台和转播台25座，广播节目综合人口覆盖率99.87%，电视节目综合人口覆盖率99.87%，有线电视用户794.46万户；全年出版报纸98种，总印数6.07亿份，期刊（杂志）180种，总印数0.4亿册，图书10 532种，总印数3.29亿册；有各级国家综合档案馆124个，馆藏档案资料4 507万卷（件、册），库馆总建筑面积64万平方米。丰富的文化资源是推进文化发展、提高产业竞争力的有力保障。

人力资源方面，2018年年末全省有文化及相关产业法人单位8.13万个，比2013年年末增长了131.7%，其中经营性文化产业法人单位7.57万个，公益性文化事业（含团体）法人单位0.57万个；从业人员共68.24万人，比2013年年末增

① 安徽省2019年国民经济和社会发展统计公报［R/OL］．［2020-03-20］（2020-03-21）．http://www.tjcn.org/tjgb/12ah/36204_2.html.

长了 33.6％①。2016 年，安徽省发布了《关于加快构建现代公共文化服务体系的实施意见》，明确提出要加强基层文化人才队伍建设，持续推进人才队伍结构优化、素质提升，为人力资源的发展提供了制度保障。

社会影响方面，2019 年 7 月，"安徽文化云"正式上线，围绕"互联网＋公共文化服务"，面向公众提供公共数字文化服务，通过"安徽文化云"，用户可预约参加全省 360 个公共文化场馆的活动，进一步推动了公共文化服务的便利化发展。同时，越来越多的安徽文化企业和文创产品走出安徽，第二届长三角国际文化产业博览会期间，安徽省携带最新的文化产业发展成果亮相。安徽演艺集团构建起"两微一端一网一抖"的"有戏安徽"传播矩阵，文房四宝、徽州三雕、芜湖铁画、阜南柳编等江淮大地独特的文化资源大放异彩②，让更多的人看到了安徽形象，听到了安徽声音。同时，安徽省旅游资源丰富，旅游业发展步伐加快，先后推出了徽韵、宏村·阿菊、花鼓灯嘉年华大型实景演出等系列旅游演艺产品，建成了九华山大愿文化园、合肥万达文旅城、黄山黎阳创客小镇、徽州民宿客栈等一批旅游新产品，形成了皖南世界遗产之旅、九华山朝圣之旅、多彩大别山之旅、环巢湖休闲度假游等多条旅游精品线路，旅游产品已由传统的观光休闲向观光休闲、主题公园、宗教养生、温泉度假并重转变③。旅游业成为安徽文化产业上新台阶的重要推力。

（2）文化产业发展中存在的主要问题。

总体来看，安徽在市场环境、公共环境、创新环境等方面都远落后于全国平均水平。

市场环境方面，安徽省规模以上文化企业发展相对缓慢，仍需进一步推动区域协同创新，整合资源，促进文化产业集聚发展。此外，安徽省的文化消费指数也较低，政府应积极培育文化品牌消费市场，进一步发展"文化惠民消费季"等品牌活动，建立健全文化产业投融资体系，补齐文化产业市场环境短板。

公共环境方面，安徽省仍需出台或完善相关配套措施，深入贯彻各项支持文化企业发展的政策，优化文化产业整体发展环境，以降低企业成本、加大招商引资力度为抓手，促进企业转型发展，增强文化产业的市场竞争力。

创新环境方面，安徽文化科技、科研单位人均科研经费相对较少，为 1.37 万元，仅约为全国平均值（6.89 万元）的 1/5，对创新人才的吸引力不足，需进一步

---

① 安徽省第四次全国经济普查主要数据公报［R/OL］.（2020-02-27）［2020-02-28］. http://tjj. ah. gov. cn/ssah/qwfbjd/sjtjgb/113726051. html.

② 安徽省统计局. 我省参加第二届长三角文博会成果丰硕［EB/OL］.（2019-12-09）［2020-01-13］. http://tjj. ah. gov. cn/pubic/698/113713431. html.

③ 安徽省统计局. 加快推进旅游资源大省向旅游经济强省跨越［EB/OL］.（2019-10-28）［2020-01-19］. http://tjj. ah. gov. cn/public/6981/113713181. html.

打造文化产业孵化基地，创新知识产权保护机制，充分利用新兴大数据技术，创新商业模式。2019 年安徽省文化产业创新环境指数为 67.94，在全国排名倒数第 1 位。可见，安徽省的文化创新环境亟待改善。

在以上因素的综合影响下，安徽文化产业发展缓慢，尤其是文化产业创新环境相对落后。

2. 辽宁省

（1）文化产业发展现状与优势。

2019 年辽宁省群众文化事业机构数为 1 585 家，与上年持平。2019 年辽宁省持续开展基层综合性文化服务中心建设，扎实推进重点文化惠民工程，落实好 1 000 个村文化广场建设任务，深入开展文化和旅游志愿服务，做好各级公共图书馆、群众艺术馆、文化馆（站）免费开放工作。2019 北京国际旅游博览会期间，辽宁参展团与"一带一路"相关国家和地区旅游部门进行了交流合作，3 天参展期中共组织现场推介和营销活动 10 余场，吸引现场咨询观众近万人次[①]。

辽宁省在文化资源和经济影响方面发展态势较好，文化资源高于全国平均水平，经济影响与全国平均水平的差距较小，两个指数的全国排名比较靠前（见图 4-89）。

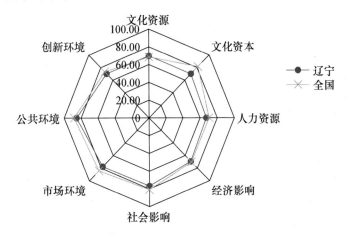

图 4-89 2019 年辽宁省文化产业二级指标雷达图

文化资源方面，根据《2019 年辽宁省国民经济和社会发展统计公报》，2019 年年末辽宁省共有文化馆、艺术馆 125 个，公共图书馆 130 个，博物馆 65 个，档案馆 136 个；2019 年年末共有有线电视用户 677.5 万户，其中数字电视用户 626.4 万户；2019 年年末广播综合人口覆盖率 99.24%，电视综合人口覆盖率 99.27%；全

① 辽宁省文化和旅游厅. 北京国际旅游博览会辽宁旅游展品推介精彩纷呈［EB/OL］.（2019-06-24）［2020-02-11］. http://whly. ln. gov. cn/xxgk/zxdt/201906/t_20190624_3514570. html.

年出版报纸 66 种（不含校报），出版量 6.8 亿份，期刊 313 种，出版量 0.7 亿册，图书 1.1 万种，出版量 1.7 亿册。

经济影响方面，辽宁省文化产业基础较好，文化产业已具有一定规模。2019 年，辽宁省文化及相关产业总产出为 594.70 亿元，文化产业园区（基地）数量 14 个。2019 年端午和国庆期间，辽宁省文化旅游市场供需两旺，分别实现旅游收入 70.3 亿元和 332.3 亿元，同比分别增长 15.1% 和 14.7%。2019 年，辽宁出台了《关于推动全省文化产业高质量发展的若干意见》，指出要加快发展重点行业，着力建设主业突出、具有核心竞争力的重点企业，精心打造创新示范、辐射带动能力强的重点项目，推进建成一批业态集聚、功能提升的重点园区（基地），争取 2020 年全省文化及相关产业增加值实现 1 000 亿元以上，朝着 1 500 亿元的方向努力，力争将文化产业发展成地区经济支柱性产业。

（2）文化产业发展中存在的主要问题。

总体来看，辽宁省在文化资本、社会影响、市场环境、创新环境等方面与全国平均水平有较大差距。

文化资本方面，根据《辽宁省第四次全国经济普查公报》，截至 2018 年年底，全省共有文化及相关产业法人单位 4.4 万个，资产总计 2 971.0 亿元。2019 年辽宁省拨付资金 2.5 亿元，用于开展村文化广场建设、公益文化惠民演出等文化惠民工程，2018 年辽宁省文化体育与传媒支出仅 19.2 亿元，在全省财政总支出中占比仅为 0.36%，说明辽宁省在文化产业上的投入力度还有待加大。

社会影响方面，2019 年辽宁艺术表演观众人数仅为 10.8 万人次，排名在全国垫底。2019 年辽宁省文化产业社会影响指数为 76.65，在全国排名倒数第 1 位。

市场环境方面，辽宁省仍然需要在发挥文化行业协会作用、培养居民文化消费习惯、畅通融资渠道、促进文化教育等方面持续发力，为文化企业营造良好的发展环境。此外，辽宁省的文化消费指数也较低，政府应进一步拓宽惠民消费覆盖范围，引导居民进行文化消费。

创新环境方面，2019 年辽宁省文化产业创新环境指数为 70.33，文化科技、科研单位人均科研经费和文化部门科研机构高级职称就业人员每百万人拥有量都处于较低水平，辽宁省应进一步加大科研创新投入力度，吸引和培育文化产业科研人才，为文化产业的发展储备力量。

3．青海省

（1）文化产业发展现状与优势。

近年来，青海省文化和旅游产业正在朝着"从有到优"的方向发展。文化产业进一步向规模化、集约化、专业化的方向发展。2018 年全省文化产业法人单位数达 2 870 家，文化产业营业收入达到 43.7 亿元，比上年增长了 20％；全省接待国内外游客 4 204.38 万人次，旅游总收入 466.3 亿元，分别增长了 20.7％和 22.8％，其中旅游人次已提前完成"十三五"目标；全省自驾游车辆增长到 174 万辆，成为全国自驾游爱好者首选目的地；全省直接或间接从事文化旅游产业人员达 106 万人，超过总人口的 1/6[①]。

在市场环境、公共环境方面，青海发展态势良好，高于全国平均水平（见图 4－90）。

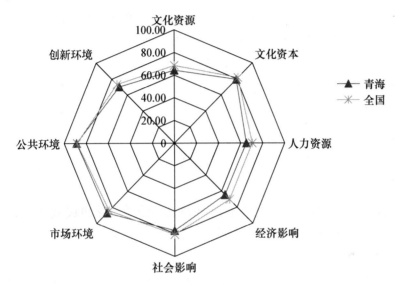

图 4－90　2019 年青海省文化产业二级指标雷达图

市场环境方面，2018 年，青海省共接待国内外游客 4 204.38 万人次，同比增长 20.7％，实现旅游总收入 466.3 亿元[②]。青海省积极推进文化和旅游的融合，实施了青海解放 70 周年文艺创作工程，打造了文旅演出版的歌舞剧或歌剧，不断强化市场培育，持续加大监管力度。2019 年春节、元宵节期间，全省共开展群众文化活动 4 305 场，现场观众总人数达 411 万人次，网络参与总人数约 488 万人次[③]。2019 青海文化旅游节、2019 大美青海文化旅游产品博览会、2019 中国西北旅游营销大会等大型活动相继在青海开幕。

---

① 我省文化和旅游产业发展与成就新闻发布会在西宁举行 [EB/OL]．(2019－09－24) [2020－01－18]．ht-tp：//whlyt. qinghai. gov. cn/xwdt/zwyw/2170. html．

② 为青海人民打造更多优质文旅产品 [EB/OL]．(2019－01－31) [2020－01－15]．https：//www. sohu. com/a/292079524_120046669．

③ 青海着力推进 文化旅游融合发展 [N]．青海日报，2019－05－15．

公共环境方面，青海通过出台优惠政策和法规、提供公共服务等方式扶持文化产业发展。青海以《支持深度贫困地区文化建设和旅游发展工作实施方案（2018—2020）》为抓手，确定了近三年文化和旅游部帮扶青海省文化建设的 8 个方面共 54 个项目。青海省委、省政府印发了《关于加快全域旅游发展的实施意见》、《青海省全域旅游发展规划》以及《青海省生态旅游发展规划》，加快推进全域旅游示范区、全域旅游产业改革创新区、自驾车旅游示范省、生态旅游示范省等创建工作。青海以全域旅游开发为主导，借鉴国内全域旅游发展先进地区经验，全面推动海北州、祁连县、贵德县、大通县、乐都区 5 个国家全域旅游示范区的创建工作。突破区域旅游产业开发的行政、行业等方面的壁垒，推动鲁沙尔、热贡艺术、大通—互助、海晏—刚察、玉树环结古地区 5 处旅游产业改革创新区创建工作。促进"旅游＋"产业融合，以生态旅游示范区、工业旅游示范区、体育旅游示范基地、休闲农业、名村名镇建设、美丽乡村建设、森林康养、林下经济等为主要内容，推动旅游产业与各产业融合发展①。

（2）文化产业发展中存在的主要问题。

总体来看，青海在文化资源、人力资源、经济影响、社会影响等方面都远落后于全国平均水平。

文化资源方面，根据《青海省 2019 年国民经济和社会发展统计公报》，截至2019 年年底，青海全省共有艺术表演团体 12 个，文化馆 46 个，公共图书馆 51 个，博物馆 24 个，档案馆 55 个，广播电视电台 46 座，中、短波广播发射台 25 座；广播综合人口覆盖率达 98.8％，比上年末提高了 0.2 个百分点；电视综合人口覆盖率达 98.8％，比上年末提高了 0.1 个百分点；全年出版杂志 268 万册、报纸 8 079 万份、图书 1 340 万册（张），其中少数民族文字图书 389 万册（张），但与发达地区仍有一定差距。

人力资源方面，青海的企业专业人才和经营管理人才十分匮乏，文化产业人才引进机制不健全，企业自发的专业技能培训规模小、实力薄弱，阻碍着人才的成长和培养。人才的缺乏使得许多具有民族和区域特色的优秀文化资源未能得到充分挖掘和创新，地域特色和品牌市场竞争力较弱。2019 年青海人力资源指数仅 65.15，在全国排名倒数第 2 位。人才问题成为青海文化产业发展的制约因素。

经济影响方面，2019 年青海文化、体育和娱乐业固定资产投资速度比上年增长 46.5％，在教育文化娱乐方面全省居民人均生活消费支出为 1 033 元，比上年增

---

① 为青海人民打造更多优质文旅产品 [EB/OL].（2019-01-31）[2020-01-15]. http://www.soho.com/a/292079524_12004669.html.

长 9.4％[①]。2018 年，全省文化产业法人单位数达 2 870 家，文化产业营业收入达到 43.7 亿元，比上年增长 20％，但全省文化产业规模较小，还有待进一步发展。

社会影响方面，青海举办了 2019 青海文化旅游节、"文化迎春·艺术为民"——2020 年元旦春节系列文艺演出等活动，广泛开展系列文化活动，满足人民群众对美好生活的新期待。但各地区公共图书馆书刊文献总流通人次、艺术表演观众人次仍有限，青海应进一步丰富文化形式，拓宽宣传渠道，进一步吸引居民群众参与到各种文化活动中来。

在以上因素的综合影响下，青海文化产业发展缓慢，尤其是 2019 年青海文化产业文化资源、人力资源和社会影响指数分别只有 64.39、65.15 和 77.25，上述三个指数在全国均位列倒数第 2 位。

4. 云南省

（1）文化产业发展现状与优势。

2019 年是云南落实和推进《云南省十三五时期文化发展改革行动计划》的关键一年，云南省深入实施"文化＋"行动计划，积极推进"文化＋旅游、文化＋科技、文化＋金融"的融合发展，以推动文化产业 2020 年成为支柱性产业为发展目标，积极推动文化产业转型和升级，努力打造领军型的重点文化企业，培育充满活力的小微企业，不断加强资源整合壮大文化产业集群[②]。截至 2019 年 5 月，昆明市共建成文化创意产业园区 21 个，其中国家级园区 1 个，省级园区 16 个，省级文化与相关产业融合示范基地 4 个，入园企业 1 266 家，整体发展情况良好[③]。

在文化资源方面，云南发展态势良好，超过全国平均水平。此外，经济影响方面，和全国平均水平差距较小（见图 4-91）。

文化资源方面，根据《云南省 2019 年国民经济和社会发展统计公报》，截至 2019 年年末全省共有各种艺术表演团体 108 个（国有文艺院团数），文化馆 149 个，公共图书馆 151 个，博物馆 147 个；全省广播、电视综合人口覆盖率分别达到 98.95％和 99.14％；有中、短波转播发射台 52 座，广播电台 3 座，电视台 9 座，广播电视台 130 座，有线电视实际用户 402.14 万户。

---

① 青海省 2019 年国民经济和社会发展统计公报 [EB/OL]．(2020-03-04) [2020-03-05]．http://www.tjcn.org/tjgb/29qh/30194.html.

② 云南省文化产业踏上新征程 [EB/OL]．(2019-01-25) [2020-02-10]．http://yn.people.cn/n2/2019/0125/c378493-32574198.html.

③ 昆明市共建成文化创意产业园区 21 个入园企业 1 266 家 [EB/OL]．(2019-05-29) [2020-01-25]．http://www.kmshshm.com/shishangchaoliu/7653.html.

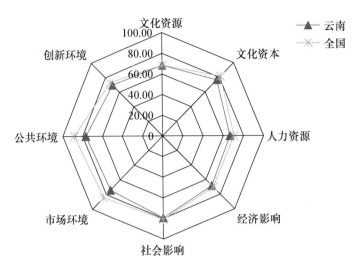

图 4-91　2019 年云南省文化产业二级指标雷达图

经济影响方面，根据《云南省第四次全国经济普查公报（第六号）》，2018 年年末，云南全省有文化及相关产业法人单位约 4.35 万个，资产总计 3 628.07 亿元，比 2013 年年末增长 207.1%。其中，经营性文化产业法人单位 3.74 万个，全年实现营业收入 1 163.42 亿元；公益性文化事业（含社团）法人单位 6 077 个，资产总计 343.26 亿元，全年支出（费用）95.80 亿元。2019 年上半年，全省累计接待国内游客 3.95 亿人次，同比增长 17.7%，累计接待海外旅游者 387.3 万人次，同比增长 6.74%。全省共实现旅游业总收入 5 232.99 亿元，同比增长 18.48%，其中实现旅游外汇收入 24.72 亿美元，同比增长 7.77%；实现国内旅游收入 5 069.35 亿元，同比增长 18.87%[①]。

（2）文化产业发展中存在的主要问题。

云南在文化资本、市场环境、公共环境和创新环境等方面仍然存在问题，与全国平均水平存在较大差距。

文化资本方面，2019 年云南文化产业人均固定资产投资 1 670.29 元/人，在全国排名第 24 位，与发达地区仍有较大差距，文化资本投入不足成为制约云南文化产业发展的重要因素。另外，融资困难也是影响民营文化企业做大做强、向前发展的一大因素。

市场环境方面，云南的文化产业氛围相对较弱，行业协会作用不明显。2019年云南行业协会作用指数仅为 75.68，排名倒数第 1 位，可见云南应注重协同行业发展，充分发挥行业协会的作用，培育一批带头文化企业。同时，云南的知识产权

---

①　数据来源于云南省文化和旅游厅。

满意度指数也较低，仅为 70.35，可见知识产权保护也有待加强。

公共环境方面，云南先后出台了《云南省文化和旅游厅关于征求〈中共云南省委 云南省人民政府关于进一步加强文物保护利用改革的实施意见（代拟稿）〉意见的函》《云南博物馆群建设计划》《云南省非物质文化遗产传承发展工程工作方案》等配套政策。但政策实施的满意度较低，2019 年云南政策支持满意度指数为74.06，在全国位列倒数第 1 位。因此，云南应加强文化产业相关政策的落实，加强对文化力和新经济形态的研究，合理配置公共资源和优秀人力资源，扶植重点文化产业项目，努力创造更大的经济效益。此外，还应着力为群众提供更加普及的公共文化服务，提供人民群众喜闻乐见的文化服务项目。

创新环境方面，2019 年是云南文化和旅游融合发展的起步之年，也是实施"旅游革命"、推进旅游转型升级的关键一年，云南省积极拓展云南旅游的新玩法，发布了"游云南"等 App，用"一部手机游云南"优化游客体验，以改革创新为动力，着眼提供优秀文化与优质旅游产品和服务，整合文化旅游资源，推出文化旅游精品，打造文化旅游品牌。但 2019 年云南省的创新环境指数仅为 69.80，在全国位列倒数第 3 位，国际交流是云南文化产业发展的短板。

5. 甘肃省

（1）文化产业发展现状与优势。

截至 2019 年年底，甘肃全省广播节目综合人口覆盖率为 98.57%，比上年末提高了 0.12 个百分点；电视节目综合人口覆盖率为 98.9%，比上年提高了 0.09 个百分点。2018 年甘肃全省文化产业增加值 178.16 亿元，增长了 8.9%；全省旅游接待人数达 3.02 亿人次，旅游综合收入达 2 060 亿元，分别增长了 26%、30% 以上。全省文化旅游产业占比已达到全省 GDP 的 7%，在十大生态产业中是首位产业，已成为全省经济社会发展的支柱性产业[①]。

在创新环境方面，甘肃文化产业发展水平接近全国平均水平（见图 4 - 92）。

创新环境方面，2019 年甘肃省人民政府办公厅发布了《关于大力促进全省文化旅游产业提质增效的意见》，指出要大力促进文化旅游产业从资源依赖型向创新开发型转变，加快推进华夏文明传承创新区建设，建设大敦煌文化旅游经济圈，争取设立丝绸之路文化遗产国家研究中心、敦煌文化艺术国际交流与创新中心等，建设一批长城文化遗产保护创新平台，发展黄河文化创意产业，创新研发生产更多

---

① 2019 年，甘肃文旅产业占比将力争达到全省 GDP 的 8%［EB/OL］.（2019-01-17）［2020-02-21］. ht-tp://gansu. gansudaily. com. cn/system/2019/01/17/017122582. shtml.

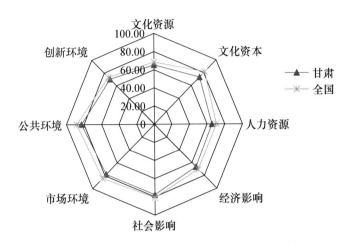

图 4－92　2019 年甘肃省文化产业二级指标雷达图

以黄河文化为主要内容的文化产品，促进演艺、娱乐、动漫、创意设计、网络文化、工艺美术等业态创新发展，培育有创新力的产业龙头，同时加大对文化科技创新的支持，加强国家文化和科技融合示范基地建设，积极鼓励文化与科技深度融合。

（2）文化产业发展中存在的主要问题。

甘肃在文化资本、人力资源、社会影响、市场环境、公共环境等方面仍然存在问题，与全国平均水平存在较大差距。

文化资本方面，根据《甘肃省第四次全国经济普查公报（第六号）》，2018 年年末，甘肃省有文化及相关产业法人单位 1.94 万个，资产总计 1 332.56 亿元，其中经营性文化产业法人单位 1.59 万个，资产总计 1 158.34 亿元，全年实现营业收入227.54 亿元；公益性文化事业（含社团）法人单位 0.35 万个，资产总计 174.22 亿元，全年支出（费用）60.83 亿元。综合以上数据可知，甘肃在文化资本方面远落后于全国平均水平。

人力资源方面，2018 年甘肃全省文化及相关产业从业人员 13.39 万人，比2013 年年末下降了 2.9%。由于甘肃总体经济水平偏低，对人才的吸引力不足，又缺乏文化产业人才的培养机构，因此文化人才缺失现象较为严重，特别是缺乏从事民俗文化研究的高级人才，新产品研发的创意人才及市场营销、企业管理人才等。有些产业手工生产队伍不稳定，农忙季节人员减少，农闲季节人员增多，加之手工制作费时耗工，利润空间小，影响了生产人员的积极性，制约了甘肃省文化产业的发展。

市场环境方面，甘肃省由于居民人均可支配收入较低，文化消费积极性不高，文化消费氛围不浓厚，2019 年甘肃文化产业文化消费指数只有 69.11。甘肃省需加快落实消费惠民政策，拓宽文化旅游消费渠道，进一步组织开展文化旅游消费季、消费月等活动，鼓励职工旅游休闲，释放文化消费活力。

公共环境方面，政府还应进一步发挥积极作用，出台更有操作性和针对性的政策措施，加大对文化产业的财政投入，加大对文化产品和服务的政府采购力度，努力搭建吸引文化企业投资以及与其他相关行业融合发展的平台，完善文化产业公共服务体系。

在以上因素的综合影响下，甘肃文化产业发展缓慢，整体指数排名均比较靠后，需进一步挖掘发展潜力。

第五章　中国省市文化产业发展建议

近年来我国文化产业快速发展，文化产业增加值在国内生产总值中所占比重逐步提高。根据我国国民经济与社会发展"十三五"规划纲要，"十三五"期间要实现"文化产业成为国民经济支柱性产业"的目标。当前，文化产业在推动经济发展、优化产业结构方面发挥着越来越重要的作用，发展文化产业已成为培育区域经济新的增长点、践行区域可持续发展的重要举措。习近平总书记在2018年全国宣传思想工作会议上指出，要推动文化产业高质量发展，健全现代文化产业体系和市场体系，推动各类文化市场主体发展壮大，培育新型文化业态和文化消费模式，以高质量文化供给增强人们的文化获得感、幸福感。要坚定不移将文化体制改革引向深入，不断激发文化创新创造活力。但目前，我国文化产业的发展尚不完善，还存在着一系列问题，本章将整体分析我国各省市文化产业发展存在的现实问题，并从问题出发，对新时期文化产业的发展提出意见和建议。

一、中国省市文化产业发展存在的现实问题

近年来全国各地越来越重视发展文化产业，纷纷加大文化设施建设投入，积极推动文化体制改革，把发展文化产业作为应对国际金融危机、调整经济结构、培育新型业态的重要措施来抓，取得了显著的成效。但应该看到，我国文化产业发展依旧存在问题，文化产业发展的地区均衡性有待提升，文化产业发展受制于资金制约，文化产业人才缺乏多样性，文化资源开发效率不高，文化产业园区情况有待优化，文化消费体量不够，文化科技创新有待加强，文化旅游产业融合程度有待加深，等等。国家统计局数据显示，全国规模以上文化及相关产业继续保持较快

增长，发展势头良好。但也要看到，我国文化产业发展从整体上说还存在一些不足和短板。比如，现代文化产业体系还不够健全，特别是旅游企业在全链条生产、运行、管理、营销、服务等方面与高科技和高端制造业企业相比还有一定差距。又如，在文化供给方面，创新创意仍然不够，高质量的文化产品和服务供给不够充足，文化产业发展依赖资源的现象还比较普遍。

（一）文化产业发展的均衡性有待提升

1. 近年来文化产业发展整体均衡性提升较小

2011—2019 年间，中国省市文化产业发展指数的变异系数从 0.056 降低至 0.040（见图 5-1），年均下降 4.12%，其中 2013 年曾下降至 0.035，2016 年为 0.036，说明我国文化产业发展总体趋于均衡，大部分地区文化产业生产力、影响力和驱动力发展速度较快，并逐步趋向均衡。同时也应该看到，近五年变异系数在 0.040 附近小幅波动，近三年仅持续小幅下降，文化产业发展的均衡性有待进一步提升。

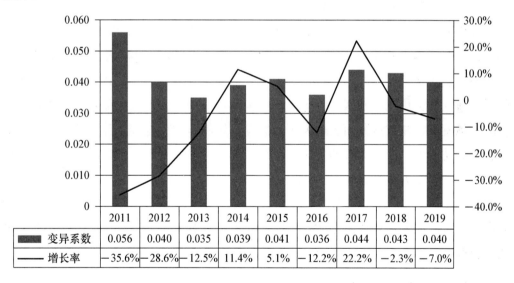

	2011	2012	2013	2014	2015	2016	2017	2018	2019
变异系数	0.056	0.040	0.035	0.039	0.041	0.036	0.044	0.043	0.040
增长率	−35.6%	−28.6%	−12.5%	11.4%	5.1%	−12.2%	22.2%	−2.3%	−7.0%

图 5-1　2011—2019 年中国省市文化产业发展指数变异系数

2. 中西部地区文化产业均衡性亟待提升

从 2019 年中国东中西部的变异系数来看，东部地区变异系数在 2019 年为 0.035，中部地区为 0.046，西部地区为 0.045（见图 5-2），可见中西部地区的均衡性相差不多，东部地区在文化产业生产力、影响力和驱动力方面的均衡性显著高于中部地区和西部地区，因此中西部地区应借鉴东部地区发展经验，注意克服短板因素，有效提升文化产业发展的均衡性。东部地区应继续保持良好的发展态势。

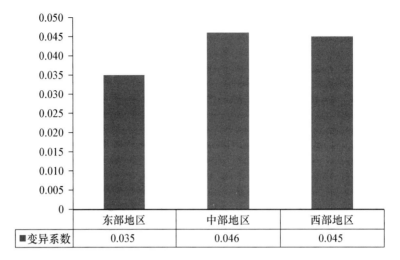

	东部地区	中部地区	西部地区
■变异系数	0.035	0.046	0.045

图5-2　2019年中国省市文化产业发展指数分地区变异系数

3. 文化产业发展仍然存在区域同质化问题

近年来，国家推出了一系列促进文化产业发展的政策，全国各省市也纷纷积极响应，出台了相应的政策。然而，从各地文化产业发展规划中不难发现文化产业区域发展同质化现象比较严重，在一定程度上存在脱离实际或者违背产业发展规律的问题。新兴的文化产业园区、特色小镇及美丽乡村等建设形式，随着近年来市场经济的蓬勃发展，在数量方面也迎来了大爆发，然而形式和内容方面一味追求模仿先兴起的成功案例，使得大批的文化产业园区同质化现象严重，各地美丽乡村的建设都如出一辙，没有与当地特色有机结合。我国文化产业盲目、重复投资现象严重，已有多达1 000多亿元的资产投入"人造景观"中①。大部分省市文化产业结构大同小异，地区比较优势和协作效益不明显，重点不突出，重复建设严重，没有有效实现资源互补。

（二）文化产业投融资渠道需进一步畅通

1. 文化产业融资约束较多

由于消费市场的不确定性和投入产出的不对称性，文化产业具有典型的"高投入、高风险、高回报"的特征，因此，在投融资渠道、结构及机制方面都面临着严

---

① 王成强，毕西娟，刘兆莹. 我国文化产业布局存在的问题及对策探究［J］. 科技论坛，2016（3）.

重的融资约束问题。

文化产业投融资渠道匮乏。虽然政府一直在加大力度对文化产业进行投资，其他金融机构也都在努力满足文化产业的投融资需求，但是就目前而言，我国的文化产业投融资渠道依然比较匮乏。首先，政府的财政资金是有限的，政府对文化产业的投资扶持不足以满足其蓬勃发展的需要。其次，银行信贷难度大。一方面，文化企业拥有的多是无形资产，而无形资产价值评估体系尚不完善；另一方面，为文化产业项目或者文化企业提供贷款仍属银行等金融机构较新的业务领域，能够借鉴的风险参考体系和业务经验很少，并且文化企业本身多为中小型企业，拥有的市场风险抵御能力比较有限，无形中更增加了银行等金融机构面临的信贷风险，因而更加难以成功获取银行信贷。最后，资本市场融资相对困难。由于绝大部分文化企业的财务业绩和商业模式很难达到上市融资的要求，因而上市直接融资并不是普遍适合文化企业的融资路径。另外，目前民间资本进入文化资本市场的可能性也比较低，这也在相当程度上限制了文化产业发展的投融资渠道。

投融资结构不合理。虽然文化体制改革数年来取得了很大的成效，但文化产业发展的主导者仍然是政府，文化产业发展的第一资金来源仍是财政融资。此种情况下，社会资本与海外资本等进入文化产业还面临着许多障碍。商务部数据显示，2018 年实际使用外资金额（FDI）为 8 856.1 亿元人民币，创历史新高，同比增长 0.9%，按照美元折算为 1 349.7 亿美元，同比增长 3%（未含银行、证券、保险领域数据，下同），但是在文化、体育和娱乐业的投资上资金总额较低，占比不足 1%。2017 年，全国固定资产投资（不含农户）达 631 684 亿元，比上年增长 7.2%，而文化、体育和娱乐业固定资产投资为 8 734.75 亿元，比上年增长 11.50%，占固定资产投资的比重仅为 1.38%，虽较往年有明显增长，但是占比依然过低。可见，社会资本进入文化产业发展还是存在困难，而社会资本作为主要的资本之一，其进入文化产业的难度大，势必会严重阻碍文化产业的发展壮大。

投融资机制僵化。首先，很多文化企业习惯采用传统的管理模式来经营管理，使得企业缺乏必要的积极性和主动性，同时造成投融资主体错位。其次，文化产业的主管部门十分复杂，在涉及文化产业具体的投融资问题上，很难明确主体责任，因此阻碍了文化产业投融资部门的发展和进步。

2. 文化产业专项资金杠杆效应不明显

2008 年国家设立文化产业发展专项资金，至今已逾 10 年，它确实起到了积极的推动作用。对于一项临时性专项资金而言，其时间跨度已经足够长，能据以较为客观地审视其历史成效与当下的适应性问题。2017 年也是政府部门集中反思与调整文化产业发展专项资金的年份，财政部调整了国家文化产业发展专项资金，引入了市场化运作模式，旨在通过参股基金等方式提高资源配置效率。

其一，理论基础不牢，负面效果明显。

诚如财政部发文所言，"主要采用传统行政分配模式，没有完全理顺政府和市场的关系，一定程度上弱化了市场配置资源的效率"，也就是说，专项资金的政策合理性并不充分，导致其效果并不明显，并且产生了明显的行政干预市场的负面效果。从理论的视角来看，产业政策理论的基础不应是"选择性产业政策"，而是"市场失灵"，即不是政府人为地选择产业类型并确立赶超目标，而是要基于产业特定阶段的市场失灵的具体问题确定有针对性的目标。

就文化产业发展专项资金而言，其重点行业与技术都由政府选择，这种行政化的选择并不能准确、及时地反映市场变化，而官方所释放的信息具有很强的话语权力，这必然会影响甚至干扰企业家对市场的判断，造成市场信号失灵，影响市场配置资源的功能与效率，其负面影响毋庸置疑。

以专项资金补贴最为集中的动漫行业为例，各级政府对动漫产品每分钟的补贴甚至超过生产成本，于是，有些企业不再为了市场，而是为了补贴，完全按照专项资金相关政策的要求（如在电视台播出时长）来生产，其结果是大量内容雷同、节奏拖沓、品质低下的动漫产品充斥市场，这个行业由于政策的干预而畸变为虚假繁荣的"巨婴"，行业生态恶化、竞争力缺失。由此，政府替代市场的行政干预在一定程度上导致市场的不公平竞争与资源的错配，更为重要的是，它破坏了市场秩序与环境，严重制约了市场体系的建立与完善。

其二，政策设计"随意"，目标意识淡薄。

由于专项资金的政策设计是基于"选择性产业政策"，通过行政官员选择行业乃至项目，这种选择本身并无合法性与合理性的基础，导致政策设计表现为"人为"或者"随意"特征，加之公共决策主体的自利原因，导致专项资金的目标设置均存在"专项不专"的现象，即目标意识淡薄。

如果我们仔细阅读全国公布的文化产业发展专项资金的政策文本，就会发现专项资金设立的目标均为抽象意义上的产业发展，根本没有明确而科学的阶段性目标，即聚焦到产业发展中由于市场失灵所造成的痛点问题，由于缺乏明确的阶段性目标，导致这些专项资金的效率几乎无法评价。

以动漫产业为例，其是幼稚产业且具有十分重要的外部性，推出产业政策与专项资金似乎具有一定的合理性，但是，如果考虑到效率问题，专项资金对企业的补贴似乎就缺乏效率——专项资金虽然造就了海量的动漫产品，年产量达到几十万分钟，甚至位列全球首位，但是，这种发展并无质量可言，不仅缺乏具有文化影响力与市场号召力的 IP，行业竞争力十分有限，而且市场配置资源的功能遭到破坏，市场体系混乱，这些负面影响显然已经远远超出其积极的价值。专项资金作为产业政策的工具之一，它本身有着自身的局限性，这需要政策制定者基于市场失灵的理论基础，合理确定专项资金的战略目标，抓住产业发展的痛点问题，才能具有效率，否则只能是适得其反，贻害无穷。

其三，预算管理粗放，监督流于形式。

按照经合组织（OECD）的界定，绩效预算就是"将资金分配与可衡量的结果相关联的预算方式"。绩效预算是一种将投入与效果联系起来的绩效管理系统，这种模式的理论基础是"花钱买效果，而不是买过程"。

但是，我国专项资金的绩效目标并不清晰，常常停留在抽象层面的宏观目标上，如体制改革、体系建构与产业发展等，也就是说，我们的专项资金在预算过程中并不清楚要"花钱买什么效果"，由于这种先天的缺陷，导致专项资金的预算管理过于粗放，监督管理常常不得要领，要么干预过多，出现"花钱买过程"的现象，要么监督流于形式，出现所谓"重申请，轻监督"的现象。

专项资金在执行过程中存在明显的信息不对称，即财政部门所掌握的信息永远没有具体执行部门多，这就意味着财政部门的监督有着较高的成本。而我们目前专项资金管理的项目制方式，主要是通过形式化的过程管理，即政府部门对财政资金的用途与过程的干预与控制，克服机会主义倾向，但是，这种干预不仅导致过高的信息与管理成本，而且严重损害了执行部门的主体性与积极性。

目前各类文化产业发展专项资金均聘请诸如会计师事务所等中介机构对专项资金的使用进行全程监控以确保合规性，但是，所有这些监督都只是形式的，与真正的绩效评价相去甚远。因为，这种形式化的监督常常会导致相反的效果，即项目实施主体受到合规性的形式约束，而无法按照项目的实际需求使用资金，并影响绩效目标的最终实现。

3. 文化产业无形资产流转市场尚待完善

在文化产业中，无形资产是产业的核心资产，如版权资产等。但是，国内很多文化企业更多地把拥有的无形资产作为一种资源，而不是传统意义上的资产，并且文化企业本身和银行等金融机构对于知识产权等无形资产都缺乏清晰的认识和有效的管理，目前也未能建成完善的无形资产流转市场。无形资产流转市场的基础是确权与确权后的法律保护，然后是在市场正确认知下的资产评估，最后是在有效定价下无形资产完成在公共平台上流转。在基础性制度不健全的环境下，缺少市场认同的无形资产评估体系，虽然包括政府部门及大型企业在内的相关机构都在致力于无形资产交易平台的建设工作，但是在无形资产认定、评估、登记、抵质押、流转等流程不畅通的情况下，成效微弱，且流转市场的推进工作也缺少在市场中的知识普及。

相较于有形资产，无形资产更容易遭遇侵权，在外部法律环境不健全的情况下难以得到保护。近年来，政府针对该问题制定了一系列法律法规，很大程度上完善了保护体系，但是执行力度尚待进一步提高。例如，地方政府为了保护当地的一些侵权企业经常出现护短行为，造成了有法难依的状况，从而损害了整个市场保护体系的规范。

版权资产作为无形资产的一种，是文化产业的核心资产和价值载体，并且与物权、股权以及债券等财产权利相联系，拥有典型的所有权属性、财富属性以及高附加值属性，而这些属性恰恰是版权资产成为文化企业重要生产要素和财富来源的原因。因此，如何将知识产权等无形资产资本化，如何严格和明确地保护、评估知识产权等无形资产的商业价值等，也都是版权等无形资产开发和运用中亟待解决的问题。

（三）文化产业人才培养和评价机制有待健全

1. 文化产业人才培养机制不健全

人才培养是"水到渠方成"，但如何"引水""造渠"是关键。高等院校人才培养面临巨大的学科壁垒。由于研究对象不同、方法不同、知识陈述的语言体系不同等原因，学科之间存在着明显的自然封闭性。目前的实践探索仍受单一学科限制，我国文化事业与文化产业的繁荣发展需要在更大范围内打通学科领域的界限，打破学科壁垒，充分利用各学科优势资源，前瞻性地培养文化领域人才。文化产业的人才短缺源于人才培养机制的不健全，人才的市场配置效能未能充分发挥，尚未构建起契合文化产业发展需要的选人用人机制。

其一，文化产业学历教育不够完善。我国文化产业起步较晚，高校学科体系建设思路不清晰。我国高校1993年开设了文化艺术管理专业，2004年开设了文化产业管理专业，发展至今，文化产业学科的归属和学科体系的建构还存在很多的争议，学科发展尚未定型，使文化产业人才培育存在一定的模糊性，还没有在文化产业方面形成一个独立的学科体系，文化和创意并没有进入高校的学科目录，而只是附属在其他各个学科之下。作为新兴产业，政府、高校和社会机构在文化产业相关专业人才的培养方式上还处于摸索阶段，完整的培养方法和培养系统仍在酝酿中①。很多学校在未对文化产业人才市场进行很好研究的情况下，受利益驱使盲目开设文化产业专业，但并未对培养文化创意人才起到实质的促进作用。

其二，文化产业学校教学师资缺乏。文化产业是一个新兴产业，这方面的师资力量整体水平有待提高，国内对文化产业有深厚研究基础的专家、学者仍然屈指可数，部分教师仍处于发展和自我提升的阶段。因此，文化产业专业出身以及具备文化产业背景、拥有相关知识的专业师资队伍至今尚未形成。此外，文化产业专业人才更偏重实战性，而一些高校教师并非一线的文化产业从业人员，更注重理论研究，对市场的敏感度相对较低，多表现出重学术、轻运用，重科研、轻教学的特点。此外，学术研究、产业发展和专业教学不能有机统一。这些问题导致文化产业人才培育缺乏完备的师资力量作为支撑。因此，应结合社会实践，充分发挥产业基地园区的作用，开辟文化产业人才资源的配置路径。

其三，培育层次单一。我国文化产业人才培育资源整合力度不够，不利于文化产业人才的持续、有效开发。文化产业培养需要教学层次和教学方式的多元化。我国目前文化产业人才的培育比较单一，很难全方位满足人才培育的需要；没有把学校、企业和社会等资源有效统一，不能有效提升文化产业人才质量。

2. 文化产业人才评价过于简单量化

文化产业不同于其他产业，人才的构成具有多样性和复杂性。那么，如何界定文化创新人才？对创新人才的评价标准是怎样的？关于上述问题，业界和政府的观点存在着较大的差异。目前还是沿用过去科技类人才的评价标准，以发表的论文数量、获奖次数来衡量文化创意产业人才，但是这种量化的评价体系会错失大量文化艺术类的偏才、怪才、创新人才。深圳大学文化产业研究院院长李凤亮提到："对于文化艺术类创新人才的评定不能过于量化，应该创新思路，参考人才在业界的地位和未来潜力，尊重业界声音和同行的评价，真正给文化创意产业人才提供适宜的发展土壤。"文化产业人才评价标准，需要兼顾学术性与应用性，以文化创意企业的终端需求决定人才标准，让人才拥有用武之地。

(四) 文化资源创新性开发利用不足

1. 文化资源盲目开发，效果欠佳

个别地区不遗余力地挖掘自己的文化资源，打出各种文化牌，有"建筑文化"

---

① 王丽琦. 文化创意产业亟待突破人才瓶颈 [J]. 中国人才，2010 (5).

"名人文化""饮食文化""酒文化"等，近于泛滥，泥沙俱下，并集中于可以商品化、实物化的文化开发方面，只关注表层文化形式的开发，忽略了对深层文化内涵的挖掘。充斥于市场的多是处于产业链和价值链低端的廉价产品，品种单一，虽然能满足部分低端市场的需求，但容易造成精品减少和增强大众化、模式化的生产趋势，使得文化产品丧失审美上的异质性、创造性和复杂性。许多民间戏曲、仪式、风俗习惯的开发都被庸俗化、简单化，如曾经受到毛泽东、周恩来同志赞许并于20世纪50年代出国演出的河北徐水狮子舞，现在已从根本上失去了原有的神韵，沦为缺乏实质性内涵的纯机械式的表演。民俗的大杂烩或流于形式的"快餐文化"缺乏持久的生命力。这种低效的粗放开发在一定程度上浪费埋没了很多市场潜质极高的文化资源，并且还很有可能使之失去再度开发的机会。这种情况不仅导致了资源的浪费，而且挫伤了原本对当地文化具有兴趣的文化消费者的积极性，扰乱了当地的文化产业市场秩序。

还有些地区对辖区资源的品种类型、数量价值等底数的总体把握不到位，科学布局和结构调整的力度不够大，所以资源优化整合的效果不佳，难以系统开发、充分利用，致使特色资源的强势聚集和优化配置进展缓慢，转化率和利用率不高。资源配置不够合理，分散经营缺乏竞争力，这些都降低了文化企业的存活率和增长率。如河北保定虽然有国家文物保护单位47处，在全国地市级以上城市中排第1名，但到该市旅游的团队并不多，因为该市的文化遗址都各自为政，缺乏整合，没有系统地开发利用，也没有营造出协调的周边环境，如总督署、古莲池、淮军公所、光园、留法纪念馆等都是珍贵的资源，但没有形成统一的旅游环境和氛围，有的没开发，有的宣传不够，周边都是嘈杂的商业区，不能给人以古城的印象和感官享受。

另外，目前文化市场上主体数量虽多但规模较小、集中度不高，缺乏有特色、有影响力的文化产业基地和文化产业群，不能以积极有效的方式加以整合和开发。很多具有特色的民间文化资源、节庆文化资源、红色旅游文化资源等缺少经营开发的整合性。由于缺乏整体性考虑，部门之间缺乏互动合作，交流联合少，造成一体化程度低。这也导致同一产业链条在不同部门间游离发展，水平参差不齐，从而削弱了产业的竞争力。大家都各自为政，每个部门受各自利益驱动常常会造成无序竞争，甚至引发矛盾。

2. 文化资源低技术开发，缺乏特色

我国地域辽阔，历史悠久，文化璀璨，具有丰富的可供开发利用的文化资源，但目前对文化资源的开发利用仍处于初级阶段，文化资源价值空间尚有待进一步挖掘。总体看来，现阶段主要存在以下两个问题：

一是资源的开发利用形式单一。各地文化产业发展模式趋同，传统文化街区几乎采用同样的开发方法，纪念品雷同，小吃相似，千城一面，只见人头攒动，不见文化风貌。此外，"混搭"和"跨界"也让传统文化发展得更为畸形，即以传统文化为基础，中西文化混搭，使得产业园区内既有传统文化的穿插，也不乏西方文化中所常见的咖啡馆、酒吧等。如天津的古文化街，经典民俗传统如今只剩招牌，打着同样牌匾的店铺每走几步就会看到一家；凤凰古城、丽江古城更像商业区，遍布着酒吧和商铺。实际上，海外有许多值得我们思索的例子，如巴黎的著名文化景区左岸，靠其独有的文化魅力吸引着大量的游客，经久不衰，并未因游客需求而专门做什么改变。开发利用形式多以平面式的照片、实物放置、实景参观等静态展示方法为主，立体式、体验式的开发方式极为少见。从世界范围看，体验式是文化资源开发利用的一种创新性、更有卖点的方式，在旅游业发达的地区，这种方式已十分多见。如韩国民俗村的建立，就是将传统文化融入生活中，游客可以进行角色扮演，体验古人的生活、食物，既可强化无形文化的传承，又可增加经济效益，创造财富。

二是我国文化产业的创新性不足，文化资源利用方面高端文化产品开发不足且技术提升缓慢。目前文化资源开发项目数量虽多，但大多数缺乏深度，层次浅，创意少，谋划粗，缺少大产业高起点的品牌运作，大多是依靠出卖粗加工的文化产品获取短期经济效益，很少能够真正深入挖掘文化资源的深层内涵，开发出有底蕴的产品。如曲阳石雕产业，大多数产品内容千篇一律，靠数量取胜，制作粗糙，缺乏新鲜的创意和深刻的文化内涵，既没有古代的工艺和神韵，又没有构思的现代感，这必然造成市场狭小、利润微薄。还有很多类似产业在文化资源转化中不能找到开发的新点子、新思路，由于创意能力不足和观念陈旧，再加上缺乏先进的生产技术和手段，生产出来的文化产品多属附加值较低的初级产品或低端产品，虽然数量不少，但实际带来的经济效益却极不明显。

3. 文化资源短视开发，保护不足

首先，政府在文化资源开发管理中发挥的作用不足。政府在资源型文化产业开发管理中一方面是文化资源所有者的代表，另一方面又是文化市场的监管者。然而，随着城市建设步伐的加快，政府文化资源的管理职能被弱化，有些地方执法不严，肆意违法的现象频频出现。如全国重点文物保护单位德化窑保护范围被某陶瓷有限公司挖掘破坏，当事人未被依法追究刑事责任，仅以处罚了事；清源山、九日山、灵山圣墓文物保护区里有的群众开山炸石，乱修坟墓。这些乱象出现的深层次原因在于相关部门疏于管理。

其次，在文化产业发展中，普遍存在着文化资源开发利用的短期行为，导致对文化资源不同程度的破坏。当前的开发更多地侧重于有形文化资源而忽略无形文化资源，在开发过程中急功近利，没有处理好资源的保护和开发之间的关系，甚至为了利益而损坏文化资源根基，对文化进行任意加工和破坏，极大地浪费了资源或者对文化资源造成了不同程度的损坏。如在部分地方，为追求更高的门票收入，在文化遗产地制造大量假古建筑、人工景点和服务设施，一些古迹、文物和建筑在开发名义下被改头换面，重新包装，遭到严重破坏，有些甚至是毁灭性的，使它们失去了原貌，再也无法恢复。如河北保定搬迁保师附小，拆除原莲池书院的古旧院落和建筑，修建总督署广场和商业楼盘，重修莲池十二景，破坏了原有的幽雅景致，增加了大量粗制滥造、人工雕琢的痕迹，既浪费了大量的金钱，又对遗留的文化资源造成了极大破坏。这种不惜以牺牲文化资源为代价追逐短期经济效益并且不考虑保护的掠夺式开发，无异于竭泽而渔，最终必然会导致文化资源的枯竭，长远看来不利于经济与社会的可持续发展。

（五）文化产业园区有待优化升级

文化产业园区建设整体来看，取得了较好的成效，但在具体规划建设及运营发展中，也出现了一些不容忽视的问题。主要有以下几个方面：

1. 文化产业园区集聚效应有待提升，定位不明确

部分城市文化产业园区的集聚效应尚不明显，城市文化产业园区内入驻的文化产业企业较少，且企业之间缺乏内在关联，难以形成优势互补、利益共享的经济共同体，使得文化产业园区仅仅是一个地理空间概念，而非产业高度集聚、具备完整产业链的经济组织。

部分地区的各文化产业园区、基地呈点状分布，完全处于孤岛式发展的状态，不同园区或基地资源彼此割裂，难以共享。一方面，许多城市的大部分园区空壳化现象明显，坐拥丰富的文化资源、充裕的发展空间以及其他资源要素却未能加以有效开发利用；另一方面，深圳、广州等地知名品牌园区、基地却遭遇发展空间不足的天花板。如深圳 F518 时尚创意园因空间极度饱和，优质产业资源根本无法引入。仅 2014 年，园区就共有 38 家企业提出扩租需求，扩租面积将近 1 万平方米，还收到 377 家外部优质文化企业提出的入园申请，需要再建两个 F518 才能满足上述企业的入驻需求①。

---

① 詹双晖. 我国文化产业园区建设亟需破解的难题及其对策：以珠三角地区为例 [J]. 港澳经济，2017 (5).

还有部分产业园区定位不准确，创意不足，在发展中存在特色不鲜明、定位模糊及产业链不完善等问题。文化产业园区发展创意不足，缺乏创新精神，制约了特色文化产业发展，加剧了地区文化产业园区的同质化。部分地区依托当地丰富的自然景观发展旅游业，但园区发展仅停留在旅游观光层面，旅游资源开发缺少精品，旅游纪念品等开发不充分，导致园区产业链条过短。还有部分地区依托当地民俗文化建设产业园区，但园区文化层次低、规模效应不明显，未形成完整的特色文化产业链。

2. 文化产业园区运营管理机制待健全，发展能力待提升

在运营管理方面，部分园区运营管理模式粗放。园区公共文化平台及配套服务设施不健全，基本上依靠传统的招租模式运营，外加举办展览、活动创收，以及政府租金补贴及税收减免，园区运营管理机构实质上等同于"二房东"。

园区管理也存在着综合配套服务功能缺失的问题。一些园区只注重发展核心业务，而金融、研发、营销、广告等相关服务业发展严重滞后，服务基础设施不完善，缺乏可持续的人才教育机构和完整的培训体系；多数园区的商贸、住宿、餐饮等生活性服务业仍然依赖老城区，金融保险、信息传输、科研技术、创意设计、检验检测等现代服务业发育不良、水平较低；许多园区缺乏金融、法律、会计、物流等服务功能，非生产性服务业发展滞后。

同时，也存在部分示范区、基地名不副实的情况。广东省文化厅在考核巡查中发现，中山市小榄文化艺术品产业基地、佛山民间艺术社、佛山新石湾陶瓷美术有限公司、佛山三水云东海旅游文化产业园区、东莞粤晖园等多家国家级、省级文化产业示范园区、基地未能紧跟时代步伐，主动适应市场竞争，及时有效地实现转型升级，经营萧条惨淡，呈现出不良的发展势头，与示范园区、基地之名不相符。

3. 文化产业园区面临同质化与空壳化问题

从总体上看，各地文化产业园区普遍比较弱小、散乱，产业集聚、孵化效应不显著，低端化、同质化、空壳化问题突出，初级阶段、低端特征非常明显。

一是重复建设导致同质化。许多文创园区由于发展定位、发展模式不清晰，园区间差异化发展不足，特色、个性化不鲜明，再加上普遍存在上项目比较随意、不注重投资回报、运作过程缺乏监管等现象，致使资源浪费、重复建设、题材雷同以及无序竞争等问题突出。

二是偏离创意园定位导致空壳化。许多文化产业园区，尤其是综合类创意园区，只有少数几家创意类企业，其余企业几乎与文化创意无关，有些变成美食街、

购物街，甚至有不少创意园项目打着发展文化产业的幌子，行房地产、高尔夫开发之实，严重偏离创意园原有的定位。如广州东北部分园区空壳化现象严重，珠三角地区的一些国家级文化产业示范园区甚至沦为"商业区"和"跳蚤市场"。

(六) 文化消费需要进一步引导和扩大

随着我国经济发展水平的不断提高，人民在吃饱饭之余，有了更多的精神文化方面的需求，但是目前我国文化消费还有很大的发展空间，主要原因有以下几个方面：

1. 消费能力制约文化消费水平的提高

首先，文化消费增长整体滞后于经济增长和收入增长。近年来，我国国内生产总值和城镇居民家庭人均可支配收入均有大幅度增长，但城镇居民文教娱乐服务支出的增长速度却明显滞后于居民收入和经济增长速度。文化消费整体水平偏低，文化消费潜力有待挖掘，目前我国城镇居民文化消费总量增长较快，但文教娱乐支出占居民总现金消费支出的比重则增长有限，我国城镇居民文化消费增长幅度明显滞后于消费总体增长幅度。

其次，收入水平差异影响文化消费。由马斯洛需求层次理论可知，人的需要层次建立在满足上升的基础之上，表现为一个从低层次到高层次的渐进的过程，消费需求发展的这一梯度递进或上升的规律是经济社会生产力发展的自然历史过程。文化消费作为较高层次的需求，要在居民满足基本需求之后才可能渐进产生。由国家统计局数据可知，居民用于文化消费的支出随着收入水平的增长而有所增加，收入水平越高的阶层用于文化消费的支出的比重越高。在所有的消费支出类型中，我国城镇居民用于食品的支出的比重仍然最高。对于收入水平不高的广大人民群众而言，食品和居住这两类生活必需品的消费支出就已经占据了消费支出的很大部分，在收入有限的条件约束下导致文化消费乏力。而追根究底，住房、医疗、养老等方面社会保障制度的不健全，是限制城镇居民的文化消费需求增长的根本原因。

最后，文化消费结构依然存在不尽合理之处和层次失衡问题。从近几年的发展情况来看，由文化娱乐用品和文化娱乐服务所构成的文化娱乐型消费在文化消费中开始占据主导地位，说明就全国表现来说，我国文化娱乐市场开始进入蓬勃发展阶段，城镇居民文化娱乐型消费需求日益增加。文化消费内部结构日渐趋于合理，文化娱乐用品支出占文化消费支出的比重略有下降，教育支出在文化消费支出中的比重明显下降，而文化娱乐服务支出的比重明显上升。但不可否认的是，我国城镇居民教育支出的占比仍然最高，说明国家财政对教育的投入还太少，由居民自己负担的教育支出过高，这必然在很大程度上限制居民的文化娱乐消费，因此城镇居民文化消费内部结构还有待进一步优化。

2. 文化产业需要加强供给侧改革

一方面，大量文化产品由于市场准入限制、单位所有等原因难以进入市场，造成巨大浪费；另一方面，由于原创能力不足和优秀创意少，文化市场不仅缺乏广泛认同的精品力作和拳头产品，而且缺乏质优价廉的大众文化产品。

随着文化体制的改革，文化产品质量有了较大的提升，但是文化产品在内容上缺乏竞争力，缺少文化内涵。在关于十大文化产品提升的关键因素的调查中，除文化娱乐活动、文化旅游、工艺美术品和收藏品外，其他七类文化产品被受访者认为内容亟须提升；此外，在国内外文化产品对比分析中，国外电影、动漫等产品在中国市场占据了很大份额，可以看出当前我国文化产品内容普遍存在较大问题，许多文化产品附加值比较低，核心竞争力不足。我国是文化资源大国，地域特色、民族特色独具一格，但是在资源开发、内容建设方面落后于发达国家。当今世界文化产业发展的新趋势之一是利用信息技术开发文化资源，但我国信息产业核心技术相对落后，运用现代高科技手段开发文化资源、创新文化表现形式的能力较弱，文化产业与数字网络技术融合不够，导致文化产品竞争力不强，文化产业效益不高。反观国外，其对我国的文化资源有很大的利用，例如，美国的《功夫熊猫》借鉴了我国博大精深的功夫文化，日本的《七龙珠》则采用了我国经典的西游记文化，且创作非常成功。文化产品兼具商业和文化两种属性，一些企业出于商业利益考虑，生产过度娱乐化、低俗化的产品，产品承载的文化不足；而且，许多企业文化品牌建设意识欠缺，不注重特色文化产品的培育。

文化产品缺乏多样性和创新性。国内近些年山寨、抄袭、剽窃、盗版等侵犯知识产权的现象层出不穷，创新成本高盗版成本低、创新收益低盗版收益高的利益怪圈打击了文化原创者的自信，也助长了抄袭盗版者的嚣张行为。如此环境下，出现文化产品不敢创新、不能创新的奇怪现象，文化创新活力不足既在意料之外，又在情理之中。此外，受外来文化冲击的影响，"拿来主义"文化产品大受欢迎，比如近来热播的节目《创造101》《中国新说唱》等，大多是从国外引进的电视节目模式，其节目版权和模式都是十足的"舶来品"，而许多珍贵的民间艺术产品却面临自生自灭的窘境。并且，文化产品同质化严重，没有进行市场细分，无法针对不同受众群体提供相应产品，真正能够获得市场认可的产品寥寥无几，资本的逐利性使投资商倾向于热门文化项目的投资，导致产品精品少，抄袭和粗制滥造现象严重。

3. 文化产品出口现状有待改善

第一，我国文化贸易实现顺差。从出口状况来看，我国文化贸易出口额呈现波动上升趋势，文化贸易进口额同样呈现上升趋势，但文化贸易出口额高于进口额。2018年，我国文化贸易实现快速增长，进出口总额达1 370.1亿美元，比上年增长8.3%，文化产品进出口总额1 023.8亿美元，同比增长5.4%。其中，出口额925.3亿美元，增长4.9%；进口额98.5亿美元，增长10.3%；顺差826.8亿美元，规模比上年扩大4.3%。具体来看，我国文化服务进出口总额346.3亿美元，增长17.8%，占文化产品和服务进出口总额的比重为25.3%，比上年提升了2.1个百分点①。第二，从贸易联系持续期来看，虽然我国文化贸易已实现顺差，且发展态势良好，但是我国文化贸易联系持续期普遍较短。其中，相关文化出口产品的贸易联系持续期基本远长于大部分核心文化产品的贸易联系持续期，这说明我国大部分核心文化出口产品存在"短期"现象，即不能维持对出口目的国的持续出口。因此，有效提升核心文化出口产品的贸易联系持续期，成为我国文化贸易发展尤其是核心文化贸易发展面临的首要任务。第三，从不同目的国的出口持续期来看，我国文化产品的贸易联系持续期低于发达国家均值。而部分发展中国家部分产品类别持续期为0，说明部分文化贸易品并未有效进入部分发展中国家市场，文化产品在部分发展中国家仍然具有"奢侈品"或者高档消费品的色彩，从而导致发展中国家消费偏好的积累存在显著的不足和缺陷。

（七）文化科技创新亟须鼓励与推动

与文化产业发展水平高、速度快的国家进行对比，发现我国现阶段的文化产业科技创新存在着多方面的问题，如文化科技创新基础相对薄弱、文化科技创新制度不够完善，具体分析如下②。

1. 文化科技创新基础相对薄弱

文化产业作为我国国民经济的重要组成部分，其经济总量高速增长和产业规模持续扩大实属正常，但大并不等于强。中国经济的高速增长多数依靠技术含量偏低的资金拉动，经济增长中科技贡献率较低，与发达国家水平有较大差距。可以说，科技落后是制约我国经济增长的最大瓶颈。而我国目前科技发展基础相对薄弱，面临着具有国际影响力的重大原创成果少，引领科学潮流的大师级人物和世界级科学

---

① 于帆. 2018年我国对外文化贸易实现快速增长 [N]. 中国文化报，2019-03-17.
② 倪健. 文化产业科技创新能力提升研究 [J]. 经济视野，2016 (15).

家少，基础研究促进经济社会发展的作用弱等现状，同时缺乏创新型人才，致使原始创新能力不够强。历史表明，文化的每一次革命性进步都是重大技术创新和扩散的结果。如无线电技术的运用带来了广播和电视的新生，网络技术的发展引发了文化传播方式的革命。在新技术革命浪潮中，传统文化内容与信息技术、网络技术、数字技术对接，衍生出网络游戏、数字视听、三维动画等一系列新兴业态，使文化内容更加吸引人、文化传播更加快捷、文化的影响力更加深远。不仅如此，信息技术和网络技术还催生了物联网等新兴产业。科技和产业革命对文化产业发展的影响的深度和广度愈发凸显①。因此，在数字化、网络化、多媒体化等高新技术迅速发展的今天，如何充分利用高新技术促进文化产业实现新的发展是各级政府和文化产业从业人员应思考的问题。

2. 文化科技创新制度不够完善

我国现行科技体制还存在着诸多弊端，对科技创新造成了严重制约，集中体现在管理体制、评价机制和转化机制等方面。就管理体制而言，目前的科研管理正在引进市场竞争机制，但是从整体上看，科技资源分配的权力还是集中在少数部门、少数人身上；科技评价机制过分追求论文数量和刊物档次；转化机制则没有实现科技与经济的充分融合，由于缺乏科技成果转化的信息渠道、专门机构、专项资金以及专业人员，许多科技成果仅仅停留在纸面上而没有转化为现实生产力。相应地，我国在文化科技创新方面存在先天的限制与缺陷。

此外，文化科技创新中，文化创意成果是十分重要的，然而目前对此的保护措施却不够完善，相对缺失，也挫伤了相当一部分人发掘文化创意的积极性。因此完善的知识产权保护体系对于鼓励自主研发和创意创新具有十分重要的意义。目前我国在知识产权保护方面无论是在立法上还是在行政查处机制管理上都存在问题。鉴于创意成果本身的特点，权利人通过诉讼途径维护权益的成本相对较高，比如诉讼程序烦琐，调查取证常常造成延迟，导致同类竞争产品可能占领市场，给权利人的利益造成更大的损害。同时，知识产品不同于有形资产，由于缺乏教育和经验，权利人自身避免和防止被侵权的意识和能力也不足。

（八）文化旅游产业融合程度有待加深

目前，文化产业与各种业态的融合趋势逐步增强，文化产业要想取得长足的发

---

① 以科技创新推动文化产业大发展［EB/OL］.（2012-01-17）［2020-02-13］. http://xh.xhby.net/mp2/html/2012-01/17/content_496950.htm.

展，就需要积极加强与各种业态的深度融合，诸如跨要素的"文化＋科技""文化＋金融""文化＋创意"等形式，跨行业的"文化＋制造业""文化＋旅游""文化＋农业"等多种业态融合模式，跨平台的"文化＋互联网"典型模式等。但相对于经济发达国家而言，目前我国文化产业融合的整体状态还有待进一步深化，特别是在文化旅游产业融合方面，在调整经济结构，由第一、第二产业转向第三产业的要求之下，作为第三产业支柱的旅游业也亟须进一步升级其发展模式。不难看出，文化旅游产业融合发展变得更为重要，笔者对目前文化旅游方面存在的问题做了如下分析：

1. 文化旅游融合深度不够

尽管现在各地都很注重文化旅游产业融合发展，但是文化旅游产品的设计和开发存在零敲碎打、东凑西搬的问题，产品结构上仍以观光为主，资源开发仅停留在景区的开发建设和文化的保护上，缺乏文化内涵，缺少文化旅游的娱乐性和游客的参与性。如有些民族文化旅游景区把不同的民俗生搬硬套地杂糅在一起，使得其产品品位不高，品牌效益不明显，难以让游客感受和体验当地的民俗风情①。

2. 文化旅游创新力不足

目前各地的文化旅游产品的创新程度还远远满足不了人们的需求，产品单一、雷同现象比较严重，空间地域差异体现得不明显。这种现象不仅体现在核心旅游产品上，更体现在食、行、住、购、娱等各种附属旅游产品上，如相似的旅游景点、娱乐项目、旅游纪念品等；另外，很多旅游产品的时间传承性也比较差，未能有效开发本土古老的民族文化，也没有把握旅游者未来的消费文化，导致不能完全地发挥文化产业对旅游业经济效益的促进作用。

3. 文化旅游融合发展缺乏系统性规划

旅游与文化产业融合发展的关键是规划，要按照文化资源转化为旅游产品的可行性进行科学规划。但是，由于文化旅游资源归属多个部门管辖，资源利用效率低。鉴于经营市场管理不够规范、宏观规划不够科学、路线策划实施不够全面、现有的专业人员素养不足等多方面的原因，各地在进行旅游与文化产业融合发展时在发展理念和方案实施方面都缺乏规划性。一方面，在发展理念上缺乏全域发展观和游客需求导向观，现有规划未能从整个区域、整个景区的角度进行谋划，实现差异化发展，并考虑区域内的市建设施、绿化、交通、生态等方面的建设布局；另一方

---

① 李虹. 海南省文化与旅游产业融合发展研究［J］. 合作经济与科技，2016（21）.

面，在方案实施中未能坚持资源的开发利用与保护传承并重，因地制宜，深入挖掘其文化内涵，而是随波逐流。

二、中国省市文化产业的发展建议

针对前文指出的我国文化产业存在的问题，本节从整体上就今后我国文化产业的发展提出意见和建议。

（一）促进文化产业均衡发展

1. 推动地区文化产业均衡发展

目前，我国东部地区文化产业发展势头强劲，中西部地区文化产业发展较慢。根据商务部 2017 年数据，我国文化产品出口主要集中在东部地区，占我国文化产品出口总额的 93.4%，其中广东、浙江、江苏占据我国文化产品出口的前 3 位。不同地区文化产业发展不均衡是产业资源自然流动的结果，但政策作为行政规制工具可以进行适当引导，鼓励发达地区把发展文化产业的先进经验向中西部地区扩散，促进中西部地区文化产业发展。

相比经济发达地区，西部欠发达地区文化产业有着"先天不足"的劣势，主要表现在如下几方面：人民文化需求低，文化消费市场尚未形成；配套政策、服务、设施和条件跟不上；人才、技术资源短缺，以技术、创意等为核心要素的现代文化产业和新兴业态发展受阻。由于这些条件的限制，尽管短时间内政府在文化产业驱动力方面做出了很大的努力，但仍与东部发达地区有较大差距。西部地区应明确自身条件，对弱势和不足集中力量进行弥补，积极克服短板因素，提高产业发展的均衡程度；同时，利用自身的优势资源，找准自己文化产业发展的重心，而不是一味跟风，投资在并无竞争优势的产业方向上。

2. 科学规划文化产业区域布局

实施差异化的区域文化产业发展战略，加强分类指导，鼓励和引导各地在推动文化产业发展时发挥地方特色、体现文化差异、避免重复建设和同质竞争，努力形成东中西部优势互补、相互促进、共同发展的良好局面。针对东部、中部和西部自身的优劣势和特点，应采取不同的产业发展策略。东部地区应利用文化创意基地多、人才和资源集中的特点，倡导文化创新，提升文化品质，加快发展如创意设计、网络文化、数字文化服务等行业，培育科技型文化产业集群。中部地区应完善产业政策，扩大文化消费，规范市场秩序，加快产业崛起，发挥资源优势，突出区域特色，培育消费市场，带动产业发展。西部地区则应重点发展文化旅游、传统演艺、工艺美术、艺术品、节庆会展等文化产业。同时，统筹城乡文化产业发展，支持中小城市利用当地特色资源打造文化产业亮点和品牌，鼓励资源型城市在转型过程中将文化产业作为结构调整的重要着力点，培育一批文化产业特色乡镇和文化产业特色村。

3. 促进特色文化产业发展

根据十七届六中全会和《国家"十二五"时期文化改革发展规划纲要》的要求，应发掘城市文化资源，发展特色文化产业，建设特色文化城市，鼓励各地积极发展依托文化遗产的旅游及相关产业，发展特色文化服务，打造特色民族文化活动品牌。近几年，文化和旅游部、财政部联合出台了若干促进特色文化产业发展的文件，并且启动了相关工程，这项工作受益最明显的就是中西部地区。文化产业具有很强的地域性，不同的地区具有不同的文化特色，也应发展出不同特色的文化产业。依托地方性和民族性文化资源发展文化产业，既是现实选择，也是突出优势。诚然，文化生产直接面对当地的消费者，因此公共服务类的文化设施和产业门类要尽可能地齐全，以此来丰富当地居民的文化生活和文化市场，但这并不意味着十几个行业齐头并进、同步发展。不同地区应根据本地区的资源禀赋和发展现状，精心选择具有比较优势和发展潜力的产业作为本地区的主导产业，对主导产业实行政策倾斜，重点突破，做大做强，使其在全国甚至国际上具有竞争力。主导产业在区域文化产业竞争中具有明显的竞争优势和领导地位，能在较长时期内影响该行业在全国发展的走向和力量格局变动，是地区文化竞争力的突出标志，也是落后地区实现文化产业战略、缩小区域差距的一条捷径。一个地区的主导产业不宜过多，而各地区选择什么作为主导产业，应充分考虑当地的资源丰度、市场容量、技术成熟性、经济及产业关联性、周边的竞争形势以及自身优势等因素。主导产业的形成与发展，既是文化产业内部各行业相互竞争、相互作用下市场选择的结果，也是政府引导和扶持的结果。各地区应把特色发展放在首位，以特色求生存、谋发展、赢市场、保优势。

4. 促进文化制造业和文化服务业均衡发展

据统计，在珠宝、雕像和手工艺品等属于文化制造业的领域，我国增长较快、出口最多；而在文化创意产业方面，尤其在影视、出版等文化产业核心领域，我国文化产品仍需加快步伐、创新发展。文化的影响力首先是价值观念的影响力，世界上各种文化之争，本质上是价值观念之争。因此，以影视、出版为代表的文化产业核心领域应该是我国文化产业未来发展的重中之重。我国文化产业要实现高质量发展、做大做强，必须在这方面有所作为。

（二）健全文化产业投融资体系

1. 充分发挥政府引导作用，建立健全文化产业融资服务体系

一方面，作为投资者，政府应通过税收、财政补贴、政府采购、文化发展专项资金等鼓励政策，支持企业自主创新，引导资金流向文化企业。例如，设立文化产业投资基金，对新兴文化产业进行引导性、示范性投资，进而带动民间资本和外资进入。另一方面，政府应积极吸收非文化部门和社会的投资。政府作为文化产业的组织者和管理者，应鼓励有实力的企业投资文化产业；提供融资担保和优惠信贷资金，设立贷款风险补偿基金，对符合政策导向的文化产业贷款给予贴息支持，对银行贷款损失给予一定补偿，引导信贷资金向文化产业倾斜；制定减免税等优惠政策，吸引国内外企业积极参与文化设施建设和经营；引导多种经济成分参与国有文化企业股份制改造等[①]。通过设立专门从事文化企业无形资产评估与咨询的评估机构、建立知识产权交易市场、建立文化产业融资担保机构等方式，化解企业无形资产评估、处置难题，消除资本对进入文化产业领域的后顾之忧。搭建文化产业信息服务平台，形成市场信息的集中化、规范化，促使市场供需双方有效对接，降低信息搜集成本，提高投融资效率。

2. 拓宽融资渠道，优化融资结构

为切实解决文化产业的融资约束问题，宏观层面应考虑构建多层次资本市场，通过发挥市场的资源配置作用解决文化金融的供需错配问题；微观层面需要各金融行业细分市场，根据自身资产配置的特性，寻找合适的进入领域，支持文化产业发展。

为解决文化企业融资难的问题，应支持文化企业采取多种方式进行直接融资。鼓励文化企业采取短期融资券、中期票据、资产支持票据等债务融资工具优化融资结构；通过发行集合债券、区域集优债券、行业集优债券、企业私募债等拓宽融资渠道；支持具备高成长性的文化企业上市融资、再融资和并购重组。促进文化企业充分有效地利用股票、企业债券等融资工具和保险、信托、PE等融资方式发展壮大。综合运用统贷平台、集合授信等多种方式，加大对小微文化企业的融资支持

---

① 谭福梅，纪瑞朴. 国外文化产业融资机制的启示［N］. 金融时报，2012-10-26.

力度。

鼓励社会资本进入公众文化事业领域，优化文化产业融资结构。一是通过不同的渠道减免贷款、贴息、降低税收和行政事业性收费、提高项目补助、加强绩效奖励等，鼓励不同的资本形式如民营资本、外资、风险投资基金投资文化产业。二是降低准入门槛，积极鼓励支持民间资本参与文化产业领域的发展。三是因地制宜，制定一套民营文化企业发展的"投资指导"、"政策引导"和"文化产业项目库"，有针对性地开展项目投资。四是加强文化产业基地建设，发挥文化产业的集群效应，推动文化产业发展，吸引投资。

搭建合理的文化中介机构，通过市场机制实现资源的有效配置。一是搭建文化事业投融资平台。在政府的全面主导下，发挥中介组织的关键作用，研究并搭建好文化事业的投融资平台。鼓励和支持银行在研究机构、中介组织、担保机构、会计师事务所、信用促进机构等的帮助下构建综合性的投融资平台，向有需要的文化项目提供投融资服务。二是建设信息服务平台。应当大力建设文化产业投资信息服务平台，例如通过举办信息发布会、项目推荐会等有效方式，为资质优良、经济实力强的企业和社会资本进入文化产业提供服务。

3. 建立完善的无形资产市场体系

无形资产保护体系建设是发展文化金融的基础，完善现有无形资产保护的法律体系、提升侵权违法行为的惩治力度、清晰界定市场的边界等是构建良好的制度保护环境的基础，能够激发文化产业的创作活力与提高资本进入文化产业的积极性。

推进无形资产评估与流转平台建设，归集文化产业端与金融端的需求与供给信息，降低双方对接的搜寻成本与交易成本。清晰界定公益性文化产业与非公益性（营利性）文化产业的边界，推进国有非公益性文化产业的转企改制，降低该类企业的政策风险，降低行业准入标准，通过市场竞争提高行业内企业的质量。

总结并借鉴文化金融发达国家的成功经验。例如，依托成熟的多层次资本市场，推进以市场为导向的金融对接的美国模式；实施税费差异优惠，同时提供产业基金支持、专项资金配套的英国模式；实施无形资产证券化，同时政府提供融资担保、产业振兴基金给予支持的日本模式。

建立产权交易中心，为文化产业发展提供专业有效的平台和多渠道的支持。具体模式方面，即通过规范化的市场化运作，依托产权交易、信息披露等有效方式，为不同性质的文化产权主体提供资本渠道和定价参考模型，保证不同类型的文化企业能够顺利完成重组和并购。

（三）建设文化产业人才队伍

1. 健全文化产业人才培养机制

产学研合作教育，是一种以培养学生的全面素质、综合能力、就业竞争能力为重点，充分利用学校与企业、科研机构各自在人才培养方面的优势，把以课堂传授间接知识为主的学校教育与以直接获取实际经验、实践能力为主的生产、科研实践有机结合在学生的培养过程中的教育模式。采用不同的模式均可达到产学研一体的效果，具体有以下三种模式可供参考。一是校企合作模式。高校和企业合作办学有利于充分利用双方的资源优势，有利于创新人才培养模式，有利于培养社会急需的应用型合格人才，是互利共赢的举措，适应国家高等教育改革的要求。二是"校校合作"模式。中国文化产业的发展起步较晚，师资力量储备不足，急需"双师型"和"复合型"的教师队伍。但是，现有教师向这两方面发展需要一定的时间。不同高校根据自己的优势完成对应的教学内容，这种"强强联手"的形式可以充分整合现有资源，形成一种专业优势互补和资源共享的格局，不但有利于解决教学水平参差不齐的问题，而且可使学生人文底蕴基础更加扎实，使教学质量得到提高。另外，在"互联网＋"时代，还可以考虑发挥网络的优势，在"校校合作"模式的基础上发展远程教育。目前，具有远程教育资格的高校所开设的专业中尚未包括文化产业管理，如果在远程教育中增加文化产业管理专业，则可以使已经从事文化产业管理的相关工作人员得到理论知识指导，解决他们面临的现实问题。他们中的大多数已经是实践经验丰富的人才，再加上理论知识的提高，这将增加一大批具有专业水准的文化产业管理人才。这不但可以扩大大学的文化辐射功能，而且可以从整体上提高全民对文化产业的认识水平，促使中国文化产业向着更好的方向发展。三是"专业＋"的培养模式。文化产业人才的典型特点是复合型，而单一的专业很难培养出复合型的人才。"专业＋"的培养模式，以整体性的制度设计确立了服务新常态和学生可持续发展的复合型创新创业人才培养目标；主干专业着重培养学生的专业核心能力，突破了既有的专业壁垒和学科专业边界，实现了跨界融合和资源共享；突破了既有的教育教学组织模式，建立了开放和协同育人的运行机制；突破了一考定终生的"计划型"弊端，把学习的自主权还给了学生。

2. 拓展文化产业人才培训渠道

面对人才匮乏已成为制约我国文化产业发展的瓶颈的严峻现实，各级政府需要解放思想，大胆创新，全力推出一些加强文化产业人才培养的有效举措，根据市场需要，有针对性地开展多渠道、多层次的人才培训，提升文化产业人才培训的广度和力度。第一，制定长远的人才开发战略，建立学习型组织。倡导"以人为本"的管理理念，根据我国文化产业对人才的需要，制定长远的人才开发战略，将文化产业人力资源开发利用与企业产业结构调整升级、企业的发展战略等紧密结合起来。第二，重视人才的在职培训。我国文化企业要建立完善的人才培训体系和各项配套制度，包括选拔制度、协约制度和考核评价制度等。通过授权机制、工作轮换制、项目实践等各种方式组织人才学习。第三，充分利用高校培养高素质人才的教育优势，有计划地培养文化产业领域所需要的高素质人才，如建立人才培训基地，根据文化产业发展的需要和各地的要求，积极组织形式多样的培训活动，聘请国内外文化产业专家学者授课，重点开展法律法规、产业政策、经营管理、职业技能和技术应用等方面的学习与研究，进行出版、游戏、娱乐、经纪、主持等各种文化产业技能培训等。第四，引进国外文化培训机构，加强培训教育。可以引进国内外著名培训机构和培训组织，开办文化产业人才实习实训基地，为我国文化产业的可持续发展储备人力资源和培养高端人才，提升本土文化产业从业人员的综合能力和技术水平。

3. 加快优秀文化人才聚集

结合实际，制定文化人才认定条件和标准，瞄准海内外高标准文化创意、影视制作、出版发行、数字动漫、文化旅游等领域的企业，努力引进高端紧缺文化产业领军人才，引来一个领军人才，带出一个创新团队，做强一个企业，形成一个品牌，引领文化产业园区发展。紧盯国内文化产业和市场，努力引进既有高层次文化又善于文化产业经营和资本运作，既掌握现代传媒技术又善于完美结合历史文化资源催生项目的复合型人才，促进历史文化资源转化为文化生产力，建成一大批"专、新、特、尖"文化企业，做大文化产业总量。围绕文化产业项目的实施，引进高端企业经营管理人才和高科技创新型人才，推动中国文化"走出去"，扩大文化产品市场。立足于增强文化产业发展活力，着力吸引国内外规划设计、工艺美术大师，文艺名家和文化名人等，形成名家大师云集、献计献策的局面。

(四) 创新开发利用文化资源

1. 创新文化资源开发体制机制

一是实现资源的优化组合。尝试推进文化产业向相关产业扩展和融合，加快组建文化产业集团，鼓励和支持文化产业集团突破区域分割和行业壁垒的限制，跨区域、跨行业经营，依托区位优势和文化资源优势，培育和发展重点文化产业门类，形成相互补充、相互促进、富有鲜明地域特色的文化产业集群，以产业融合凝聚文化资源转化的合力。还有，文化旅游是我国很多文化产业发展相对滞后的地区发展的重心。这些地区在开发、利用、保护其文化资源的过程中，在基础设施建设、景点与景点的沟通、综合性和专题性的旅游形式、特色旅游产品的开发、客源构成和接待能力等各个方面要周密考虑、妥善安排，实现协调发展。

二是进一步完善管理机制体制。就政府而言，应该优化顶层设计，增强政府作为的有效性。政府在出台一系列政策之前应多方思量、实地考察，提出切实可行的、适合国家现阶段国情的方案，忌大忌空，反对快速单一的发展设计。同时，要扩大地方政府在资源开发方面的权限，着眼于各地自身条件，力求提出更多的创意和更好的模式。就地方而言，各部门应紧紧围绕总负责人的部署安排，在明确职责、合理分工的前提下，各司其职，充分协作，在旅游、文化、文物、园林、宗教等各个方面开展工作。在文化资源密集的地区可专设管理区，由主管领导牵头，相关部门派员参加，设置共同管理委员会，由此加强领导、协调关系、完善管理。

2. 打造地方特色文化品牌

对各地区文化资源进行科学梳理和归类，准确把握各类文化资源的特性，是合理开发文化资源、打造文化特色品牌的前提。在资源开发过程中，抓品牌、走特色是最重要、最合理的发展方式。找出资源蕴含的独特文化，将其作为发展的立足点，从点出发，辐射于生活、生产的方方面面，形成品牌效应。在和其他地区趋同的资源方面，可以做到翻新升华，找出相同文化中的不同处，形成资源开发特色。开发道路更应走特色，"千城一面"终有腻烦的一天，只有创新资源开发方式，才能引起人们的关注，才不会被时代淘汰，流传更久。

文化是资源开发的根本，是资源开发的基础。如果一味地追求经济利益而不在乎从文化视觉来看这样的发展是否合理，那么长此以往只会导致文化被掏空、变形，甚至消失。因此，在开发地方文化资源时，不仅要考虑经济效益，而且要从文化视觉角度审视制度的合理性，只有以保护和传承为先，开发和利用才能做到有理有据、水到渠成。要有针对性地出台扶持本地特色文化产业发展的政策，有选择、有目标、特色化、专业化地发展本地文化产业。同时在资源开发过程中，需要深入挖掘文化价值，注重提升文化品位。应根据比较优势原理，发展优势文化产业，利用集聚效应，发挥行业带头示范作用。

文化资源在很大程度上存在可循环利用、可反复开发的特点，因此在文化资源（比如各类文化遗产）的开发过程中，也要注重资源的保护，走绿色可持续发展的道路。做到发展方式绿色，推进文化与科技融合，节能环保；做到发展环境绿色，把握正确的舆论导向，妥善治理社会文化环境，依法规范；做到发展结果绿色，丰富优秀精神文化产品和优质文化服务供给，向上向善。

3. 完善产业发展机制，促进资源优势转变为产业优势

实现产业化发展，是文化资源创造价值、造福社会的必由之路。特别是中西部文化资源富集地区，把厚重的传统文化资源开发好、配置好、利用好，将之转化为产业发展优势，是区域文化和经济繁荣发展的重要途径。应完善文化产业发展机制，走集约化发展道路，注重培育品牌，形成自身特色和竞争优势；建设文化产业集群及文化产业基地，形成具有联动效应的文化产业带；引进和培养文化产业人才，完善人才有序流动机制，激发人才创新创业热情；出台扶持文化产业发展的政策措施，促进资源、要素向优势文化产业和企业集聚。

（五）促进文化产业园区升级

1. 建立文化产业园区建设的准入制度及监督机制

建立并完善文化产业园区建设的准入制度以及有效的监督机制，切实解决园区同质化、低端化、空壳化问题。可以借鉴建筑工程项目专家评审制度，建立独立、权威的文化产业重要项目建设专家评审制度（包括立项评审及运行考核评审等）。要在遵循市场化、产业化、专业化运作模式的基础上对项目建设进行规范有效的监管。政府主导的园区可以组建园区投资开发公司，实行企业化、市场化、专业化运营管理。各级文化行政部门要做好各级各类文化产业园区的命名工作，制定清晰、量化的认定标准，执行公平、公正的认定程序，坚持宁缺毋滥的原则，严格控制新命名园区的数量，保证新命名园区的质量，坚决防止将不符合要求的单位命名为文化产业园区。对于辖区内没有命名的园区，文化行政部门也要加强调控和管理，坚决防止盲目投资、过多过滥，或以文化产业园区的名义开展与文化产业无关的建设、经营活动。

2. 加强监管，强化产业统筹管理

科学准确地把握好政府部门的角色定位，切实推动文化管理体制机制创新，理顺文化产业管理职权配置，营造以市场为资源配置手段的公平的市场环境，形成文化产业统筹发展、高效服务的管理机制，有效解决政出多门、管理分头、审批烦琐等问题。充分发挥属地文化行政部门对文化产业园区的管理职能，形成末端管理有着力点的机制。各级文化行政部门要严格按照各级各类文化产业园区管理办法，加强对园区的动态监管，及时、准确掌握园区发展情况，建立严格的退出机制，杜绝名不副实、低水平重复建设、土地资源浪费、文化资源破坏、损害社会效益等情况。

3. 精准施策，创新政策支持方式

引导地方政府在加大对文化产业园区的政策支持力度的同时，调整政策支持重点，创新政策支持方式，增强政策支持的精准性，发挥政策支持的引导和杠杆作用。将文化产业园区软硬件基础设施和公共服务平台建设、公益文化活动举办、品牌宣传推广等作为各级政府文化产业专项资金支持的重点；针对园区小微文化企业、高成长型文化企业、龙头文化企业等不同文化企业的特点和需求，分别从租金减免、基金投资、品牌宣传等方面制定相应的扶持政策。

4. 精准服务，打造文化产业生态

鼓励文化产业园区在健全公共服务体系的基础上，重点围绕园区主导产业特点提高服务内容与文化企业需求的匹配度，实现从求"全"向求"精"的转变；采用信息化手段和O2O模式，增强文化企业获取服务的便捷性。鼓励地方政府探索采用政府购买的方式，引入专业化的服务机构建设运营园区公共服务平台，按服务成效和企业满意度付费。持续开展国家级园区服务能力提升计划，加强对服务平台建设运行情况的跟踪评估和对优质服务平台的持续激励。

5. 融合发展，建设综合文化空间

引导文化产业园区全面调整单纯的文化产业集群发展目标，进一步推动产业事业融合发展、园区社区融合发展、相关产业融合发展以及产城融合发展，将文化产业园区打造成为城市居民休闲娱乐的公共文化空间、促进产业高质量发展的重要载体、塑造城市文化形象的重要支撑，实现单一文化产业园区向综合文化空间的跃升。鼓励园区在运营管理、公共服务、生态营造、政策支持、企业培育等方面进行持续创新，摸索出可复制推广的发展模式，并对园区发展经验和模式进行总结提炼；有条件的园区可通过异地建分园、园区之间进行战略合作等方式，输出国家级园区品牌、人才和模式。

（六）推进文化产业共建共享

中央经济工作会议提出推进供给侧改革，通过创造新供给提高供给体系质量和效率。推进产业结构性改革，成为当前适应新常态经济发展的主题词。推进共建共享，发挥人民群众在文化产业发展中的主体作用，体现文化产业的普遍服务原则，满足广大群众日益增长的多元化的精神文化需求。面对转型升级的要求，从供给侧发力，通过创新生产思路，创造新的消费增长点，以更多更高品质的文化产品供给释放市场活力，将是文化产业未来持续健康发展的关键所在。

1. 创新驱动，培育文化消费新增长点

目前，培育新的文化消费增长点是文化产业供给侧改革的重要抓手。这就需要深入研究文化市场需求的新变化、新特点，逐步促进文化供应市场繁荣，积极开拓大众文化消费市场，提供思想性、艺术性、观赏性有机统一，群众喜闻乐见的文化产品和服务，使文化产品和服务供应更加丰富多彩，从而达到降低文化产品价格的目的。此外，由于文化产品的消费价格弹性为负，因此也需通过竞争使文化产品和消费价格更加符合市场实际。允许并吸引各类人群对文化产业进行投资，协调利用市场和政府"两只手"，引导文化企业树立品牌意识、提高管理水平和加大文化创新力度，提升我国整体文化软实力，促进文化供应和消费市场繁荣。

此外，还需要引导居民树立正确的文化消费观念，改善文化消费现状。近年来，我国城镇居民文化消费水平明显提高，文化消费市场日益发展，居民文化消费正从过去的内向封闭向开放互动演变，从以前的求稳求同向求变求新演变，文化消费已体现出了其提高社会文明程度、促进人民全面发展的作用。但不可否认的是，我国城镇居民文化消费在总消费中的占比仍然不高，城镇居民的文化消费观念仍需进一步开放，文化消费市场仍有待发展。另外，应该注意的是，社会上还存在一些低俗、庸俗、媚俗的不正确的文化消费观念，这些都需要加大引导力度，提升居民文化消费观念，提高居民对文化消费的接受力、领悟力和辨别力，以此进一步改变城镇居民文化消费乏力的现状。

2. 提升文化产品供给质量，促进文化业态融合

一方面，我国文化产品生产在数量上增势明显；另一方面，文化产品有过于单一、跟风盛行、精品匮乏的问题存在。这是由文化市场开放度不平衡造成的，具有原创性、思想性的高端产品供给不足，另一些复制性、娱乐性的产品因竞争过度导致生产过剩。因此，应继续从推进文化体制改革入手，通过制度设计，消除阻碍文化生产者自主经营、自由选择和公平竞争的因素。

当前，以"文化＋"带动的跨界融合效应正在显现，各路资本纷纷进军文化领域，比如跨要素的"文化＋科技""文化＋金融""文化＋创意"等形式，跨行业的"文化＋制造业""文化＋旅游""文化＋农业"等多种业态融合模式，跨平台的"文化＋互联网"典型模式等，不仅为传统资源注入了活力，重构了文化产业经济

的生态环境，而且为打造更多个性化、分众化、多样化的产品和服务拓展了新思路。

3. 拓宽渠道，促进文化贸易的繁荣发展

一是要进一步挖掘发达市场的文化贸易潜力，助推文化贸易品质提升。从进出口规模来看，发达国家或地区的文化贸易均远高于其他国家或地区。发达国家不仅具有较强的购买力，而且由于文化消费具有"理性成瘾"特征，发达国家的文化消费对于文化产品品质的提升具有间接的促进效应。因此在出口市场选择方面，应鼓励和支持我国文化产品市场积极向发达国家进行倾斜，重点研究发达国家市场动态，这对于我国文化贸易的品质提升、可持续发展具有重要的现实意义和价值。

二是要充分利用文化"地缘"优势，延长我国文化贸易联系的持续期。针对我国文化贸易联系的持续期较短，即出口国外市场"生存期"较短的现象，要扩大文化贸易产品的市场范围，延长出口时期，就要有选择地开拓国外市场。首先，要充分利用我国与部分国家文化社会相近的"地缘"文化优势，特别是针对中华文化圈的出口贸易，应在继续巩固原有文化产品出口的同时，进一步发挥这一区域中华文化的外溢效应，拓展对其文化贸易出口的市场。其次，应深入把握文化产品的本质特征和消费偏好特点，此前有过出口贸易的区域对于继续构建和开拓国际市场作用重大，因此国内文化贸易企业不能仅仅从利润角度出发开展贸易活动，还要借助各种渠道，比如大使馆等，开拓国外市场。

三是要综合运用多种手段，提高文化产品的国际影响力和感染力。目前，我国文化"走出去"的过程中，经常采用演出和图书出版等传统方式。应借鉴国外先进经验，注重技术和艺术的融合，赋予文化产品独具魅力的气质和昂扬向上的生命力，用夺人眼球的形象和别具风格的表演，直接与观众互动，拨动观众的情感，直入观众的内心。同时，还要学会打"组合拳"，学会集成，综合利用多种手段，用艺术的感染力吸引和打动外国观众的心。

(七) 推动文化科技深度融合

我国国民经济与社会发展"十三五"规划明确提出，要推进文化业态创新，发展创意文化产业，促进文化与科技、信息、旅游、体育、金融等产业融合发展。因此，优化配置文化资源和生产要素，从要素驱动转向创新驱动，是文化产业发展的方向。要推进文化内容和形式、文化产品和服务、文化业态、载体渠道、体制机制、政策法规、运营模式等各方面创新，激发各类主体参与文化产业发展的积极性、创造性。

1. 明确文化产业科技发展的方向和主要目标

文化产业的科技支撑工作应该集中于以下领域：新闻服务，书、报、刊出版发行，音像及电子出版物出版发行，版权服务，广播、电视服务，广播、电视传输，电影服务，文化艺术服务，文化保护和文化设施服务，网络文化服务，文化休闲娱乐服务，文化用品、设备及相关文化产品的生产与销售，等等。通过科学研究和科技投入，提升重点文化产业的科技水平，使我国文化产业领域能够出现领军行业和部门，形成新的增长点。

2. 研究文化产业重点领域科技的发展和科技介入的问题

要推进高新技术成果与文化产业的结合，提高文化产品生产和文化服务手段的科技含量，用高新技术改造传统文化产业，提高文化产品的附加值和科技含量，大力发展音像业和网络文化业等与高新技术密切结合的新兴文化产业，开发拥有自主知识产权的高科技文化产品，使我国的文化产业在开发、制作、传播等各个环节上达到世界先进技术水平。

3. 出台文化产业科技发展的保障措施

要在文化产业科技发展政策环境和支撑条件上有所突破，要制定科技投入的增长和保障机制，完善配套的基础条件、政策措施等，确保科技规划任务顺利实施。科技主管部门要制定政策法规，促进科技成果向文化产业转化，对科技含量高的文化产业实行优惠政策和给予奖励，把文化产业科技支撑研究纳入国家的重点研究课题。要制定政策引导高新技术进入文化领域，不断实现科技创新。在文化产业发展的各个环节都应尽力提高科技含量，在研发手段、生产环节、传播渠道、接受方式、文化产品保护等方面，都要借助科技的力量予以创新，特别是要掌握文化产业发展的核心技术，尽量拥有自主知识产权，要走跨越式的发展道路，建立起自己的文化技术标准体系。可以考虑设立专门用于科技创新的风险投资基金，以推动文化产业朝高新技术方向转型。

对于文化产业，应该从根本上加大知识产权方面的政策保护力度。一是应加大对知识产权的保护力度，实行属地管理和层级管理，强化各级政府部门的知识产权监督管理责任，形成层级联动，实现执法指导与执法监管相结合，保证有法可依，并以较高的效率解决知识产权纠纷。除此之外，文化企业应建立健全知识产权管理制度，如以采取保密措施、与员工签订保密协议及竞业禁止协议、细化和拆分开发项目环节等方式加强商业秘密保护。相关部门或协会应提供知识产权认知及维护方面的知识培训，提高文化企业的知识产权管理水平；提供知识产权纠纷调解服务，接受会员纠纷调解请求；对于恶意侵权企业或者恶意跳槽人员进行行业内通报等①。二是加大对知识产权的扶持力度，提高高新技术文化企业中出资人以知识产权入股的比例。对于文化企业知识产权研发费用、知识产权转化和实施费用等允许纳入企业研发费用予以抵扣，成果优异者给予适当奖励。建立知识产权评估程序和标准，探索文化企业以自主知识产权等无形资产进行质押或登记融资的模式与途径。三是政府应加大对知识产权的保护和普法宣传力度，严厉打击盗版侵权行为，适当提高违法成本，强化知识产权体系中著作权、专利和商标在实际操作上的有效联系，提高工商、公安查处和办案时效，整顿和规范文化市场，构建公平竞争的秩序。

4. 着力发展数字文化产业

数字文化产业是以创意为核心、数字技术引领的战略性新兴产业，主要包含网络文学、动漫、影视、游戏、创意设计、VR、在线教育七个细分领域。这七大细分领域中，网络文学是 IP 源头，增速快；动漫的衍生市场潜力大；影视受众广泛，爆发力强劲；游戏规模庞大，电竞、VR 是新增长点，潜力巨大；在线教育结合语音识别、AI 等技术将有更多应用。不难看出，我国数字文化产业已经进入高速发展期，未来还有巨大的发展空间。数字文化产业园区方面，呈现多业态聚合、以信息技术为引擎的特点，以混合产业型为主。

面对数字文化产业市场蓬勃发展的现状，一方面要大力发展新兴文化产业，推动"文化＋""互联网＋"，促进新技术、新模式不断涌现，尽快成为新的增长点；另一方面要加快传统产业转型升级，通过创新创意创造，推动传统增长点焕发新动力、满足新需求。推动技术、创意、内容与市场需求对接，催生新型文化业态，是文化产业结构优化升级的突破口。数字创意文化产业作为新一代信息技术和互联网、广播电视网、数字出版、数字文化艺术资源开发、虚拟现实（或增强现实）＋动漫、游戏、演艺、文博会展、电影等相结合的产业，将会形成百花齐放的新的文化业态。

5. 重视文化产业科技人才的培养

科技水平的提高归根到底还是要依靠一大批高素质、掌握核心技术、具备较强高新技术研发能力的人才。科技人才短缺也是造成我国文化产业当前科技水平低下的主要原因。国家有关管理部门应建立相应的人才培养机制，整合高等院校和科研

---

① 于雯雯. 文化创意产业知识产权保护法律问题研究：以北京市为例 [J]. 贵州师范大学学报（社会科学版），2013（5）.

院所以及社会力量等相关资源抓紧开展文化科技人才培养，积极推动和扶持文化科技融合园区（基地）和骨干企业发展，实施包括数字文化产业工程在内的一系列重大项目，在支持文化产业关键技术研发、推广和应用，加强文化科技创新体系建设和强化既懂文化又懂科技的复合型人才培养等方面开展相应的工作，为我国文化产业造就一批急需的科技研究与应用人才。

（八）推动文化旅游深度融合

1. 职能融合

机构职能融合是文旅融合发展的基本保障，政府作为文旅融合发展的主导者，需从体制机制、规划设计以及政策标准等方面，提高机构职能融合水平，为文旅融合发展把握整体航向。

（1）健全文旅融合发展的体制机制。

文旅融合发展是一个系统工程，需进一步强化组织领导，整合各相关部门和机构的力量，形成文旅融合发展合力。第一，组建文旅融合发展领导小组。组建由发改部门、财政部门、宣传部门、文体广电部门、旅游部门、统计部门等组成的文旅融合发展领导小组，统筹协调解决文旅融合发展的重大问题，定期组织召开部门联席会议，通报工作进展情况，研究推进文旅融合发展的举措。第二，强化文化和旅游部门内部的作风效能建设。督促工作人员积极转变思想观念，调整工作状态，迅速适应文旅融合发展的新形势，统一认识，强化文旅队伍的向心力和执行力，群策群力开展文旅融合工作。第三，健全沟通联络、绩效考核和激励机制。制定各领域各部门协同合作的沟通机制、约束和激励制度、绩效考核和利益共享机制，加强组织管理，调动工作积极性，促使各项工作顺利推进。

（2）制定文旅融合行动纲领和具体计划。

文旅融合是个全新课题，面临许多新任务和挑战，应加强研究工作，在宏观、中观、微观三个层面做好战略部署和规划设计，为文旅融合发展提供明确的目标和思路。第一，产业布局层面，进行文旅融合相关产业领域的整体规划部署。统筹规划三大产业发展，调整产业布局，提高对文旅产业尤其是融合发展的重视程度，加强文旅融合相关配套设施规划建设。第二，文旅融合整体发展层面，制定文旅融合发展的系统性规划。对文旅各方面工作进行整体部署，系统推进文旅融合工作。第三，文旅融合具体工作层面，制定行动计划。制定文旅融合发展的年度推进计划以及专项行动计划，并进行任务分解和绩效考核，明确各项工作的责任人和完成时间。

（3）树立文旅融合发展的典范。

文化产业和旅游产业从各自单一化发展到融合发展，会遇到一定的困难和阻力，需要政府出台针对性政策进行引导，同时制定融合发展的参考标准，树立融合典范，发挥示范带动作用。第一，制定促进文旅融合发展的扶持政策。从财政、金融、人才、土地等方面，出台针对文旅融合发展的各类专项政策，引导相关企事业单位积极主动参与融合发展工作。第二，制定文旅融合示范项目（企业）评定标准。评选文旅融合示范项目（企业），对优质项目、高成长性企业给予政策倾斜，优先支持其发展，打造文旅融合发展的标杆，发挥示范引领和辐射带动作用。

2. 资源融合

资源融合是文旅融合发展的基础，关系到文旅融合工作的深度和可持续发展。各地应重点从文化资源、人才资源、媒体资源等方面探索融合创新。

（1）文化资源融合，提升文旅融合发展内涵。

充分挖掘地方特色文化资源内涵，强化旅游功能，推动文体事业单位深化改革，促进文旅全方位融合发展。第一，深入挖掘文化旅游资源，大力创新，激发传统文化活力。深入挖掘地方历史文化、非遗文化资源内涵，通过创意加工精心打造既富有地方特色又代表时代精神的节庆类、歌舞类、技艺类等类别的旅游精品项目，探索建立非遗项目传习体验基地。第二，鼓励公共文化事业单位探索文旅融合。通过利益共享、风险共担等方式，鼓励博物馆、纪念馆、美术馆、体育中心等非营利性机构利用自身雄厚的文化资源和优越的场馆条件，针对游客群体推出独特的文化旅游精品。

（2）人才资源融合，打造高质量文旅人才队伍。

针对文旅复合型人才有待培育和优化配置的问题，整体推进文旅人才培养、引进工作，建设符合文旅融合发展需求的人才梯队。第一，制定文旅人才引进计划，引进高层次人才。出台具有市场竞争力的人才引进政策，吸引文旅融合发展急需的创意、技术和金融领域高层次人才。第二，建立产学研人才培养基地，培养复合型人才。联合高校、企业共建文旅产学研人才培养基地，采用专题培训、高校企业双导师培养、定向培养等方式，培养既有扎实理论素养又有丰富实践经验的复合型人才。第三，搭建文旅融合发展沟通平台，促进交流合作。搭建面向行业专家、专业学者、文旅知名企业家和操盘手以及相关从业人员等各领域人才的交流互动平台，提供经验交流、参观考察的机会。

（3）媒体资源融合，加强文旅营销宣传。

发挥各级地方政府全媒体中心资源优势，充分利用社会新媒体、自媒体渠道，加强区域合作，建设渠道多元、互联互通、营销精准的宣传体系，扩大文旅知名度和影响力。第一，整合各类媒体资源，充分借助新媒体渠道，进行文旅精准营销。整合各大网络媒体、融媒体及各级政府门户网站，发展微博、微信、移动客户端等微媒体，以及数字电视、数字广播、数字出版、桌面视窗等新媒体，建立文化和旅游部门、相关企业、媒体共同参与，涵盖主流媒体、网络媒体、自媒体的媒体联盟，精准投放文旅信息。第二，细分客源市场，制定营销策略。深入分析本地、周边友城、国内重点区域和境外地区不同客源市场的消费特点，制定相应的营销策略。第三，深化区域合作，把握营销重点。加强与周边友城的媒体合作，达成互利共赢的合作共识，互相宣传旅游。

3. 产业融合

产业融合是文旅融合发展的主要目标和直接表现形式，通过产业渗透、交叉和重组，可以推动传统产业创新，提高产业核心竞争力。各地应着重从培育重大文旅项目、发展文创经济、加强科技应用、促进消费等方面推动文旅产业融合。

（1）集中培育文旅融合重大项目，发挥辐射带动作用。

集中有限的资金和人力，推动重点项目落地，发挥重点项目的辐射带动和示范引领作用，为文旅融合的可持续发展提供可复制、可推广的经验和做法。第一，全力支持重大文旅项目创建国家级品牌。各地应集中相关部门力量，借助外脑，对照国家标准，全力创建国家级旅游度假区、国家全域旅游示范区、国家级文化产业和旅游产业融合发展示范区等国家级品牌。第二，发展夜游经济。发展特色夜市，配合演艺活动、灯光秀等新形式，打造夜间旅游景点。第三，推进文旅重点项目建设。着重丰富项目文化旅游业态和沉浸式体验功能，打造需求对接、产品联动的特色文旅项目，塑造特色鲜明的品牌形象，打造旅游爆点。

（2）创新文旅融合方式，发展文创新经济。

加大对文创经济的引导和管理力度，促进文创经济健康有序发展。第一，统筹做好文创产品开发工作。建立囊括文化事业单位、文化企业以及旅游企业的合作组织，统筹各类文化资源，从全局层面规划文创产品开发工作，避免文创产品粗放化和雷同化问题。第二，完善文创开发利益分享机制。推动市场主体深化改革，完善奖赏激励机制和利益分享机制，激发市场主体的主人翁意识，积极参与文创开发。第三，拓宽文创产品营销渠道。组织建立包括各领域市场主体的联盟机制，充分利用旅游产业的营销手段和中介渠道、文化产业的传播渠道和体育产业的事件平台，打开文创产品销售市场。

（3）高新科技赋能，开创文旅产业融合新高度。

科技的应用将带来文旅产品生产方式、产品形态、消费模式、营销模式、管理模式等全方位的革新。支持科技创新，用科技为文旅赋能是文旅融合发展的必然选择。第一，鼓励文旅领域的科技研发和应用。鼓励和支持高校、企业进行大数据、云计算、物联网、人工智能等新技术研究，加强产业融合理论研究，为科技赋能文体事业、文旅产业及其融合发展提供理论依据。第二，支持文化事业单位运用高新技术推动传统文化创新发展。鼓励和支持博物馆、艺术馆、纪念馆等文化事业单位运用 VR、AR、人工智能等技术提升传统文化产品展现水平，激发传统文化活力。第三，引导文旅企业应用新科技手段打造特色文旅品牌。引导和鼓励文旅企业转换理念，应用新科技手段提升文化产品内容创作水平，推出体验式文旅项目，打造引领现代旅游生活新方式和旅游文化新风尚的特色文旅品牌。

（4）促进文旅消费，从需求端促进文旅融合发展。

居民文旅消费习惯的形成，需要政府恰当的引导，进而从需求端促进文旅产业发展。第一，开展文旅消费季活动。组织文化、体育和旅游企业参与，通过发放"文旅惠民消费券"、给予专项资金支持等方式，促进文旅消费。第二，开发线上一站式的文旅消费综合服务平台。平台为文旅企业提供展示、交易、评价及消费大数据服务，同时搭建便捷、优惠、统一的文旅消费入口。

4. 服务融合

精准化、专业化的公共服务是促进文旅融合的重要保障。各地应坚持按需定制，重点从提高公共文体服务水平和产业公共服务水平两方面促进服务融合，助力文旅融合发展。

（1）推动利用公共文体设施，促进公共服务融合共享。

第一，提高公共文体设施利用率。以现有文体基础设施为依托，通过组织特色活动、实行错时开放等方式，获得叠加效应，最大限度地满足民众的精神生活需求。第二，加强基层综合性文化服务中心的体育设施建设。增加公共文体服务基础设施建设投入，重点加强基层综合性文化服务中心的体育设施建设，缩小公共文体服务资源城乡差距。第三，在符合条件的乡村，拓展现有公共文体设施的旅游功能。依托村综合性文化服务中心，探索融入旅游要素和拓展旅游服务功能。第四，提升旅游公共服务设施的文化内涵。在旅游服务中心、旅游厕所等旅游公共服务设施中引入地方特色文化元素，提升旅游服务设施的文化氛围。

（2）提高产业服务效能，优化文旅融合发展营商环境。

第一，开发文旅智能综合服务平台。开发基于移动互联网、大数据、云计算等新一代信息技术的文旅智能综合服务平台，为文旅企业提供线上产业资讯、政策申请、管理咨询、人才培育、信息交流、宣传推广等服务，提高服务的便捷性和时效性。第二，为文旅产业重点项目和企业提供"管家式"服务。针对文旅产业重点项目和招商企业，设立服务专员，给予政策倾斜、项目推介、人才引进、审批绿色通道服务等支持。第三，设立文旅产业投资风险补偿专项资金，优化金融服务。对经科学评估后确认合理的文旅项目投资风险损失给予适当补偿，降低文旅企业融资难度。

参考文献

［1］卫志民，于松浩. 我国文化产业政策的演进特征及其内在逻辑：基于政策文本的量化研究［J］，福建论坛（人文社会科学版），2019（8）：40-47.

［2］高存宏. 让文化产业活力绽放繁花满园［N］. 光明日报，2019-12-29（5）.

［3］杨秋. 2019年博物馆发展关键词［OL］.（2020-02-03）［2020-02-03］. http：//www. cssn. cn/？COLLCC＝1287912230&.

［4］李洋. 天猫双11：淘宝直播带动成交近200亿元［N］. 电商报，2019-11-13.

［5］中国互联网络信息中心（CNNIC）. 第44次中国互联网络发展状况统计报告［R/OL］.（2019-08-30）［2020-02-18］. http：//www. cac. gov. cn/2019-08/30/c_1124938750. htm.

［6］董翔. 文化科技融合，南京要做领跑者［N］. 新华日报，2019-10-28（19）.

［7］陈静. 红色旅游"红"出新高度［N］. 中国旅游报，2020-01-10（6）.

［8］前瞻产业研究院. 一文带你了解2019年中国夜间旅游市场发展现状 各地政府积极扶持夜间经济［EB/OL］.（2019-10-25）［2020-02-19］. https：//www. qianzhan. com/analyst/detail/220/191025-6a831e14. html.

［9］沈啸. 全域旅游如火如荼 深化改革先行先试［N］. 中国旅游报，2019-12-27（2）.

［10］谢逸楷. 浙江推进"万村景区化"工作［N］. 中国旅游报，2019-12-13（2）.

［11］白骅.“天府旅游名县”成为“领头羊”［N］.中国旅游报，2019－11－22（2）.

［12］高波，张志鹏.文化资本：经济增长源泉的一种解释［J］.南京大学学报，2004（5）.

［13］江苏省文化和旅游厅.2018年度全省文化发展相关统计报表［EB/OL］.（2019－08－06）［2020－02－26］.http：//wlt.jiangsu.gov.cn/art/2019/8/6/art_48960_8660210.html.

［14］浙江省文化和旅游厅.浙江公布第五批浙江省非物质文化遗产旅游景区单位［EB/OL］.（2020－01－10）［2020－02－19］.http：//www.ce.cn/culture/gd/202001/10/t20200110_34091716.shtml.

［15］北京市文化局非物质文化遗产处.见人见物见生活！北京市非物质文化遗产保护成效显著［N］.北京日报，2018－06－08.

［16］浙江打造万亿级文化产业之江 文化产业带正驶入加速发展的快车道［EB/OL］.（2018－06－26）［2020－02－23］.http：//zjnews.china.com.cn/yuan-chuan/2018－06－26/142366.html.

［17］江苏省文化和旅游厅.2018年度全省文化发展相关统计报表［EB/OL］.（2019－08－06）［2020－02－19］.http：//wlt.jiangsu.gov.cn/art/2019/8/6/art_48960_8660210.html.

［18］走访江苏唯一“国字号”文化产业试验园 水韵秦淮亮风采［EB/OL］.（2020－05－09）［2020－05－09］.https：//baijiahao.baidu.com/s？id＝16663098778832950052&wfr＝spider&for＝pc.

［19］2019年工作要点全发布，30项重点任务助力“强富美高”新江苏［EB/OL］.（2019－02－25）［2020－02－23］.https：//www.sohu.com/a/297608834_677067.

［20］上海银监局推进文创金融深度合作，首批文创特色支行授牌［EB/OL］.（2019－01－17）［2020－02－23］.http：//www.shanghai.gov.cn/nw2/nw2314/nw2315/nw18454/u21aw1357693.html.

［21］为青海人民打造更多优质文旅产品［EB/OL］.（2019－01－31）［2020－01－15］.https：//www.sohu.com/a/292079524_120046669.

［22］李开义.云南省文化产业踏上新征程［N］.云南日报，2019－01－25.

［23］昆明市共建成文化创意产业园区21个 入园企业1266家［EB/OL］.（2019－05－29）［2020－01－25］.http：//www.kmshsm.com/shishangchaoliu/

7653. html.

[24] 2019 年，甘肃文旅产业占比将力争达到全省 GDP 的 8% ［EB/OL］. (2019－01－17)［2020－02－21］. http://gansu. gansudaily. com. cn/system/2019/01/17/017122582. shtml.

[25] 王成强，毕西娟，刘兆莹. 我国文化产业布局存在的问题及对策探究 ［J］. 科技论坛，2016 (3).

[26] 欧阳友权. 文化产业人才建设：问题与思路 ［J］. 福建论坛（人文社会科学版），2012 (2).

[27] 王丽琦. 文化创意产业亟待突破人才瓶颈 ［J］. 中国人才，2010 (5).

[28] 詹双晖. 我国文化产业园区建设亟须破解的难题及其对策：以珠三角地区为例 ［J］. 港澳经济，2017 (5).

[29] 于帆. 2018 年我国对外文化贸易实现快速增长 ［N］. 中国文化报，2019－03－17.

[30] 倪健. 文化产业科技创新能力提升研究 ［J］. 经济视野，2016 (15).

[31] 以科技创新推动文化产业大发展 ［EB/OL］. (2012－01－17)［2020－02－13］. http://xh. xhby. net/mp2/html/2012－01/17/content_496950. htm.

[32] 李虹. 海南省文化与旅游产业融合发展研究 ［J］. 合作经济与科技，2016 (21).

[33] 缪锦春. 上海自贸区制度创新与我国文化产业开放发展对策研究 ［J］. 文化贸易，2015 (2).

[34] 谭福梅，纪瑞朴. 国外文化产业融资机制的启示 ［N］. 金融时报，2012－10－26.

[35] 于雯雯. 文化创意产业知识产权保护法律问题研究：以北京市为例 ［J］. 贵州师范大学学报（社会科学版），2013 (5).

附录　中国省市文化产业发展水平调研问卷

一、文化产业发展水平调查问卷（居民部分）

致受访者

您好，这里是中国人民大学文化产业研究院，我们正在进行一项关于中国省市文化产业发展水平的调查，请您对所在城市的以下生活现象给以评价，您的回答无所谓对错，谢谢您的合作！

> 甄别题

S1. 您目前居住在_____省_____市。（抽样市加其他选项，若选其他则终止访问。）

S2. 请问您是否在所在城市居住一年以上？

①是（继续访问）　　　　　　②否（终止访问）

S3. 您是否知道文化产业的概念？

①是　　　　　　　　②否

（注：文化产业可以被理解为向消费者提供精神产品或服务的行业，包括新闻出版、广播电影电视服务、文化艺术服务、网络服务、休闲娱乐服务等。）

S4. 您的年龄：_____

①16～20岁　　②21～29岁　　③30～39岁　　④40～49岁　　⑤50～65岁

问卷主体

1. 请您为本市的文化氛围打分。（文化氛围是指对居民所在地区开展文体活动的次数、从事文化产业的企事业单位数量、文化产品和服务集散地与居民居住地间的距离、当地文化底蕴、文化环境、居民精神文化状况以及文化产业参与度等能反映一个城市文化气氛的一些因素的综合评价。）

几乎没有	1　2　3　4　5	非常浓厚

2. 一个城市应该包容多种文化。请您对这种说法的认同度打分。

非常不同意	1　2　3　4　5	非常同意

3. 请您为本市文化包容度打分。（注：一个城市的文化包容度就是一个城市是否包容多种文化元素，是否尊重和理解他人的习惯传统、价值观等。）

非常不满意	1　2　3　4　5	非常满意

4. 据您所知，本市是否有象征性的文化符号？（如雕塑、建筑、文化景观等能代表该城市文化形象的文化符号。）

①是　　　　　　　②否　　　　　　　③不知道

5. 与全国其他城市相比，请您为本市的文化形象打分。（注：城市文化形象指一个城市的文化环境、行为方式以及从中所反映出的城市思想观念、价值体系、意识形态等文化现状在社会公众心目中所产生的综合印象。）

几乎没有	1　2　3　4　5	非常浓厚

6. 您认为当前本市文化产业的发展状况如何？请您打分。

市场不成熟，举步维艰	1　2　3　4　5	发展迅速，潜力巨大

基本信息

H1. 您的性别：_____

①男　　　　　　　②女

H2. 您的文化程度：_____

①小学及以下　　②初中　　③高中及中专　　④大学专科　　⑤大学本科

⑥研究生及以上

H3. 您的邮箱：_____（选填）

H4. 您的联系电话：_____（必填）

二、文化产业发展水平问卷（企业部分）

导语（经理及以上级别）

您好！这里是中国人民大学文化产业研究院，我们正在进行一项关于中国省市文化产业发展水平的研究，想了解一下贵公司的意见，我们的访问仅做统计研究之用，我们承诺对您公司的资料绝对保密，所有资料只用作统计分析。谢谢您的支持和配合！

> 甄别部分

S1. 公司所在城市为_____省_____市。（抽样市加其他选项，若选其他则终止访问。）

S2. 贵公司是否从事文化产业相关业务？（提示：文化产业可以被理解为向消费者提供精神产品或服务的行业，如生产与销售图书、报刊、雕塑、影视音像制品的行业等。）

①是（继续访问）　　　　　②否（终止访问）

S3. 贵公司的主要产品大致属于下列哪一类型？（单选）_____

①新闻信息服务　　　　②内容创作生产　　　　③创意设计服务

④文化传播渠道　　　　⑤文化投资运营　　　　⑥文化娱乐休闲服务

⑦文化辅助生产和中介服务　⑧文化装备生产　　　⑨文化消费终端生产

S4. 您的姓名：_____　电话：_____（必填）

职务：_____（经理以下级别判断无效）E-mail：_____（选填）

> 问卷主体

1. 本市文化产业集聚效应如何？请您打分。（注：集聚效应包括两个方面的内容：一是在地域上的集聚，如形成一定规模的文化产业园区；二是企业间相互合作、资源共享，形成成熟的产业链或产业网。）

产业分散，集聚效应非常差	1	2	3	4	5	集聚效应很强

2. 本市文化产品和服务的市场需求情况如何？请您打分。

需求很小	1	2	3	4	5	需求巨大

3. 本市文化产业发展融资渠道是否令人满意？请您打分。

渠道单一	1	2	3	4	5	渠道多样

4. 本市针对文化产业的专项资金支持力度如何？

力度非常小	1	2	3	4	5	力度非常大

5. 对本市文化产业政策支持的满意度，请您打分。

非常不满意	1	2	3	4	5	非常满意

6. 对本市知识产权保护的满意度，请您打分。

非常不满意	1	2	3	4	5	非常满意

7. 本市为文化产业提供服务的行业协会组织起到了多大作用？请您打分。

作用非常小	1	2	3	4	5	作用非常大

8. 总体而言，贵公司对文化产业公共服务的满意度如何？请您打分。

非常不满意	1	2	3	4	5	非常满意

9. 本市文化企业与国外交流（包括对外贸易、项目合作、出国培训等）是否频繁？请您打分。

交流很少	1	2	3	4	5	交流频繁

基本信息

H1. 贵公司资产规模为_____。

①10万～100万元（含100万元）　　②100万～500万元（含500万元）

③500万～1 000万元（含1 000万元）　　④1 000万～5 000万元（含5 000万元）

⑤5 000万～1亿元（含1亿元）　　　　　⑥1亿元以上

图书在版编目（CIP）数据

中国省市文化产业发展指数报告. 2020/曾繁文主
编. --北京：中国人民大学出版社，2021.6
中国人民大学研究报告系列
ISBN 978-7-300-29888-7

Ⅰ.①中… Ⅱ.①曾… Ⅲ.①区域文化-文化产业-
产业发展-指数-研究报告-中国- 2020 Ⅳ.①G124

中国版本图书馆 CIP 数据核字（2021）第 190241 号

中国人民大学研究报告系列
中国省市文化产业发展指数报告 2020
主编 曾繁文
Zhongguo Shengshi Wenhua Chanye Fazhan Zhishu Baogao 2020

出版发行	中国人民大学出版社	
社　　址	北京中关村大街 31 号	**邮政编码**　100080
电　　话	010 - 62511242（总编室）	010 - 62511770（质管部）
	010 - 82501766（邮购部）	010 - 62514148（门市部）
	010 - 62515195（发行公司）	010 - 62515275（盗版举报）
网　　址	http://www.crup.com.cn	
经　　销	新华书店	
印　　刷	唐山玺诚印务有限公司	
规　　格	185 mm×260 mm　16 开本	**版　次**　2021 年 6 月第 1 版
印　　张	15.5 插页 1	**印　次**　2021 年 6 月第 1 次印刷
字　　数	285 000	**定　价**　48.00 元